大夏书系·教育艺术

教师有效沟通

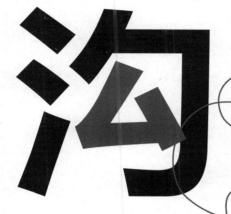

实用技巧

董一菲 孙奇峰 王青生 主编

华东师范大学出版社

全国百佳图书出版单位

·上海·

图书在版编目（CIP）数据

教师有效沟通实用技巧/董一菲，孙奇峰，王青生主编.—上海：华东师范大学出版社，2022

ISBN 978－7－5760－2768－6

Ⅰ.①教 ... Ⅱ.①董 ... ②孙 ... ③王 ... Ⅲ.①教师—语言艺术 Ⅳ.① G42

中国版本图书馆 CIP 数据核字（2022）第 053333 号

大夏书系·教育艺术

教师有效沟通实用技巧

主　　编　　董一菲　孙奇峰　王青生
策划编辑　　卢风保
责任编辑　　万丽丽
责任校对　　杨　坤
封面设计　　奇文云海·设计顾问

出版发行　　华东师范大学出版社
社　　址　　上海市中山北路 3663 号　邮编　200062
网　　址　　www.ecnupress.com.cn
电　　话　　021－60821666　行政传真　021－62572105
客服电话　　021－62865537
邮购电话　　021－62869887　地址　上海市中山北路 3663 号华东师范大学校内先锋路口
网　　店　　http://hdsdcbs.tmall.com

印 刷 者　　北京密兴印刷有限公司
开　　本　　700×1000　16 开
插　　页　　1
印　　张　　18
字　　数　　266 千字
版　　次　　2022 年 9 月第一版
印　　次　　2024 年 3 月第三次
印　　数　　7 101—8 100
书　　号　　ISBN 978－7－5760－2768－6
定　　价　　62.00 元

出 版 人　　王　焰

编委页

主　编：董一菲　孙奇峰　王青生

副主编：张　茵　杨　旭　崔桂静　马于玲　丁克松

编写人员（排名不分先后）：

付　超	焦喜明	刘洪涛	刘　敏	刘士友	彭新颖	任淑娥
孙奇峰	张　茵	赵彦辉	王建红	张海玉	张杰波	张艳霄
张艳艳	张玉鹏	陈　平	刘　冰	张　萍	邓　悦	林　森
李　霞	杨　旭	黄缨涵	刘玉芳	刘冬英	张肖侠	尚　辉
蔺丽燕	朱晓娟	沈　旋	丁丽洁	孔德静	李　萍	李兴艳
崔桂静	王青生	唐海燕	闫克振	杨萍萍	宋百灵	袁利平
张远超	陈　哲	公维玮	靳海彦	刘　萍	刘　亚	刘友岚
秦淑芬	宋　娜	马于玲	吴小清	杨发鑫	杨洪竹	李台梅
和笑娟	贾梅丹	解晓健	孙彦莉	尧琪波	迟金凤	王真真
项熊芬	崔卫东	陆　晶	丁克松	杨苏洲		

目
录

第一辑　如何与学生有效沟通

第二辑　如何与家长有效沟通

第三辑　如何与同事有效沟通

第四辑　如何与领导有效沟通

第五辑　如何与家人有效沟通

第一辑

如何与学生有效沟通

秉幽幽烛光，搭建沟通的桥梁

在教学实践中，作为老师，我曾看到过诸多学生在坚持不懈地努力。看到他们的成长，我曾经给予他们的高光时刻，或许也成为一股推动他们前行的力量。当然，更多的是，学生内心那颗炽热的心被理解、被激发、被唤醒，而师生间的相互理解和沟通则起着不可替代的幽幽烛光的重要作用。

"事情到底是怎样的？跟老师说实话，老师不会怪你的！"作为班主任的我尽量克制着自己，让眼神依旧柔和，让态度保持亲切，其实心中已是满腔怒火。而他——小新，昂起清秀的小脸，小嘴固执地紧闭着，脖子执拗地仰起，看我的眼神毫不妥协。沉默，这使我作为教师的尊严受到了伤害。唉！小新，你为什么就是不肯承认呢？我其实已经与你的父母联系过，也在同学中间进行了调查，一切已是了如指掌。但是我依然苦口婆心地对你讲大道理，无非是希望你能主动承认错误，这也是想维护你的自尊心！小新，难道你不明白老师的一番苦心吗？

以沟通为媒，谋教育之彩

小新，一个聪明可爱、虎头虎脑的男孩，思维清晰敏捷，年纪虽小却很有主见，举手投足间有着一份超乎同龄孩子的成熟。上周五下午第二节的计算机课，班干部来报告，说小新没去上课。听到这一消息，我很吃惊，这本是一个爱学习、求上进的学生啊！我立刻与其家长联系，但他没有回家。也就是说，小新旷课了。一个才八年级的学生，胆子也太大了！万一发生什么意外，后果真是不堪设想！即便如此，我也并没有打草惊蛇，还与其家长约定：暂时不要惊动孩子，关键是要弄清孩子旷课的原因。

而与小新沟通的时候，我发现我的好心被弃之一边，遭到顽强的抵抗。沉默已经持续了很久，我的耐心也快被磨完了。"你到底说不说？老师已经问得很清楚了！"我有些恼火。"我去了……我先去上厕所，后来才去的……我没有去别的地方。"他嗫嚅着。"如果你再不说，老师就要请你爸爸来一趟了。""不要！付老师！"小新的大眼睛里闪过一丝惊慌。"为什么？"我纳闷地问。他的小脸上很快就有了一种意识到山雨欲来时的害怕和不知所措，但双唇再次紧闭，没有流露更多的信息。这里头有文章！为什么提到他爸爸，小新会那么害怕呢？

我先约小新的妈妈见了个面。随着她的叙述，孩子的生活环境逐渐清晰地展现在我的眼前：父母离异，但都深爱着他；妈妈会隔三差五地来看他，给他送去可口的晚餐及谆谆嘱咐……父亲再婚，虽然丝毫没有减少对他的爱，但由于忙事业，缺少与儿子的沟通，也少了几分耐心，每当孩子犯错误时，往往会用粗暴的方式解决……怪不得，一提到请爸爸来，孩子是那么害怕。我心里对他充满了怜惜。

点亮心灯，照亮学生美好的未来

得知小新的家庭情况后，我调整了自己的教育方式，并注意了沟通方式的灵活性。于是，我抽空再把小新喊来，若无其事地拍拍他的肩膀，真诚地告诉他："小新，知道吗，付老师在很小的时候就离开爸爸妈妈出来读书了。每当在外面遇到困难时，总喜欢跟朋友诉说，也总会有好朋友帮助我！请让我也成为你的好朋友，跟我聊聊好吗？"

听了我的话，小新的话匣子逐渐打开，紧闭的心扉慢慢敞开。从他的话语中，我深深地了解到一个孩子细腻而纯洁的感情，一颗幼小的心灵所承受的痛苦与无奈。"老师，对不起！那天我是没上课，因为我不想上计算机课，我想上数学课。""那你跟爸爸说过吗？""说了，爸爸说，数学很重要，学好数学可以在中考中占据优势，但他也不赞同我逃课去学数学。""哦……"我开始若有所思。我终于明白了：孩子为了在爸爸面前展现出好的数学成绩，开始逃课了！

"那老师去和你爸爸沟通沟通，好吗？"我想了想说。"真的？"那张小脸上迅速绽开了笑容，眼神里是单纯的信赖与喜悦。那一刻，我感到，我一定不能让孩子失望啊。后来，我和小新父亲的沟通很成功，他欣然接受了我的建议。

刚柔相济，细心滋润学生的成长

也就是从那天起，渐渐地，我发现小新有了很大的变化：更加积极主动地学习，更加积极地参与学校及班级的各项活动。班干部也面露喜色地告诉我，最近一段时间，小新没有逃过课，而且各科成绩都进步很快！

这件事情已经过去很长时间了。但我却经常在想：学生有时犯的一些错误，也许并不是道德品质问题。他们需要老师和家长的呵护、理解及沟通，也需要同伴的关心和友爱。作为老师，我们首先应该分析"病因"，对学生出现的问题作出正确的判断，然后拿出"药方"，以理解和友善的态度及适当的沟通方式来感化他们的心灵，切不可轻易作出结论，贸然采取措施。刚柔相济，细心滋润学生的成长，不失为一种好的教育方式。

技巧点拨

正确处理师生关系，能恰当运用巧妙的沟通方式，也许是每位教师必备的能力。教师对学生进行的点拨，既是一种教育技巧，更是一门教学艺术。教师适时、适度、适当的精彩点拨可以帮助学生变困惑为顿悟，从而促进学生的成长。

1. 爱在沟通，尊重学生的差异与潜能。

"点拨"就是抓重点，排障碍，使学生茅塞顿开，掌握规律，发展智能。爱，不仅在教师与学生、学生与学生之间架起彼此理解的桥梁，有时，教师的爱也是帮助孩子和父母沟通彼此心灵的桥梁。沟通的方式有许多：一个电话、一条微信……且记，沟通无极限！教师通过沟通，可以使处在困境中的学生尽快找到努力的方向。

2. 理解和宽容很重要，用诚心来赞美和鼓励。

爱从来不是肤浅的表达，而是理解和宽容。帮助、理解、宽容"问题"学生，用信任树立学生的自尊，用关爱呵护学生的心灵，用巧妙的沟通来处理相关问题。对学生多一些宽容，少一些训斥；多一些关爱，少一些冷漠；多一些赏识，少一些打骂。老师的宽容、沟通、关爱与欣赏能够浇灌出一片生机，也会让每一块金子都闪闪发光。

3. 沟通需要智慧，更需缓解学生的心理压力。

智慧的沟通，让我们用伯乐的眼光去发现学生的闪光点；智慧的爱，让我们开启学生心灵的窗口，也让学生懂得了关心和理解别人。教师要针对学生的症结进行认真分析，掌握时机，进而找出解决问题的方法，然后进行适当的点拨，从而引领学生逐步解决眼前存在的问题。

要试图走进学生的生活，从多个角度去了解学生。当学生愿意和老师说心里话时，教育就成功了一半。有时善用沟通的方式，老师会找到教育的别样天空。换个立场处理问题，换种思维看待孩子，有时会有令人惊喜的发现。的确，因材施教是不变的真理。

山东省德州市武城实验中学北校区　付超

逢契机时雨润物，巧沟通惠风谱春

那年，我 24 岁，怀着对教育事业的美好憧憬，成为了一名教师。

第一天上班，就有好心的前辈告诉我："你教的这班有一个刺儿头，可难'剃'了，他经常在课上吃瓜子、扰乱课堂、顶撞老师。最过分的是，有一次他竟然在班级里用蜡烛烤肠，幸亏被巡视的老师发现，才没酿成大错。有一次记过处分了，还是不老实。你可作好思想准备，记住他叫小斌。"听到这儿，我的内心已经起了几分波澜。

严冬凛凛风波起

这不，有一天，我正在讲课，小斌的手机响了。同学们都把目光投向他，又看看我，一个个屏气敛息，见证着剧情的走向。我直接走过去，故意抬高了声调说："拿来！手机没收！"谁知小斌却一脸骄横："给不了！"头都转过去了，根本不看着我。他比我还横，我也不能示弱，语气坚定地说："按照校规，学生带手机进教室必须没收。""反正手机不给你，我又没玩，是它自己响的。"他在偷换概念。我说："不管你玩没玩，手机出现在这儿，你就得上交。"又僵持了几分钟，他还是没有上交的意思，我已经愤怒到极点了。无奈之下，我把他报给了政教处处理，按照校规，上课玩手机要根据具体情况给予处分。校方在征求我的意见的时候，我心软了：他已经有过一次记过处分，这次再处分会不会让他更加自暴自弃，从此走上不归路？我要是以宽容待他，放过他这一回，他会不会就有可能改过自新？想到这儿，我尽量谈了这个孩子平时的良好表现，并竭力为他求情。结果是他没有受到书面处分，只是将手机交给我保管一个月。我天真地认为，老师的宽容大度一定会让孩子悔过、痛改前非。

难以预料的事情发生了。手机刚被没收没两天，小斌领着另一位在同学中号称"大哥"的人物来找我，不是态度温和地求情，而是咄咄逼人地怒视、蛮不讲理地质问。两个接近一米八的大个子站在我面前，一副要挟的姿态。我已经处在被动的地位，但是我压住怒火，态度坚决地告诉他："学校规定是没收一个月，现在时间没到，不能给你。"他们气呼呼地走了。从课上发生冲突至此，他并没有像我想象得那样心怀歉意并充满感恩，我的宽容和善意竟让他的骄横变本加厉。难道我宽以待人用错了地方吗？到底是哪里出了问题？我百思不得其解。

时雨霏霏润心田

一波未平，一波又起。一天晚自习，小斌的座位空着，也没请假。有个同学说，他在宿舍躺着，好像生病了。我将信将疑，找了同事看班级，就径直去了宿舍。到地方一看，他捂着大被，缩成一团，还不停地发抖。我喊了他的名字，他答应了一声，声音很微弱。我用手摸了摸他的头，特别烫。我马上到医务室找来了校医，接下来，测体温、吃退烧药。慢慢地，他清醒一点了，第一句话就是："谢谢你，老师！"我说："除了谢谢，你还有什么话要说吗？"他知道我要谈手机的事，不好意思地抿了一下嘴："老师，我特别怕别人瞧不起我，那天在课堂上，那么多人看着我，我绝对不能低头。"我看他说出了心里话，既意外又疑惑："那手机没收后，你为什么去我的办公室，态度还那么不礼貌？""因为我和同学吹牛了，我说我们班老师可大度了，我去要手机她肯定能给我。我没想到，你不给我。"我意识到，他的思维和处事方式应该和他的成长环境有一定关系。于是，我们又聊起他的家庭。提到父母，他深吸了一口气，头埋得更深了，说："我小时候有一年水稻减产，没卖出钱，还不上贷款，我爸就出去打工了，后来就怎么都联系不上了。我妈就在水稻地打零工。在学校，他们都瞧不起我，我都不想念书了，我妈不让。"原来小斌是内心缺少安全感，想用浑身的刺来保护自己。我说："你看你妈妈多不容易，生活这样艰难，还坚持供你上学。想让大家瞧得起你，你就应该积极上进，尊重老师，关心同学。你要相信，你有能力改变你家的处境。"他似懂非懂地点点头："我妈干的活特别累，平时忙得也顾不上我，我生病从来都不敢告诉她。老师，今天真的要谢谢你。你放心，以后上课我一定认真听讲。"

惠风习习谱春音

以后课上，我便随时关注他。记得有一次上诗词鉴赏课，我们分析《送何遁山人归蜀》的前两联："春风入树绿，童稚望柴扉。远壑杜鹃响，前山蜀客归。"小斌无意中说道："老师，我感觉这个'童稚望柴扉'的画面很像陶渊明的《归去来兮辞》里的'僮仆欢迎，稚子候门'。"我很惊喜，这个对比阅读的角度很精准，于是让他站起来具体说说。小斌有些拘谨："我就感觉这两首诗里都有一个回家的人，家里都有孩子在门口等着。"我点点头，肯定了他的说法，并进一步引导大家一起从小斌同学的视角来分析："同样是归家，同样是孩童期盼亲人回家，本诗中的'望'字有怎样的深意呢？"得到了肯定，小斌的声音也大了一些："'望'表明家人还没回来，体现了孩子内心的期盼，对亲人的思念之情。"我趁机引导："是啊，这里的春风是孩子心灵的期盼啊。同学们，请记住，没有一个冬天不会过去，也没有一个春天不会到来。请相信，我们每个人心中的春天终会到来。"

每个学生的内心深处总有一抹温煦的春色，"它虽熨帖着大地，潜伏于山谷"，却总会在不经意间闪现。教师要善于发现，抓住契机，师生之间及时沟通，化解矛盾。让学生的求学之路不再迷茫，也让我们的教学之路峰回路转，春光烂漫。

技巧点拨

1. 突发事件是教育学生的良好契机。该案例中针对手机事件，我在课堂上沟通无效，课下又一度放弃了惩戒权，这其实是错失了一个教育契机。

2. 心理需求是教育的良好契机。本案例中的小斌，表面故作强大，内心缺少安全感，渴望被关心、被关注。在他生病时，我的关心让他放下了心理防御，愿意吐露心声。老师要善于发现学生的心理需求，捕捉契机，与学生探讨生活中的话题，达成情感上的共鸣。

3. 教学内容中蕴含着诸多教育契机。本案例中，小斌关注到了归乡话题中孩子的角度，我通过正向激励法，肯定了学生的所思所想，并鼓励其他同学共同探讨，这种积极的鼓励必然会调动学生的积极性，产生良好的沟通效果。

黑龙江省佳木斯市建三江第二高级中学　焦喜明

让文字发光，照亮学生心灵

语言交流是最方便、最快捷、最高效的沟通交流方式，日常生活和工作中不可或缺。而文字交流虽不是最便捷的沟通交流方式，却如月光，在窗前皎洁，在夜色中悠扬，会给人施以冷的劝诫，也会给人播撒暖的激励。

白凯歌是我带的第二届文科班学生，人如其名，白白的，高高的，帅帅的。俊朗的外表，不凡的谈吐，看上去是个特别有想法的孩子，并且有着极强的表现欲，有着谜一样的自信，同学们都叫他"小白"。同学们眼里的"小白"可不"小"，"超级"标签可不少：超级自恋、超级活跃、超级幼稚、超级热心……这样一个集众多"超级"标签于一身的同学，按照常理，也应该是一个"超级学霸"，可他却始终与"超级学霸"绝缘。

这文字有温度

2010 年从教，带小白这一届是我从教的第四年，也是担任班主任的第四年。因为是语文老师，又喜欢文字，于是常常在微博、空间码一些文字。

当然，我对文字的这份热爱，绝对不会让自己"独乐乐"。于是，我要求同学们养成写周记的习惯，可以记录生活琐事，抒写心情感悟……体裁不限，内容不限，自由发挥，真情最好。

一次批阅周记，看到小白同学写了一篇小说，题目叫"从十数到一"，这篇文章写的是一个年轻人跳楼时的心路历程："我……我在哪？这里很冷、很凉。但我的心更冷、更凉。可这些都已经不重要了，我决心从这里跳下，然后死去，不留一丝痕迹……从现在开始，我的人生只剩下最后一件事——从十数到一，然后结束……"读过之后，我诧异良久，小白同学怎么会写出这样压抑的文字呢？他是不是有什么心事？是学习有压力，还是……要不要找他谈一谈？一阵思索后，我还是冷静下来，选择默默观察，选择用文字与他沟通。

于是，在小白文章的末尾，我以诗作评："如果错过太阳时你流了泪，那么你也要错过群星了。"（泰戈尔《飞鸟集》）下一次周记，收到了小白同学的回复："不想错过太阳，也不想错过群星，可是，在学习上，我好像迷路了，没有方向，没有目标。除了不知道目标外，自己的学习能力也不好，有时候会落下功课，然后不求甚解，慢慢地，又失望、放弃了。"后来，我知道，小白同学尽管集众多"超级"标签于一身，可是这些"超级"标签，或许只是他不自信的伪装，看到小白面对着如此异样的压力，我该如何继续与他沟通呢？在他回复的那段文字后，我又写上了泰戈尔的一句诗："那些把灯背在背上的人，把他们的影子投到了自己面前。"第二天，我的办公桌上放着小白的周记本，翻开，文字一笔一画，工工整整："老师，我懂得这句诗的含义了，您是要告诉我不要活在自己的阴影里，要勇敢走出去，积极面对生活，还有就是那些把优点摆在明处的人，缺点反而会更加明显。老师，看我的行动吧。"

这文字有点冷

小白同学努力践行着他的承诺，开始真积极，真乐观，真主动。他还主动联系班级所在楼层的各班语文课代表，自发成立了语文讨论小组，学校文学社、广播站也有了他的身影。可是，青春期的大男孩太活跃，就会"太拉风"，演课本剧、诗歌朗诵、广播站播音、文艺活动主持，小白同学成了校园里的"公众人物"。后来，身为"超级公众人物"的小白"早恋"了。这朦胧的情感让刚刚找到方向的小白，再一次"迷失"在月色里，上课走神，自习发呆。我在他的周记上写下泰戈尔的这句诗："夏天的飞鸟，飞到我窗前唱歌，又飞去了。"可是，我并没有得到回复。

小白同学每天放学，都会和班级的小阳同学并肩而行，每天都会默默把小阳同学送回家。小白父母也发现了这个问题，可是无论怎么和他讲，都无济于事。小白和小阳成绩一落千丈，可是他们的"并肩而行"风雨无阻。我在小白没有回复的泰戈尔诗句下写下了这样一段文字："你们现阶段的'朦胧情感'其实就如'夏天的飞鸟'，是自由的、欢愉的；可是夏天总会过去，飞鸟会飞来，自然也会飞走。谁的青春不是苦过来的，对的时间要选择做对的事。"周记发回去，依然没有收到回复。后来，接到小白爸爸的电话，小白爸爸说，小白想明白了，高三了，不能干扰彼此的学习，他打算去外面补习，准备参加播音主持艺考。

小白的座位空在角落，月光撒下来，冷冷的。

这文字会发光

一天，在人群中，小白迎了上来，他是回学校参加学业水平测试的。他看到我，说："老师，我补课效果还行，专业课肯定能过线。我每天都在做对的事，每天忙得不行。"我问他："你坚持多久了？"他说："我也不记得了。"在春天零下三度的风里，他走进了考场。"好好考！"我在后面喊。

考完试，他特意回了一趟班级，可是我并不知情。办公桌上，一张纸条伸展在那里："所有的回忆都很快，所有的正在都很慢。……很多时候，大家都紧锁眉头，奋笔疾书……我对7班的每一个人都充满信心……美好的东西总是那么转瞬即逝。在这里我听到最多的话'白凯歌，你啥时候走？'。是的，我走了。去为自己争取大学的第一张'入场券'。以诗之名，拿个名次回来！"

我在这段文字的末尾，再次写下了泰戈尔的诗句："你微微地笑着，不同我说什么话。而我觉得，为了这个，我已等待得很久了。"

后来，得知他修改了之前那篇小说，题目改为"隐约的清晰"，发表在校报《纸上光年》。结尾是这样的："缓缓地，一束光扑散在我的脸上，那光柔柔的、暖暖的，击碎了我内心的灰暗。我再次睁开眼睛，原来太阳竟是那样的灿烂，那样的清晰，清晨的街市竟然是这样美丽。我转过头，一步一步地走回去，我决定不再放弃，因为我已寻找到了我内心的阳光。"

技巧点拨

用文字沟通，含蓄而诗意，我们静静看一个人的文字，仿佛在阅读这个人，解读这个人，这是一种相遇，能够帮助我们彼此遇见灵魂深处的自己。

1. 静观其变，对症而文。沉默不语不是置之不理，而是一旁静观，关注细节，关注表现，这样才能抓住"要害"，有的放矢。

2. 以诗作评，含蓄委婉。班主任的角色往往有些严厉，总会"义正词严"，十万个不允许，而语文老师的角色往往和悦如风。选择正确的沟通角色，抓住学生的喜好，可自己写诗，可引用，可化用，委婉含蓄中关照学生隐私，专注学生心理。

3. 循循善诱，放大优点。不是和学生针锋相对，而是通过文字沟通与学生共同面对问题，解决问题。文字的沟通要不急不躁，缓缓而行，尽可能挖掘学生的闪光点。

内蒙古赤峰红旗中学　刘洪涛

进退适时知远近，润物无声巧沟通

如何与学生进行高效的沟通，是常常困扰着我们的问题。很多时候，我们怀抱着一腔热血和满腹赤诚，却往往事与愿违。其实，与学生沟通，也是要讲究"远近"的艺术的。

开门见山山可近

欣欣是我带的第一届学生，因而印象特别深刻。那时候她坐在教室的第一排，上课时，总是聚精会神地听讲，眼神坚定而执着，但脸色未免有些苍白。下课了，同学们总是三三两两地奔向操场，而她却很少离开座位。她总是紧握着手里的笔，在本子上推演着一道道难题，眼神专注，眉头紧锁，偶尔也会闪过一丝微笑，那是攻克了一个"难关"。虽然是普通班的学生，但她的成绩在年级里却是拔尖的。

可是，总觉得哪里似乎不对劲。一次考试，我和数学老师监考。"你看，又遇到难题了！"数学老师示意我看。平时做题时偶尔会眉头紧锁的欣欣此刻却是一脸阴云，直到所有科目的考试结束，这"阴云"似乎也不曾散去。那次考试，欣欣虽然在班级里仍然是第一名，但是在全校的排名中却不是很理想。她为这件事而情绪低落了好久。这孩子的心理素质确实是个问题。

于是，我和欣欣进行了一番畅谈，我给她讲了一些应试心理技巧，希望她能克服情绪障碍，拥有良好的心理素质。我们的这次交流起了作用，她按照我说的方法去做，确实是有所收获。并且，原本不爱说话的她对我亲近和信赖了许多，遇到问题也愿意主动向我请教了。

及时接近，与学生沟通，正面发挥导向和引领作用，及时指点迷津，对于学生的健康成长意义重大。

应知曲径可通幽

在学校食堂就餐时总能遇到我的学生，我也习惯了和他们坐在一起，边吃边聊点什么。可是，欣欣却总是习惯一个人独坐。无意中一瞥，我竟然发现这孩子每次吃的菜都很简单。

这天，欣欣的同桌晓燕赌着气对我说："老师，你给我换个座位吧，我不想再和她同桌了。""为什么？欣欣不是可以帮助你学习吗？""老师，我真不明白怎么会有这样的人。我每次给欣欣好吃的，她都说不喜欢吃零食，我给的东西，她从来不吃。昨天我过生日，我妈做了一大桌子饭菜，说让我中午请要好的同学来家里吃饭，我也叫了她，可她硬是说有事来不了。老师，我是把她当成最好的朋友看待的，可她也太没趣了吧。"安慰和开导完晓燕，我陷入了沉思。

凭我的观察，欣欣的家庭条件并不好，因而这孩子自尊心特别强，甚至性格敏感、孤僻，对于这样的孩子，有些情况下就不能采取直接的接近式沟通了。

这天，住校的欣欣急匆匆地赶回了家，原来是常年在外打工的父亲突发重病，必须马上医治。这对一个原本就不富裕的家庭来说无异于晴天霹雳。为了筹款治疗，家里已经债台高筑。了解情况后，我决定为这个可怜的孩子做点什么。

我号召全班同学捐款，并率先捐上了自己近半个月的工资。我们这些钱虽然微不足道，但足可以尽一份力吧。可是，当我想直接把捐款给欣欣时，却有些犹豫了，这样会不会让她心里不舒服呢？于是，我决定给她写一封信，然后托晓燕转交给她。

不知为什么，你经常让老师想起自己的学生时代。我也是一个来自贫穷的农民家庭的孩子，当年在同学面前最引以为傲的便是我的考试成绩，我努力考第一就是想争一口气，因为我最怕的就是被人瞧不起。那时，为了攒钱买一本向往已久的《红楼梦》，我会饿着肚子不吃午饭，终偿所愿后的欢欣一时无法形容。可是，一位要好的同学不忍见我挨饿，有一天给我买来了两个烧饼，当时我却断然拒绝了，这让那个同学很尴尬。我想，这是我的自尊心在作祟吧。可是，现在想来却感觉对那个同学很是愧疚。

欣欣，同学情谊是这世上最纯真和质朴的感情。你说对吗？知道你家里发生的事后，大家既惦记又着急，想帮你又不知用何种方式，这些钱是同学们平时自己攒的，不是向家里要的哦，请你一定要收下。

对于敏感的孩子，有时候，不妨有策略一点，迂回一下，采取曲径通幽的方式或许更能实现沟通目的。原来，沟通可近亦可远。

水色山光远近间

后来，欣欣的爸爸出院了，但丧失了劳动能力。于是，欣欣的哥哥挑起了生活的重担，外出打工，供两个妹妹上学。欣欣一度想要辍学，是我一次次劝导，她才留在了学校。只是，自那以后，欣欣的脸上很少有笑容了，这让我看着无比心痛。

还有一年就高考了，怎样让一个孩子在负重求学的路途中轻松一点呢？

每当我发觉欣欣情绪低落时，我便直接与她谈心，为她鼓劲儿加油，让她坚定信心，但是有些问题不是直接沟通就能办到的。

"欣欣，我妈妈上次买给我的练习册，卖家竟然买一送一，这多出来的一本我啥时能做完呢，同桌，行行好，不如你帮我解决了吧。"

给欣欣买了本资料，本想当面送给她，似乎觉得不妥，于是只好委托晓燕了。

我经常在课堂上提到《平凡的世界》里的孙少平，虽然生于贫苦家庭，但对知识的强烈渴求和与命运相抗争的顽强毅力却使其勇敢去拼去闯。每次讲这个故事，我都能看到欣欣眼中放射出的光芒。我知道，比起物质上的帮助，欣欣更需要的是一份精神上的鼓舞和支撑。有时候，我也把我的求学经历写成文字，在课堂上读给孩子们听，或许那份共鸣会助其前行吧。

与学生沟通，必须看到学生的个性特点，顾及学生的自尊，该接近时接近，该放远时放远，远近适当，方可有效沟通。

技巧点拨

与学生沟通要把握好近和远。所谓"近"，即直接、正面的接近式沟通，是最常用的沟通方式，效果直接、显著。所谓"远"，即迂回曲折、间接委婉的沟通，效果含蓄而隐晦。依据受教育对象和其他客观因素的不同，可以采取不同的方法。

1. 沟通要以充分了解学生为前提，把握学生个性特点和个体差异。有些学生性格内向，有些学生个性较强、自尊敏感等，不同学生应该有不同的沟通方法。

2. 当近则近，当远则远，并且要把握好时机。方法使用要恰如其分，二者各有千秋，不应厚此薄彼。关键是能实现沟通的目的，达到理想的效果。

黑龙江省大庆市肇源县第三中学　刘敏

巧借父母力，畅想锦绣图

父母是儿女的依靠，儿女是父母的骄傲。父母与子女之间并不是我们平时看到的那样水火不容，其实，我们有很多大文章可做。

我教的学生中有一个比较特殊的孩子——小迪。他有着比较殷实的家境，非常聪明的头脑，但是却有些不太好的学习习惯。比如，课上经常恍惚走神，爱拍胸脯保证但又不按时完成作业，不按照老师的要求做而一意孤行，等等。跟班主任沟通后，得知他是一个很不错的孩子，初中时学习成绩一直靠前，由于中考发挥失常，才来到了这所学校。班主任也有意把他打造成一个学习成绩领先的优等生。

在弄清楚这个学生的一些基本家庭状况和学习经历后，我借着一次他没完成作业的契机，把他叫到了教室外，跟他约定下午晚饭后，到操场上跟他聊聊天。他虽然满脸的疑惑不解，但还是肯定地点了点头。

巧借父母施压力

下午五点半，夕阳还未完全落下山，他如约向操场走来。刚一见面，我说："挺准时嘛。"他自信地回答道："那当然了。"我说："守时，看似简单，可不是每一个人都能做到的事情，看来你是一个有着优良道德品质的人。"听着我的夸奖，他有点不好意思地笑了笑。

"知道我要跟你聊什么吗？"

"肯定是没交作业的事吧。"

"是但又不全是。跟你随便闲聊几句。看你平时言谈举止都很有礼貌，你的家教不错啊，你父母应该都是高级知识分子吧。"

看到我聊起他的父母，他还是蛮开心的。看得出父母的光环他还是很享受的。

"你父母都是干什么工作的？是哪个大学毕业的？"

这一问，似乎打开了他的话匣子。他开始向我滔滔不绝地讲述着他父母的工作、职务和毕业的学校。我说："中层管理职务和985名校毕业的光环，确实算是成功人士。你的父母非常优秀，你说他们希不希望你比他们更优秀呢？"他忽然有点不好意思了。

我一看此状，借机而上。我说："天下父母没有不希望自己的子女比自己强的。正所谓望子成龙嘛。父母不惜一切代价供你吃喝学习，不就是希望有一天你能做出比他们更大的成绩吗？你谈起你的父母时很自豪，你说你父母希不希望他们谈论起你的时候，也眉飞色舞，引以为傲呢？"小迪说："估计是吧。"我接着说："不用估计，以我做父母的切身体验来看，一定是。我们做父母的不希望子女给自己多少物质回报，但是真的希望自己的孩子有出息，受人尊敬，不用委曲求全地干自己不喜欢的工作。"

"再说，你父母都这么优秀。如果你不好好努力学习，先不说他们引以为傲的事，从你自己的角度来看，用我们前几天刚学的词语来说，你就是'不肖子孙'啊。这话虽然有点重，但基本上也算事实。假如，你最后再像你中考一样，就差几分，结果考了个普通的本科，你说别人问起你父母你的大学时，他们是什么心情。退一步说，父母因为爱我们不会这么世俗。你想想别人会怎么来评价这件事情呢？他们虽然嘴上不说，会不会在心里嘀咕一句：还真是一代不如一代呢！你想，父母会多么难受。"

听到这儿，小迪的脸色变得沉重起来。

畅想锦绣前程图

我接着刚才的话继续说："就算父母对你的成绩没有怨言，你真的能接受一个那样的自己吗？"

"不能。"他说。

"你想没想过自己要考哪所大学，将来从事什么工作？"

"想考厦门大学，学经济，从事金融方面的工作。"

我一听，非常欣喜，马上接话："厦门大学是个好大学啊，它的金融专业也非常强，还出过央行前行长吧。哈哈，我以前在东北教的学生就有在厦门大学学经济的。你要考上后，我给你介绍认识，可以让你对这方面有更透彻的了解。学经济好啊，前途一片光明。现在中国正是快速发展的时候，经济在未来几十年内一定会超过美国的，那时候正是你大展身手、为国效力的时候。用多长时间超过美国就看你的了。"哈哈，说完我情不自禁地笑起来。

他也跟着笑了起来，说："老师，你放心吧，我一定尽自己最大的努力。"

"你这么聪明，肯定没有问题。到那时候，我逢人就说，看，我的学生多厉害。"

他看着我脸上骄傲的神态，又更加自信地拍胸脯说："老师，我不会让你失望的！"

我忽然来了个180度的急转弯。我说："我还真有点担心，倒不是担心你的能力，我忽然对你这自信而又熟悉的动作感到担心。"他看了看自己的手，我俩相视一笑。我说："我想要说的你应该明白了吧。男子汉，最重要的就是守时守信，一诺千金。人无信不立啊，做人做事都是这样，期待你下次的表现哦。"他坚定地点了点头。

此后，我一直关注着小迪的听课状态和课后作业完成情况。偶尔在课上他还有走神的情况，但是只要我看他一眼，对视一笑，他好像立马就能想起他的使命，他的未来。就这样，坚持了一个多月，在期中考试中，他的语文出乎意料地考了个全班第一，整体成绩也排在前三名。

说实话，他进步这么快，我没想到。

技巧点拨

1. 知彼底细寻主动，选好角度易突破。跟学生谈话前要做好基本的家庭状况调查，了解其家庭背景、父母职业和学历情况、学生的求学过程、兴趣爱好等，选择好恰当的谈话角度，然后沟通，会事半功倍。

2. 巧借父母施压力，现身说法增信度。根据我的经验，学生都很顾及父母的尊严。有些学生宁可自己不要尊严，不能让父母没有尊严。利用好学生的这个软肋。同时，利用好教师的第二角色——父母亲的身份，这样跟学生谈起来，切身感受，更有说服力。

3. 畅想未来绘蓝图，鼓励信任满期待。给学生畅想描绘一个美好的前途，给他信任和鼓励，要以学生的成就作为老师最大的骄傲，让他感受到自己的价值。

南京外国语学校方山分校　刘士友

云销待雨霁，共情终区明

叶嘉莹先生说："教育根植于爱。"无论你从教于哪个年级，无论学生是什么性格，无论你遇上了什么难题，静下心来，只要教师心中怀有一份对学生、对教育的赤子之爱，教育就顺其自然，沟通也水到渠成。我是班级故事里的人，我是讲班级故事的人。

浮云有别意

那一年，我 31 岁，工作近十年的时间，而立已过，沉稳成熟。

我渐渐学着不讲空洞的道理，不说没用的鸡汤，用实实在在的行动，让学生去感受和思考。我明白任何一种教育现象，孩子在其中越少感觉到教育者的意图，其教育效果就越好。

那一年，她 18 岁，成绩优异，即将高考，她叫云销。

我特别喜欢她的名字，云销雨霁，彩彻区明。说出这个名字的时候，自然就觉得好像什么事都能过去。她也是一个大大咧咧的女孩子，性格非常开朗，学习努力上进，优秀学生的名单上总少不了她。可是在 5 月的一天，她的妈妈给我打电话，非常着急地说她不见了，离家出走了。我起初还不信，想着她一定是去哪玩了。她的妈妈跟我解释道，初中的时候她喜欢一个男孩，在妈妈强烈反对下，她放弃了。可是就在前一晚，妈妈看到女孩书中有一封给男孩的信，才知她根本没有放下，那个男孩去了另一个城市，两个人一直有信件往来。因为这封信，云销和妈妈吵了起来，一气之下就离开了家。妈妈很担心她，却又不知道去哪找她，于是给我打了电话。

未解意中情

妈妈说知道云销平时和我的关系很近，也经常和我说一些知心话，她说："拜托您了，老师，求求你帮我找到她。"就这样，我赶紧发动全班同学在QQ、微信上联系她，最后终于得知她在一家烤肉店，我赶紧跑到这家烤肉店，打开门，看到云销一个人坐在包间的角落里，脸上泪痕未干，身边是几个空啤酒瓶。看我进来，她说："老师，是我妈给您打的电话吧。我没什么可说的，我就是想他了，我就是喜欢他。"我本来又气又急，可是看着她的样子，之前到嘴边的话，全都默默地咽了回去。

我静静地拿起杯子，给自己倒满了酒。我说："今天我请客，如果你想喝，我陪你。"云销非常惊讶地看着我，说："老师，您不是应该说我不应该这样吗？您不是应该说要我振作起来，好好学习、好好考试，不要想他吗？"我摇了摇头，把她的杯子也倒满了。

我说："人生有的时候就是这样，你越得不到的就越想要，得到的却不珍惜，你没有得到他，于是你拼命地想要他的爱。你得到了母亲的爱，于是你拼命地想甩开母亲。可是这个不重要，我们今天就忘了所有的不快乐，不醉不归。"她的眉目紧缩了一下，喃喃地说着什么，之前的话她好像还没太听得进去，听到最后一句，她露出了一个极为灿烂的笑容："也罢也罢，不醉不归，一言为定！"

那晚，云销迷迷糊糊地跟我说了好多那个男孩的故事，就那么一直一直说到睡着。有一个细节让我印象深刻，她说那个男孩特别爱干净，白色的鞋子每天都刷得发亮，她就爱这份干净。第二天我到班级上课，她去得非常早，看到我到了，云销给了我一个非常非常灿烂的笑容。她说："故事还未过去，离高考还有一个月，我就用这一个月为自己搏一回，我要去他的城市。"

她打开本子，开始读书，一霎间，阳光正好洒在她的本子上，我仿佛看到了极为耀眼的光芒在她的周围闪烁。

共情雨终霁

那个周末，我送给了云销一份特别的"礼物"。从那以后，关于"他"的故事就好像被尘封了一样，云销重拾了那个优秀的自己，积极、上进、乐观、努力，偶尔看着天空发呆，也偶尔跟我比画下喝酒的样子，然后笑嘻嘻地跑掉。高考过后，放榜那天的半夜，我接到她的电话，她又哭又笑地跟我说："老师，我考上了，我考上了。"电话这边的我，眼泪刷地一下就落了下来，我感受到她那份压抑了很久的情感如火山爆发般喷薄而出。

我说："他呢？还想去找他吗？""嗯，我想一定要去见一面的，不过结果也没那么重要了……"

故事为一封相思信而来，也由一杯风尘酒而去。这样离经叛道的陪伴也应算教育的一种方式吧。记得有句话是这样说的——我有一杯酒，可以慰风尘。那么，这样一杯酒是否可以同样温暖学生的心呢？

对了，你知道那份礼物是什么吗？是的，一双白色运动鞋，一双云销自己也可以刷得发亮的白色运动鞋。

技巧点拨

1. 共情言而思。

沟通的前提需要共情，共情是人本主义创始人罗杰斯提出的，是指体验别人内心世界的能力。作为教育者，学会共情是非常必要的能力。我们可以借助学生的言行，深入对方内心去体验他的情感、思维；我们可以借助于知识和经验，把握学生的体验与他的经历和人格之间的联系，更好地理解问题的实质；我们可以运用教育技巧和经验，把自己的共情传达给对方，以影响对方并取得反馈。与学生平视，设身处地地从学生的角度思考问题，就能感受到他的真实情绪，打开信任之门。我们可以用"我明白你的感受"开启沟通。

2. 反其道而行。

教师在与学生的沟通过程中，经常会把一些自以为正确的价值观强加到学生身上，进行说教。为数不少的教师，不厌其烦地对学生进行洗脑式说教。从出发点来看，这么做似乎无可非议。然而，脑学科专家和认知学专家的研究结果表明，过于频繁的正面说教不但没有任何效果，还会造成孩子的逆反心理，形成某种病态的应激反应。那么在共情之后，我们可以反其道而行，把"你应该……"的句式变成"也许你认为我会这样说……"，激起学生的沟通欲望。

3. 无声胜有声。

教育家孔子有言："不愤不启，不悱不发"，意思是不到他努力想弄明白而得不到的程度不要去开导他；不到他心里明白却不能清晰表达出来的程度不要去启发他。有时，适当的沉默和具体的事情更能让孩子有所思考，给学生思考的时间，静静地等待蜕变，会收到意料之外的惊喜。

广东省东莞市松山湖第二小学　彭新颖

看到花开待月明

"看见"是一个美好的词语，每个人都希望被看见，被接纳。作为教师，我们要努力看见每个孩子，"看见"他们的美好。

听说木子要转到我们班时，我是极不情愿的。对于木子的调皮，我早有耳闻，从一年级开始，木子就因为调皮而全校闻名，后来是升一个年级换一个班级，今年五年级，我是第五任班主任。

我不知道该怎么描述这个孩子，上课从不迟到，但也从不安稳。注意力持续不到五分钟，就小动作不断：不是拽同桌的头发，就是拿笔往同桌身上画；不是把粉笔研成粉末，往同学身上撒，就是把钢笔使劲甩；要不就是趁老师板书时，拿笔往后桌的书上乱画；或者是大喊一声，引起全体同学的注意——这些小动作都是在上课时进行的。最安静的时候，是他在自己的课本上画小人，给文章中的插图人物画上胡须，画上武器，或者是头趴在桌子下看漫画，但这也持续不到五分钟。

木子刚到我们班时，同事都为我捏了一把汗，同时也等着看我怎么败在木子手下，就这样，我们开始了共处。

始觉冶容妄，方悟群心邪

新接一个班级，先是制定班规，木子一边摆弄手中的钢笔，一边观察我，机灵的小眼神死死盯着我，我装作看不见他，却也在暗地里观察，我发现他是真的管不住自己，双手一直在玩弄东西，我想只要他不扰乱课堂，我们就先和平相处。这样的状况只持续了三天，直到周四的音乐课。

"出去，你不出去，我就出去，以后不许上音乐课！"炸雷一般的声音，从教室里传出来。不用猜，肯定是木子惹事了。

我还没起身，班长就来喊我："老师，李木子把音乐老师气坏了，你快去看看吧。"

走进教室，木子坐在自己的位子上，一副事不关己的样子，他在等我爆发，等我着急。我不急，我先给音乐老师道歉："对不起，老师，孩子们惹你生气了，你先去办公室喝点水，消消气。"

孩子们开始七嘴八舌地告状：木子不听课，打扰老师上课，还带着其他同学一起乱。

好吧，再听听木子怎么说。

"后桌踩我凳子，我就回头说他，然后他就打我……"木子边说边比画。后桌赶紧解释："老师，是他老拱我的桌子，我没法听课。"

"木子，咱换个方式说话，用'我'开头，只说你做的事情，不说别人。"我打断了木子。

"我……我……"木子吞吞吐吐。

"我们再从头捋一遍，反正音乐课也不上了，咱就学说话吧，用'我'开头。"

"我不小心拱到了后座，然后……"木子慢慢说出事情的原委。

"今天大伙因为你不能上音乐课，你看怎么办比较好呢？"我问。

"我去道歉，请老师回来上课。"木子用期待的眼神看着我。

现在的孩子，遇到问题总是以第三人称来说：他怎么样，他说什么，他怎么做的。反正都是别人的问题，自己没有问题。教孩子换个人称来说话，孩子第一想到的是"我"怎样，"我"怎么做的，问题的导向直接指向了自己，可以从自身出发来思考问题，而不是把矛头指向对方，这样能更好地反思自己的做法，重新认识自己。

昨夜月明浑似水，入门唯觉一庭香

我和木子不停地过招，十八般武艺全都施展过，送小礼物，让他帮忙收作业，鼓励他领读英语，表现好可以免作业，放学后我陪他写作业……令我欣慰的是，我的努力有了收获，木子在不断地进步。

我努力地去"看见"木子，我看见他的书写从混沌一片变成了天朗气清，抽屉从一片狼藉变成了条理清楚，上课从保持五分钟注意力，变成了十分钟……

我看见，他在努力地展示自己，也想被更多的人看见。

值日生每天早到十分钟，周一我提前二十分钟来到学校，没有孩子的校园特别安静，却也少了几分活力。

忽然看到卫生区有人在打扫，谁？快走两步，看看这个雷锋是谁。

木子，是木子！左手拿着扫帚，右手拿着簸箕，认认真真地在打扫卫生，角角落落都打扫得干干净净，红扑扑的小脸上满是汗珠，黄色的背心有一大块被汗浸湿了，多好的孩子。我安静地看着，不忍去破坏这个美好的画面。

木子以前是从来不值日的，今天他能够拿起扫帚打扫卫生区，这是多大的进步啊，那一刻，我很感动，因为木子一直在努力。

"慢慢干，不急，今天的卫生打扫得真干净，你真是咱班的榜样！"我边说边拍了拍木子的肩膀。我看见木子的眼睛里满是骄傲。

简单的几句表扬，打破了我们之间的壁垒，拉近了木子和我之间的距离。一个缺点背后，必然藏着一个优点；一个错误背后，必然藏着美丽之处。我们要有一双善于发现的眼睛，努力看见错误背后的美丽，换个角度看问题，就会豁然开朗。

青山缭绕疑无路，忽见千帆隐映来

元旦联欢，木子很早就来到学校，带着男孩们用气球装饰了教室，个子不高的他，站在凳子上把气球挂在黑板的上面，并把自己带来的零食跟小伙伴们分享。

更让我感动的是表演节目时，木子讲了绘本故事。纯正的英语发音，绘声绘色的讲述，赢得孩子们热烈的掌声，木子的眼睛里不只是骄傲，更多的是感动，因为他的眼睛里有泪光在闪动。

每个孩子都有向上的愿望，但是由于各种原因，孩子找不到自我，看不到自己的优点，我们教师应该做的，就是放下成见，努力看见每一个孩子的优点，给他们向上的力量，他们也才能更好地看见自己。

技巧点拨

1. 孩子们都渴望被"看见"，因为这背后是教师对学生无尽的爱和满满的信任，当学生犯错时，教师放下大多数人对他们的成见，"看见"他们向好的决心，带着尊重和理解的态度与其进行真诚沟通，使其认识到自身的错误，并乐意改正。

2. 教师努力捕捉孩子们的每一个闪光点，带着欣赏的眼光，不吝惜夸赞的语言，强化孩子的积极行为，孩子们会获得更大的力量和动力，眼里的"光"会越来越多。

3. 教师用爱的目光去关注学生的每一个闪光点，用鼓励的话语增强学生的信心，用肢体语言促使爱的流动，渐渐地，学生也会看见自己，成为更好的自己。

总之，教师要"看见"自己的学生，因为每个孩子都渴望被注意，被关爱。教师首先要接纳学生，然后拿出自己的十八般武艺陪伴学生，最后怀着静待花开的心态看着孩子们慢慢地成长。

山东省临清市武训实验小学　任淑娥

在倾听中走进心灵

小西是从市区转来的学生，比同龄人多了一点随性、沉稳和疏离，微笑的唇角下有着贵公子般的傲慢。我没多想，人无完人，一些不太好的习惯，严加规范就是了。可是，该讲的讲了，该罚的罚了，效果并不好，迟到、课堂走神、不完成作业、自习睡觉，越来越多的问题出现了。更出人意料的是，这样一个俊秀的少年，开学两个多月后，成了年级"大哥"。质问？批评？命令？想到那个无论怎样教育都只是回应以微笑的男孩，我决定换种方式沟通。

细微关怀，开倾诉之大门

下课，听到小西小声跟同桌借问食物充饥，没有大肆搜刮，没有作威作福，这个"大哥"挺有素质，应该自尊心比较强，内心一定有自己的柔软之处。

第二天，我将小西堵在教室门外。

"又起晚了？"

"对不起，老师，我错了……"他又是敷衍地笑。

"又没吃早饭吧。给你，分享我的早餐。"看着小西惊愕的眼神，我继续说："不在父母身边，住宿也要照顾好自己，总不吃早饭容易得胆结石。"这个孩子看起来物质生活充裕，但却不会照顾自己。

坚持按时到班了几天，小西又一次迟到了。

"对不起，老师……"这次他的眼中有了一点真诚。

"自己准备早餐了吗？"

"没有。"

我在他的惊讶中拿出面包、牛奶递过去，表情有些无奈："臭小子，我怀疑你是知道我有私藏，奔着来的吧！"

小西一时有点慌："老师，我真不知道，我不要，你自己吃吧。我有时间再去买。"

我一下笑了，再怎样表现"大哥"样，也还是个孩子："课下时间紧张，外面开始冷起来了，买什么也都是凉的，这牛奶还是热的，不伤胃，我有时间再去买一份，你先吃吧。"

小西怔了一下，接过早餐："谢谢老师，你比我爸妈还细心，我明天一定早起，以后尽量不迟到。"

这是小西入学以来第一次下保证，少了些敷衍，多了份认真。

"其实我也比较爱睡懒觉，大多时候吃不上早餐，前几天隐隐有点胃痛。天越来越冷了，你看我们两个可不可以结个盟，相互帮助，每人一天，你从食堂给我带早餐，隔天我从家里给你带早餐，让我们两个都能吃上早餐又多睡一会儿，当然，也多一点起床的动力。"小西看了看笑得友好又灿烂的我，有点动摇。"没关系，先试试呗。"感觉自己像诱哄小红帽的大灰狼……

"好，那明天我去买早餐。"

……

"老师，我今天买早餐的时候看见咱班考第一的王同学，又只打了馒头和咸菜，他是不是需要帮助？"

"今天这个菜我奶奶也常做，就是味道有点差。"

"老师你又在看书啊，这本书讲什么啊？"

……

我认真地倾听他的表达，及时回应。很短的时间内，小西有了明显的变化，迟到次数越来越少，课上睡觉的时间越来越短，与我的沟通越来越多，对同学也有了真诚和关注。但很多时候他仍然是沉默的，是游离的，在班级并不逞强斗狠的他仍然是外班一些刺儿头男孩的中心，课间总是有很多人来找他，他的生活重心仍在广泛交友上。

剖茧抽丝，把倾听之真脉

"周末回去除了偶尔跟同学聚聚，就是陪奶奶，她只要看着我就高兴。"

经过了一段时间的真诚交流，小西越来越不掩饰真实的自我，最近他的情绪又开始有很大的波动，晚自习前心情烦躁，要请假出去吃饭，我猜想还可能想出去喝酒，现在，他需要一个倾听者。学校环境令他抗拒，于是我把他带到了家中，做了顿便饭，变换一个情境，也换一换心情。与他坐下来随意闲聊，聊了好久，才终于提及家人。

"不陪伴爸爸吗？"

我知道小西的父母离异，趁机问问具体情况。

"他也常过来看我，会买些东西给我点钱，但他有自己的家，有老婆有孩子的，最多也就是陪我和奶奶吃个饭，问问学习。"小西满脸不在乎，可是那笑，看着并不令人欢喜。

"大人确实都挺忙的，常过去看看说明爸爸很关心你哦。"我及时劝导，希望他能从沉重中摆脱，看他的神色，不忍将话题再继续。

将他送回学校后，我拨通了小西妈妈的电话，旁敲侧击，终于得知事实。婆媳矛盾，夫妻失和，因爱生恨，妈妈远走他乡，小西从几个月开始由奶奶、保姆抚养长大。

"你妈妈最近常联系我，一聊好久，她很关心你。"

"老师，我妈再给你打电话，你该忙就忙。她就那样，一个人在外面，我隔几天就打一个电话问候下，她每回也是反复说很久，我也就听着。"他还是在笑，仍然无法令人欢喜。

善良又敏感，这样的孩子怎么就成了"大哥"？

"孝顺！你这孩子太贴心太受人欢迎了，那么多人总是课间找你做什么呀？"

"就是在一起聊聊天儿，郁闷的时候吃点饭，有时候他们有矛盾我过去帮着调解一下。一个人也挺没意思的，大家在一起热闹。"我懂他的孤寂。

"你跟着他们一起打架吗？"

"关系好的拒绝不了就跟着一起去了，基本不动手，大多时候我都是给调解。"

"对呀，这个阶段的男孩子都容易冲动，你人缘那么好，帮助调解矛盾才能体现出'大哥大'的智慧！不过大家都在逐渐成长，你这老大不学习不进步，成绩总是中下很容易被大家落在后面，失去号召力啊！"

"老师，我也知道，可是有的时候学不进去。"

"是啊，我也发现你有的时候走神，在想什么呢？"

小西犹豫了一会儿，说："我奶奶和我妈妈相互看不上，她们都对着我抱怨，我也没办法。心情很烦，跟朋友在一起玩的时候能轻松点。"

"交朋友很正常，心情不烦的时候也可以跟朋友一起交流玩耍啊，只要能健康成长就好。大人的事情都已经成为陈年往事了，她们不过是习惯性地表达情绪而已，能够耐心地倾听就是你最大的回报。她们并没有寻求你来解决，你不需要扛起上代人的恩怨。快快乐乐地做好你自己，我相信这也是奶奶和妈妈的期待。下次不开心，也要冷静勇敢地表达自己的难过。"

之后我发现因为妈妈和奶奶的相互怨恨，小西一度有自残倾向，于是分别联系了小西的父亲和母亲，进行了深入的沟通，强烈要求他们停止家庭负能量对孩子的伤害。

后来，小西妈妈与我的谈话重心都在孩子身上了，再后来，小西去文科班做了纪律班长。

又是一年教师节，手机中一条早早发来的祝福跃入眼帘："时光荏苒，岁月如梭，学生已不是当年的顽劣少年，但你还是我心中最美的老师！珍藏着美好的记忆，伴随秋风邮寄一份祝福，姐姐，教师节快乐！"眼眶瞬时发热，那个外表玩世不恭、内心敏感孤寂的少年，长大了！

技巧点拨

引导倾诉，善于倾听，是沟通的重要艺术。

1. 倾听之基——从生活细节处真诚关怀，表达尊重，润物无声中促进信任，这是有效沟通的前提。

2. 倾听之本——无论是瓦釜之鸣，还是丝桐一曲，都要真诚耐心倾听，接纳包容，作为倾听者，尽量客观无我，抑制住争论的冲动，以平和的心态、自然的状态来面对学生。同时学会创设合适情境，让倾诉有时空。

3. 倾听之要——听准关键，能够披沙拣金，在众多杂乱的信息中抓住重点，然后批郤导窾，因势利导，让倾诉有方向，让倾诉有回响。

牡丹江市第二高级中学　孙奇峰

广东省东莞市松山湖实验中学　张茵

纸条传送，悦纳沟通

数学课刚下课，数学老师就气冲冲地找到我，交给我一个本子，上面是你来我往的将近半页纸的"对话"。看笔迹，我马上就知道罪魁祸首是谁了。也难怪数学老师生气，因为那是班级数学位列前三的小孟，居然在课上传纸条！我安抚了数学老师，让他把事情交给我处理。

见招拆招，理解悦纳

我看了看纸条上小孟和后桌小静的对话：

静：快如疾风闪电，吾难力挽狂澜。

孟：虽乘奔御风不以疾也？

静：嗯，马作的卢飞快，也赶不上你的数学。

孟：常记昔日日暮，也曾讲解思路。兴尽狂写时，写错一个分数，清除，清除，满分擦肩无处。

……

看了这个满口之乎者也、诗情画意的小纸条，让我禁不住微笑起来。青春年少的日子里，是一种多么难得的阳光热情，哪怕它是在课堂上，不对的时间里。但是，这样一颗诗心诗意的种子，需要我去呵护并给予正确的引领。

发挥优势，巧妙设局

一整天，他们两个一定是内心惴惴不安，总是偷偷地用眼神瞄着我。但是，我不动声色。

晚上放学时，两个人来到办公室，很赧然的样子说："老师，那个……我们错了。"我微笑着说："喜欢传小纸条？喜欢写诗词？这两样我也喜欢，从今天起，我和你们传纸条吧！"他们不敢置信地注视着我，嗫嚅着说："老师，我俩不该课上做这些。"

我抛开这个话题，直接说："今天，你们合作把这件事，还有最近的思想，以诗歌的形式写纸条上，明天传给我。"我故意强调了一下"传"字，他们不好意思地笑了。我放轻松语气说："其实，很多思想，文字比语言更透彻呢！只是，要在对的时间哦！"

诗意引领，思想提升

第二天，我看见桌子上放着纸条：

> 烟雨连江，
> 台城柳葭葭，
> 卷挟着无所谓的远方。
> 灰蒙的光，
> 生活平平，
> 一如从前模样。
> 清水疏狂强图醉，
> 人生总无味。
> 惊雷乍起，
> 迷梦金纸碎，
> 不愿还归。
> 流年如逝水，

> 晓星渐落，
> 幡然悔悟，
> 偷得灵药不成身，
> 噩噩浑浑。
> 青天连海碧，
> 昏沉，
> 一如荆棘中行奔，
> 却满身伤痕。
> 纵有足乐不知困，
> 血落如梅香远深，
> 不学落花倚栏人，
> 寒天独放春。

看得出，诗中，借用"嫦娥应悔偷灵药，碧海青天夜夜心"这样的诗句，悔恨自己近日来的迷茫或低沉，但是，还是有一定的目标，想要内心有

"足乐"，不停滞"倚栏"，希望自己能"香远益深"，大放异彩。

我回复：

早知今日悔丹心，　　　　艳阳普照众人魂。
缘何往昔噩浑浑？　　　　好山好水好景地，
本是伶俐才华溢，　　　　佳师佳伴佳书本。
却枉聪慧达人身。　　　　时光荏苒如白驹，
左牵右引耽耳目，　　　　岂容小子戏光阴？
前嬉后戏扰纷纷。　　　　若无悔意付行动，
明月高悬头上鉴，　　　　以手抚膺叹沉沦！

他们看过之后，表情挺凝重，然后，一整天，都没有再溜号，很认真地听课，很努力地写试卷，完成作业。

我又收到小纸条：

远归青山，　　　　　　　晓月残钩，繁星断关，
斜阳红西天。　　　　　　誓言犹刻城楼，
陌上悠悠，　　　　　　　作黄沙，
杳杳钟声晚。　　　　　　穿了金甲过万。
听春之召唤，　　　　　　再抚膺，
空庭梨园，　　　　　　　心头挑灯之念，
门后天色已晚淡。　　　　热血难凉，
旧时故梦，　　　　　　　重登途，
白发愁颜不展，　　　　　何妨只有残云身畔。
寒衾衰草相伴。

看得出，今天这诗歌中，尽管前半段写得稍微低沉了些，但后面，他借用了"黄沙百战穿金甲"和"十年饮冰，难凉热血"的句子，来表达自己要勇敢向前、重登信念之峰的心意。

我回复：

三更灯火五更鸡，	本是英雄作旗帜，
古人谓此读书时。	怎可偃息伏尘低？
悬梁刺股更奋起，	挑灯夜读窗已白，
一腔豪情不可息。	仰天长啸马蹄疾！

接下来的几天，我从两个孩子的眼神中，看到的都是满满的自信和活跃的神色。数学老师也欢喜地说："姐姐，你用了什么办法，他们两个这么快恢复了好状态？"

青春时节里的少年啊，情绪总像是燃点非常低的化学物质，而老师的一个眼神，一句关心，一个评价，足以成为点燃他的火种。稍稍倾注于斯，他们便可跟着我们，释放能量！

拓展延伸，魅力可期

自始至终，我没有谈大道理，但是，在这样的传递之中，已经表明了我的鼓励，达到了教育的目的。此后，我开始喜欢上这种"传纸条"的方式，但是我的要求是：收到我纸条的人，必须以同样的方式回复我！

当我发现谁在课上昏昏欲睡的时候，我便这样写道："请不要在追梦的时刻做梦哟！"下课后，我会收到这样的回复："老师，我没有做梦啦，我一直在追追追……我是一个追风少年哟！"

当我发现谁最近闲话特别多，影响学习的时候，我会写："闲话复闲话，闲话何其多？此时忙闲话，万事成蹉跎！"然后，我会收到这样一个画着羞愧表情的回复："切切嘈嘈何时了？错事知多少？课上课下口无封，招得尊师不堪震怒中。多言多语仍犹在，要发奋整改，问君何时再重头，试看如今从善应如流！"

这样的方式，极好地缓解了他们的尴尬和师生间的矛盾。他们竟然期待我的小纸条，把这当成我和他们之间的一种游戏；后来，他们戏谑地称那些收到和回复过纸条的人为"纸条诗人"。

教育之路上，每一天，每一个节点，都是师生之间互相成就、共同成长的契机。当我们能以一双赏识的眼睛去看孩子们表现出来的阳光和热情，能以一颗同理之心去理解他们的不足和过失，能以一种悦纳的智慧和诗意之心去引领他们成长和发展时，我们就会发现，青春的世界里，处处都是活泼的故事，都是带着善意的欢笑。

教育，原本这般美好！

技巧点拨

1. 尊重理解，俯身感受。

无论遇到何种问题，请先站在学生的角度，感受一下他们的心情，然后尝试去沟通。尤其是遇到犯错误的孩子，他们犯的错误各不相同，有的是违反纪律，有的是违背原则，我们首先分清错误的种类，沟通之前必须尊重学生，让学生处在一个相对宽松的心理环境中，这样才可以接受我们的沟通。

2. 悦纳包容，给予安全。

成长中很多迷茫的时刻，是需要得到足够的安全感的，我们只有先悦纳孩子们的优点，包容他们的不足，这样，他们才可能认真聆听我们的建议。

3. 发挥特长，融洽关系。

与学生沟通的时候，一定要发挥我们自己的特长，这样以己之长，有利于走进学生内心，在沟通的同时，顺势启发，带动并提升学生的认知高度。例如，老师的体育特长、绘画特长、音乐特长，或者是写作、烹饪、手工等都可以成为和学生沟通的有效方式。

黑龙江省牡丹江市第二高级中学　孙奇峰
黑龙江省牡丹江市实验中学　赵彦辉

让我慢慢地靠近你

高三学生时间紧张，考试频繁，吃饭奔跑，打水奔跑，一切让路给学习，开学两个月，大考两次。我带的是复读生，第二次模拟考后因为应届生的崛起，班上许多学生情绪波动很大，成绩出来后，作为班主任的我便沉浸在一天又一天的谈话当中：诉说、倾听，安慰、平静，鼓励、奋斗……但小L却是个例外。

让我轻轻地告诉你

小L是名男生，大大的眼睛，长得白白净净。我与他交流时，他长时间沉默，任我怎么启发就是不开口。第二天下课时，我故意让他帮我把作业本抱到备课室，边走边与他聊学校的饭菜质量，开始他只是听，最多说个"是"或"不是"，走着走着他便主动开口："老师，我今年难考上一本。"我说："没事，一次考试证明不了什么，咱们一起找找问题，后期复习注意就行了。老师相信你下次一定会考好的。"但小L却说："不，老师，我跟别人不一样。我总感觉我脑子里有好多虫子，赶也赶不走。我努力不去想它，但隔不了十分钟，那虫子又在我的脑子里蠕动，我上课根本不能集中注意力……"我们本来在楼道里是边走边聊的，听到这里，我突然停下，重新审视这个孩子，依然白白净净，依然大大的眼睛，但脸上却比以往多了层忧郁。"小L，为什么会觉得脑子里有虫子？""高二的时候我跟一个同学有个矛盾，事情虽然最后解决了，但在我心中一直挥之不去。""那个同学现在还在咱们学校吗？在咱们班吗？""在咱们学校，不在咱们班。""当时究竟发生了什么事，能告诉老师吗？""老师，事情已经过去了，咱们不再提了。""那咱们就忘掉它，一心一意地复习、备考吧。""老师，我也想忘记，但是忘不了。"……"老师，我要请假，我感觉自己有病，其实之前一直在服药。"我的心似乎也随着小 L 的话坠入无底的深渊，我想起了自己上高中时因学习压力大一度服中药，便很能理解走不出心理障碍的焦虑与无助。我很想帮助小 L。高三如此紧张，时间耽误不起啊！有一天，小 L 不断地诉说脑子里有虫子，坚决要请假，我只好打电话叫来家长，小 L 被父亲领去看医生。

分享你的寂寞你的欢乐

隔了一周，小 L 回来了，提着大包的药。此后上课上自习一直精神不振，老是打瞌睡，我猜想他吃的药中可能有镇静的成分，就提醒他晚上早点休息，不要开夜车。他的作业开始拖拖拉拉，上课注意力比以前更容易分散。马上要期中考试了，他担心自己考不好，又陷入了更大的焦虑之中，再次要求请假。我提醒家长看医生是一个方面，还要多跟孩子交流。小 L 上课嗜睡，常常叫醒之后又睡着，偶尔回答问题，也显出思路不连贯，我原来安排让和小 L 交流的几个外向的学生因为学习紧张也渐渐放弃了交流，小 L 似乎被边缘化了。有同事甚至劝我不要为了一棵树而毁了整片森林，多花心思在其他学生身上吧，但我仍心有不甘。

小 L 又一次请假，他来填假条的时候，我递给他一个红红的苹果，说："一会儿路上口渴的时候吃。"我看到他眼中闪过一丝亮光，小声说"谢谢"。过了一个月，小 L 还没来学校，我想帮助他驱走那些可恶的虫子，让他重新回归平静的生活。我打算家访，小 L 的母亲接到电话连说"欢迎"，并且告诉我孩子小学时在附近厂子校读书，成绩优异，擅长朗诵。来到小 L 家，一个非常普通的农村院落，但令我吃惊的是房子里竟有一张专属小 L 的书桌，他正安静地坐在桌前读书。见到我来，小 L 问好、倒水，我夸他学习认真，小 L 腼腆地说："老师，我读书是在自我治疗，我想自己找出脑子里的虫子……"我一看，是一本一本厚厚的弗洛伊德的书，我的心还是一惊，以他的状况，这样的书越读越走不出心理障碍。我便跟他从院子里的树聊起，启发他回忆印象里美好的事情，他讲小学时的恶作剧，讲初中时获得"学习标兵"的辉煌，讲着讲着他竟然笑了，也答应我网上买的四本弗洛伊德的书先交给我保管。

我与小L告别，看到他和他母亲的眼里都有亮晶晶的东西在闪……他母亲不停地说："谢谢，家里好长时间都没有听到笑声了。"我请他母亲暂时留在家里，陪孩子说说话，联系亲戚中正在上大学或上过大学的年轻人多和小L聊聊天，哪怕是视频聊天也好，他母亲非常配合，我长舒了一口气。

生命阳光最温暖

家访后一周，小L返回了学校。他以前返校经常是不声不响的，以致年级组考勤都搞不清我们班人数，这一次他破天荒地第一次来跟我销假，话虽不多，但终于主动与人交流了，我心中暗喜。为缓解学生压力，高考前50天班上组织击鼓传花，鼓声停止时花在谁手里谁就得表演节目，教室里笑声不断。我看小L这几天状态不错，于是跟鼓手约好暗号，当花传至小L手中时，鼓声停了，小L愣了一下，与他一起读过初中的几位同学大声喊："朗诵，朗诵……"我递给小L一张纸，他扫了一下，便开始动情地朗诵：

> 当蜘蛛网无情地查封了我的炉台，
> 当灰烬的余烟叹息着贫困的悲哀，
> ……
> 朋友，坚定地相信未来吧，
> 相信不屈不挠的努力，
> 相信战胜死亡的年轻，
> 相信未来，热爱生命。

同学们爆发出热烈的掌声，因为我们看到了一个与开学初不一样的小L。

高考成绩揭榜，小L如愿考上了一本，去了南方的一所大学。

让我慢慢地靠近你

伸出双手，你还有我

给你我的幻想，我的祝福

生命阳光最温暖……

技巧点拨

首先，善于观察，因材施教。教师要学会察言观色，了解学生的性格。对于内向甚至抑郁的学生，学习和纪律方面不能提出过高的标准，尤其在纪律方面；同时与之交流也要注意方式方法，特别是语言方面。

其次，靠近心灵，取得信任。当与学生沟通不畅时，不能急于求成，也不要轻易放弃。可通过其同学、家长了解学生的兴趣、优点等，从学生感兴趣的话题聊起，并肯定其优点，取得学生的信任，心灵会慢慢靠近。

最后，讲究方式，营造氛围。遇到不好沟通的孩子，应智慧地设计场景，动员家长、任课老师、其他学生相互配合，给孩子制造表现的机会，让他在尊重与理解中体会到自己的价值。

教育沟通，不仅需要爱心，还要有智慧。你靠近孩子，孩子才愿意向你敞开心扉。

陕西省宝鸡市岐山高级中学　王建红

万物终有回转，一切皆有回甘

2016 年 9 月，我成为一名普通的语文教师。初出茅庐，满怀激情，满腔热血，我要让学生喜欢语文，爱上语文。

起初，一切都是顺利的。但是一周后，矛盾就浮出水面。

有个叫阿杰的孩子引起了我的注意。一个星期的积累作业，他从未完成过。课代表说阿杰的借口五花八门，不是忘记带了，就是本子找不到了，总之，他就是不想交作业。我也没多想，对课代表说："那你让他下课带着作业本来。"课代表迟疑了一下说："老师，他上小学的时候就是这样，从来不写语文作业。我和他是一个班的，我们小学老师后来都默认他可以不交作业。"

课代表的话让我心头一沉，这孩子是什么情况？为什么偏偏不写语文作业？我查看了他的入学成绩，其他科目成绩都不错，只有语文成绩惨不忍睹。

俗常难解，唯有治愈

下课后，阿杰带着作业本来到办公室，深深鞠了一躬，漠然地说："老师，对不起。我现在就去走廊外面补写。"我没想到他竟会如此，赶忙叫住了他，表扬他知错就改的品质，同时又强调完成作业的意义，告诉他今晚回家要把作业做完。

令我愕然的是，第二天阿杰仍然没有交作业。我有些愤怒了，这孩子怎么如此不知好歹！下课后他来了，依旧像前一天一样，鞠躬道歉。我言辞疾厉："为什么又不完成作业，不是给过你机会了吗？"阿杰没有任何辩解，只是老老实实站在我面前，低着头，一言不发。

看来单纯的说教对阿杰一点用处都没有，我通过班级微信群联系了阿杰的家长。他的家长听到阿杰的问题，一点也不意外。他只说："孩子从小就这样，我拿孩子也没有办法。谢谢老师您关注孩子，您费心了。"和孩子最初来办公室时一样：有礼貌但又很疏离。

事情就这么僵持了几天，阿杰的作业还是老样子。在我的学生时代，完成作业是很简单的事情，没想到在当下，竟然如此棘手。我只好向师父求助，师父说："丫头，你得让学生喜欢你。亲其师，才能信其道。你这么年轻，点子多，还怕学生不喜欢吗？"

师父的话，我半知半解，又翻看了几遍上大学时的《教育学》《心理学》，还是没想到解决的好办法。看来，阿杰的问题不是一朝一夕可以解决的。

精准突破，以物易物

周三那天，我在"好书推荐"环节推荐了《西点军校》，事情迎来了转机。

下课后，阿杰忽然笑眯眯地走到我跟前，还是深鞠一躬，问："老师，你知道汉尼拔吗？能给我讲讲他的故事吗？"

学生的问题，我向来是有问必答，就选了一段故事讲了起来。故事讲到一半，上课铃响了，我敏锐地观察到他的眼神中有渴望，于是拍了拍他的肩膀，笑着说："先回去上课，剩下的情节明天再讲。"

原来，他对军事感兴趣，或许可以从这里突破。

第二天下课，他又来了。我温和地试探着说："我们继续讲汉尼拔的故事，但是有一个条件，你要认真完成今天的语文作业。如果不完成或者完成得不好，我就不给你讲汉尼拔了。"他的眼神中闪过一丝犹豫，那一刻，我有点担心他说"老师，我不听了"。但最终汉尼拔战胜犹豫，他还是点头应允了。

终于收到了阿杰的作业，是一个封面特别有古典气息的线圈本。书写特别漂亮，重点标记清楚，布局合理，俨然一份艺术品！

就这样，一段汉尼拔的故事，一份漂亮的作业，阿杰对语文的兴趣悄悄萌芽。

可汉尼拔的故事终究会讲完，那时阿杰是不是又要变回老样子？这种交易学习法到底能持续多久？怎么把他的这种兴趣持续下去呢？

放大兴趣，坚定热爱

几天后的午休间隙，我把阿杰叫到办公室，从柜子里拿出两本书递给他，一本是《汉尼拔》，一本是《人类群星闪耀时》。阿杰愣住了，不知道这是何意。我还是习惯性地拍拍他的肩膀说："阿杰，这是老师送你的礼物。好好看《汉尼拔》这本书，看完之后，你会发现他的故事远比我讲给你的精彩。读茨威格的这本《人类群星闪耀时》，你会认识到更多了不起的人物，他们身上有和汉尼拔相似的地方，也有属于自己独特的魅力。眼下，正是读书的好时节。"阿杰接过书，又鞠了一躬。这一次，他没有丝毫犹豫。

时机正好，趁热打铁，我说："老师给你讲汉尼拔的故事也有一段时间了，那你知道，英雄身上最值得学习的品质是什么吗？"他羞涩地笑了笑，眼睛弯成了两道月牙儿，挠挠头说："应该是坚持和不怕困难，还有梦想。"我颔首赞许："对，壮志和毅力是成功的双翼。你现在已经把作业完成得很好了，课堂发言的次数越来越多，而且能够准确地把握重点。你有了进步，老师特别高兴。阿杰，带着对语文的兴趣学习，你会走得更稳更远。"

阿杰歪着头笑了，点点头。

"那你能不能告诉我，你以前为什么对语文的学习兴趣寡淡至极？"我终于问出了一直萦绕心头的问题。

阿杰咬了咬下唇，说："我以前觉得语文没意思，而且没有成就感。不像数学和英语，只要学了就会解题，就会得分，而语文，学了那么久，根本看不出进步，甚至考试成绩还会下滑。所以我以前……"

"那现在呢？"我明知故问。

"现在好像有一点喜欢了。"阿杰狡黠地笑了。

这场拉锯战以阿杰喜欢上语文而告终。

中考后，阿杰考上了重点高中。现在，他会时常给我发微信说他的近况，谈读书的感受。他说，读书让他找到了归属感和幸福感，即使身处黑夜，仍能无畏前行。阿杰对语文的兴趣已然开花，盛放。

学生就像一条奔涌向前的河流，老师要做的，是引导河水流向正确的河道，河水不会因失控而肆意横行，但能在引导中流淌得更远，直至汇入大海。

技巧点拨

兴趣是最好的老师，教师要在日常教学中敏锐地捕捉到学生的兴趣点，并且在教学中放大学生的兴趣点，最大限度地吸引学生的兴趣。

要真心实意地与学生沟通，试着从学生的角度考虑问题，让学生没有紧张感和压迫感。动态有机地选择处理问题的方式方法，使学生易于接受。

要有耐心，要舍得在学生身上花时间和精力。不是所有问题都能一次性解决，要循序渐进，切记不可过焦过躁。坚持才会开出成功的花。

与学生有效沟通是一个向下扎根、向上开花的过程，这个过程或许会很漫长，但是用心灌溉，会收获满园春天，一切都值得。

黑龙江省牡丹江市第二十一中学　张海玉

用心用情来沟通，和谐发展促多赢

自打毕业起就一直从事班主任工作，和学生在一起摸爬滚打了 20 多年，我深知与学生有效沟通的重要性。因此，工作中我注重心灵的投入，力图真正融入学生的生活之中，使学生身心健康成长、班集体温馨和谐，震的故事就是一个典型案例。

"两"个震

那是一个微风习习的傍晚，吃过晚饭后，我习惯性地在校园内巡视。走到操场附近时，突然看到球场旁边聚集了很多人。我心里一惊，可不要有学生打架啊！我大步流星地走过去查看情况。只见一个学生坐在地上，双手捧着右脚腕儿痛苦地呻吟着，十几个穿着运动服的男生关心地围着他，原来是这名男同学打球时不慎崴脚了。大家七嘴八舌地出主意，有人说先回教室，用热毛巾敷一敷；有人建议抬着他去诊所，看看是不是骨折。我刚要说话，一个瘦高个男生挥挥手："快，把刚打上来的凉水拎过来！"说完，他单腿跪在地上，接过同伴递过来的水给伤者冲洗脚踝，又告诉一个同学去教室拿他桌膛里的云南白药气雾剂。药喷好了，看受伤同学的脚肿胀得不是很明显，可以小幅度活动了，就把他架起来走向教室。专业的处理方法、大气的指挥调度，让我对他刮目相看。一边和他们下台阶，一边聊天，震这个名字从此让我记在心间。

再次与震相遇，来得很快很突然。震的原班主任眩晕症发作，需要住院治疗，一向以半路接班著称的我就这样成了震的班主任。这一次，震完全颠覆了我对他的认知。接班的第一天早晨，震的负面消息就雪片似的传来：晚上在宿舍抽烟、早晨跳大墙到学校外面商店买小食品、两科作业没交。还没来得及处理这些事，历史老师又来告状："你们班的课我是没法上了，我让同学们介绍一下秦始皇嬴政，震倒是好，他说嬴政的最佳搭档是墨子和白起，轻松压制黄忠、王昭君，就是干不过兰陵王，眼睁睁地被人家秒杀。他就是一个只知道游戏不学习的渣渣！"安抚好气炸毛的历史老师，我决定和震好好谈一谈。

倾心谈

吃过午饭，我把震约到了办公室（我是名师工作室主持人，有一间独立办公室）。刚从球场下来，他满头大汗地进了屋。我站起来，一手抓住他的胳膊，另一手朝着他胸脯就是一拳。震愣住了："老师？"我哈哈大笑："嗯，更结实了！"随手递给他一条毛巾，"来，擦擦汗！"他接过毛巾，还有些迟疑。我拍着他的肩膀说："老师也喜欢打球，这你是知道的，你又是我的学生，有什么扭捏的，擦！"接下来我俩就从喜欢的辽篮说起，郭艾伦、赵继伟、韩德君，我俩如数家珍。谈着谈着，我问起他的梦想。他先是两眼放光："我的偶像就是大韩（韩德君），现在咱们学校都没人能在内线防住我！"可是，很快，他的神色黯淡下来："我感觉自己许多动作还不是很规范，我爸也不支持我玩篮球，我这几天有点迷上打王者了。"原来，震的父母离异多年，这些年都是爷爷奶奶照顾他。震的父亲在大连打工，为了方便联系，给他买了一部智能手机。震的父亲深知学习的重要性，对震想打篮球的看法极不赞同，一心想让他靠学习出人头地。可是震从小就基础不好，对很多学科提不起兴趣，爷俩因为学习的事儿没少拌嘴。因为父亲不支持他打篮球，他的兴趣就转移到玩游戏上了。有时从家里拿钱买烟和一些小食品，几个朋友聚在一起围着他转。他感觉自己有老大的做派，心里很爽。

巧融入

耐心地听完了他的陈述，我接过他的话："你把韩德君当偶像，我非常赞同。大韩不仅球技高而且人品好，每次下场都要给观众鞠躬致意，整个CBA还没有第二个人可以做到这一点，他对每一任教练更是非常尊重……"我故意停下来，震不好意思地低下了头，挠了挠脑袋说："老师，今天历史课上我就是想要出出风头，结果惹得历史老师不高兴了，是我的错，我一会儿找老师去道歉。"我赞许地点了点头，接着说："你打篮球的想法没有问题，本身有天赋，又肯下功夫，大韩就是CUBA（中国大学生篮球联赛）打出来的，对吧？你想打篮球，先要考上高中将来到大学就有机会了！"看他点头，我又接着说："想要打球，就要有个好身体。抽烟、吃小食品、熬夜玩游戏，那可不成，你的身体可禁不住你的挥霍！""老师，能打球，这些我都可以戒！"他又犯起愁来，"我爸那里我是说不通了，还有，我这个成绩也上不了高中啊！"我告诉他我会和他父亲沟通，另外今年高中开始招收体育特长生，只要他努力提高身体素质，我再联系体育老师帮忙指导技术动作，各科老师上课对他多用心督促，上高中还是很有希望的。听了我的话，比我还要高的男孩子抱住我就亲了一口，还乐得蹦了起来。

以后的日子，我和他父亲电话沟通，他父亲非常支持我："一个能上高中特长班的孩子当然比叛逆、挥霍、玩游戏的孩子好，谢谢你，张老师！"我拜托体育老师给他加小灶、其他科任老师多督促，虽然有些学科他实在不会依然会趴桌子，但再没有其他恶性事件发生，几位老师甚至在我的建议下给他留分层作业，他也能完成了。尤其让人高兴的是，他还在校篮球赛上带领我班球队取得了第一名的好成绩，同学们真正把他当成了英雄。

功夫不负有心人，那年的中考，他果然以体育特长生的身份，如愿走进了高中的大门。

技巧点拨

1. 真心融入。对于震这样的学习、纪律"双困生",沟通时一定要用真心、动真情,走进其生活。一拳,试试身体反应;毛巾,擦去心灵隔膜。人生规划,抓住兴趣点,为其量身打造。

2. 找准原因。"人之初,性本善",不良行为都是后天环境造成的,与学生沟通时切忌"贴标签",先入为主,要多问几个"为什么",分析"病因",以便"对症下药"。

3. 协同配合。与学生沟通,要想取得效果最大化,一定要注重与家庭、同事的配合,有时甚至是与其他同学的配合,从而形成教育合力。

辽宁省朝阳县教育局基教股　张杰波

信任为基搭桥梁，焦点解决塑专家

又是一年风送爽，又是一年开学季。那一群鲜活的生命，他们稚嫩的脸庞上带着好奇与探寻，总是让人感受到希望的萌动与生命的律动。

可是，这一次，我低估了 2020 年那一场疫情带来的巨大影响。从 2020 年 1 月新冠疫情肆虐，各个学校开始了线上学习，手机成了学生的"亲密伙伴"，而且是不容"侵犯"的。

经验亦曾有双刃

刚入学时，楠楠也是一个积极阳光的孩子。但是开学第三天下午的课间，年级主任拿着好几部手机走进来，将其中一部放在我的桌上说："这是你们班楠楠的。"然后指着还亮着的屏幕说，"你看，就是玩游戏。"按照学校规定，学生不允许带手机进入学校，更不允许课间使用。

按照以往的经验，我并没有急着找他谈话，而是等着他来，这样就可以跟他"谈条件"了。他倒也不负我"所望"，放学后立刻来找我了。但是，他并没有我想象中的愧疚和不安，反而很阴沉。

"老师，把手机还给我。"不是小心翼翼地请求，而是——命令。

我也有点不高兴："我为什么要还给你呢？毕竟你违反了学校纪律。怎么能直接命令老师呢？"

"我没玩！就看了一下时间！为什么不能还给我！手机是我的！"他的态度依旧强硬。

"你看时间？那你手机界面上的游戏是怎么回事？"我一时情急，也没给他留面子。

"什么破规定！"他也急了，摔门而去。

第二天，第三天，他都顶着大大的黑眼圈儿来上课，而且开始在课堂上睡觉。

以往的经验曾经带给我成功，这一次却让我铩羽而归。

焦点解决路通达

看着曾经积极热心的孩子变化这么大，我心里也很着急。跟其他老师交流，也没有更好的办法；给家长打电话，家长也很无奈："手机就是他的命根子，我们说了多少遍都没有用。"后来我向学校的心理老师刘老师请教，她告诉我，疫情以后，最大的问题就是学生对手机的依赖感太强了，对他们而言，手机不是工具，而是一个不能割舍的"器官"。刘老师说："你为什么不尝试一下让他自己想办法解决问题呢？你要相信，学生是解决自己问题的专家！"

一语惊醒梦中人！其实，并不是孩子们不能解决问题，而是我深受社会和学校的影响，认为手机问题就得"管"，而没有给予他们足够的信任！整理了思路以后，我把楠楠叫到了一间空教室，想不受打扰地与他谈谈。

我先是把手机放在了我们俩之间的桌子上，告诉他，谈完了他就可以把手机拿回去。

一开始他有点抗拒"谈"，也不太相信我的话。但是我并没有追问那天玩游戏的事，而是问起了他疫情期间的学习情况，在家是怎样使用手机的。

他看我并没有兴师问罪，也就放松了。他说在家里他有独立的房间，一开始他也能自律，但是后来发现别人过得都很"嗨"——边放直播边分屏玩游戏，用别人的作业照片交作业，考试可以电脑答题、手机搜答案……于是他也放飞了自我，后来就是整夜玩手机，吃饭、洗漱、上厕所，手机不离手……他说，手机是他最好的朋友，他可以不理父母朋友，但不能没有手机。

"你一天这么长时间都在用手机，你都用来做什么呢？"我仍然心平气和地问。

"主要是聊天、刷抖音，晚上会玩游戏，听音乐入睡。"他突然不好意思起来，"老师，那天我确实想看看游戏，刚打开，还没玩就被没收了。"

"开学这么长时间了，你也不是手机一会儿也离不开呀！上课你从来没看过，也不是每个课间都会拿出来玩，你是怎么做到的呢？"

"老师，您把我想成什么人了！"他还有点得意，"上课我就把手机放到后边柜子里了，虽然也难受，但我想管住自己；课间的时候就去找同学聊天，或者陪着同学去个厕所呀，到食堂那边买点吃的呀……"

"你看你多棒呀，想了这么多办法来控制自己！那你还有没有别的办法来管住自己呢？"

他挠了挠头："我还有好多题不会呢！我可以去问老师题。"他又不好意思了，"实在不行，我到您这里打扫卫生吧！"

我拍了拍他："老师不用你打扫卫生，但是欢迎你来找老师聊天。你能想出这么多办法，老师也相信你有能力管理好自己的手机。今天咱们君子协定，你哪天管住自己了，就到老师这里来登个记，我想看看优秀的楠楠是怎么化茧成蝶的！"

他高高兴兴拿着手机回去了。

后来，办公室里经常出现他的身影，或问题，或过来跟老师聊天，在外面也经常能听到他爽朗的笑声……而且，从一开始的偶尔，到后来的经常，到后来几乎每天，都能看到他略带小得意地跟我说："老师，OK哦！"

学生是解决自己问题的专家，焦点解决的秘诀就在于此。

借力家长塑专家

但事情远不是这么简单。我发现他上课经常无精打采，有时都不用趴在桌子上就睡着了。跟家长电话沟通后，我请家长来到学校。家长一见我就诉苦，说孩子有多难管，那个手机就是要不过来，晚上蒙在被窝里打游戏……在跟家长交流的过程中我了解到，楠楠曾经学了八年拉丁舞，还拿过奖，于是产生了一个想法，不如让孩子学舞蹈走特长，占满他的时间，转移他的注意力。于是我跟家长交流了这个想法，说了我在学校的方法，告诉他结合孩子目前学习状况和新高考形势跟孩子谈这个问题，并再三叮嘱一定要引导孩子自己说出解决问题的办法。

一周以后，家长兴奋地给我打电话，说孩子主动要求学舞蹈了，手机也交给家长了，只在周六周日用一用。

听着家长的话，我高兴地笑了。虽然明知这个过程一定会有反复，但是给予孩子信任，让他们自己想办法解决自己的问题，调动内驱力的效果还是不容小觑的。

种下一颗信任的种子，催生出一朵自主的花儿；借一股合力，结出一个强大的果实。

技巧点拨

1. 要意识到经验不是解决问题的万能钥匙，更不能情绪激动，要根据实际情况及时了解外界情况和学生心理的变化，寻求最合适的解决方法。

2. 要相信学生有解决自己问题的愿望和能力，能够跟学生进行平等的对话与交流，让学生愿意讲出真心话，引导学生自己发现"问题不发生的例外"，并及时给予赞美和肯定，来强化其"成功感"。

3. 要有一定的跟进措施。与学生共同制定一个小目标并达成一种口头协议，做好了奖励，做不到不罚，用每天积累的一点小成功来引导他们养成良好的习惯，巩固问题解决的效果。

4. 及时跟家长沟通，形成家校合力。跟家长沟通要注意发现孩子的闪光点，寻找合适的教育契机，并跟家长交流自己的做法，获得家长的认可、支持与配合。

河北省邯郸市钢苑中学　张艳霄

花样年华惜年华

常说学生间交往最单纯、少功利，但他们可能会碰到"交往壁垒"——早恋，从而让师长不安以至于干涉，让自己疑虑以至于受挫，如何引导学生在花样年华里珍惜年华，不荒废学业，以免贻误终生，弥足重要。

相遇太早

已经高三了，班里早恋现象反而很突出。班主任对此忧心忡忡，甚至和一些同学起了冲突。上学期，琴本是我的语文课代表，我在明知她和男生棋关系很好的情况下，仍然让后者当上语文课代表（我有五个语文课代表），这样便于平时观察和交流。果不其然，女生成绩直线下降，我抓住一个她单独到我办公室的机会，进行拉家常式谈话。给她示范性地讲了我往届学生的事情：女生诺和男生楠最初成绩不错，但整天粘在一起，导致成绩不稳。老师、家长苦口婆心，劝其暂时放下，先好好迎备高考。但两人信誓旦旦，"保证"高考不败。高考成绩下来，两人都一落千丈，互相埋怨，几成敌人，当然不再往来。琴若有所思，对我说请我放心，她会处理好。从期末成绩来看，琴的成绩稳中有升。

对于男生棋，我给他示范讲了我往届男生健的做法，棋也很受触动，表示会理性对待感情，不耽误学习。健当时主动找到我诉说早恋对他学习的干扰，想考上好大学又因早恋止步不前，欲罢不能，极度苦恼。我给健示范性地讲我自己：对异性有好感，非常正常，不是丑事不是坏事；老师读高中时也有类似情况，但是控制住没让感情无节制发展，毕竟高考是改变自己命运的最好机会。考虑清楚，投入学习，忘掉干扰，高考后让感情自然发展。我还告诉健，如若陷于其中不可自拔，双方成绩一落千丈。现在的我和"他"，一定后悔，一定相互心生厌恶，人生定是掀不过去的败笔，没法避免相遇太早，但可避免相恋太早。健之后考上了一所很好的大学，现在，这个优秀的孩子还常常和我通信，庆幸当时的明智。

不露痕迹

针对班里风传的其他同学，我找到一次月考后的周末自习时间，和往常一样，我不露痕迹地给学生播放了一节课的视频《相遇太晚》，内容简要概括如下：晓婷高三时和一个不爱学习的男生晓冬谈恋爱，理由是父母离异缺乏关爱，而晓冬对其很好，自然，也没考上大学。之后，晓冬到泰国挣钱但两年无音讯。晓婷认识了医科高材生秦志。秦志的母亲极力阻止，理由是晓婷无学历无工作，秦志也说服不了母亲。恰巧晓冬也从泰国回来要求复合，并找到秦志，说了和晓婷同居且没有正式分手的事。事情闹得不可开交，最后找到上海东方电视台请求调解，心理咨询专家也到现场。一番调解，晓冬依然不放手；秦志母亲虽然不松口，但可以给儿子选择权；秦志表示愿意接纳晓婷。但晓婷讲出一个除了自己外所有人都不知道的秘密：晓冬到泰国期间，自己流过产。所有人都惊呆了，不知所措，问她为什么讲出来，她说自己配不上秦志，索性把所有秘密都讲出来。最后晓婷既不选择秦志，更不选择晓冬。从晓婷的态度来看，她既绝望又冷静且后悔。

绝望的是放弃了真爱秦志，冷静的是不管是和秦志还是和晓冬都已经失去了继续交往的条件和环境。后悔的是认识并和晓冬交往，如果还有机会，一定珍惜高三时光，考个理想的大学。

看视频时，学生一度表现出对晓冬的厌恶，对晓婷、秦志的祝福，最后的结果让他们唏嘘不已。

视频放完，我趁机让学生自己交流，他们一致表示不该早恋，影响学业，耽误前程。然后我分别以师长、妈妈、第三人旁观者的角度，告诉学生：学习新知，积累实力，自律自强，利人利己；反之，则伤人伤己，悔之不迭。

这件事后，班里学风很好，我常常拍下他们废寝忘食学习的场景，传到班级或科任教师微信群，师生都很释然。

撒手锏

对于怎么也不肯分开导致成绩直线下降的学生，我又抛出撒手锏，经和班主任商量，利用一节班会课给学生示范播放了一期湖南电视台的《快乐大本营》。内容是黄冈中学的几个老师和一群高考毕业生，兴致盎然地讲起高三往事，其中一个男生和一个女生当时互有好感，但他们约定以学习为重，不到高考时间或者高考成绩不佳，都不表白心事，不卿卿我我，不影响学习。平时两人都一心学习，一旦有所分心就自我警告或相互督促。高考成绩下来，达成心愿，两人相约继续交往。

这是一种男女生间相互放不下但又能理性对待的极好选择，需要两人商量好交往的基础和条件，既不能影响对方独立发展，又不能让自己停步或退步，不一定是最优秀的，但一定要是自己能做到的"最好"或"更好"。

班主任、科任老师和学生班干部对这一对同学暗里关注。男生轩不再那么矫情，而是更加认真，重拾以往信心，虽然还没完全恢复到最佳状态，但已经在打磨的路上坚定起来了。女生筱上课反应明显灵敏于从前，眼睛里有了闪亮的光芒，实在让人欣喜不已。

技巧点拨

示范，即树立某种可供大家学习的榜样或典范，把事物摆出来或指出来使人知道并作出合理选择。

1. 设身处地站在学生角度理解对方。鉴于学生不喜说教，但拿出同龄人的范例，示范其有益或有害的做法，则可以让学生作出最优甄选。

2. 根据学生不同情况区别对待。或者直言相劝或者采取迂回战术，必要时虚拟示范一下男方或女方家长，并不赞同一个不爱学习（不一定是学习成绩多么好）、过于冲动和不计后果的女生或男生和自己的孩子交往。

3.关注学生后续发展，必要时保驾护航。现在的学生看似接触信息多，懂得多，但他们毕竟还是孩子，如何教孩子顺利渡过花样年华的"早恋危机"，实在是常读常新的学问。

青岛西海岸新区实验高级中学　张艳艳

沟通有形还无形，入心入境定乾坤

15 年的教育生涯，让我在关爱学生，与学生有效沟通中砥砺自己，影响学生，真正体会到了育人桃李的快乐。2019 年第一学期，我继续担任班主任工作。新的学期、新的学生，也给了我新的动力。班级里有一名叫张一凡的学生，刚刚步入高中没几天，上学经常迟到，上课经常趴桌子，课后经常完不成作业，甚至与其他同学格格不入，经常独来独往。通过调查，我了解到张一凡父母离异，她长期和爸爸生活在一起……

沟通入其心，家校定乾坤

经过半个月的观察和常规沟通后，我觉得普通的谈话对她的转化作用不大，于是我尝试了深入关爱的沟通方式。

首先，在她每次早上迟到后，我不再督促和责备，而是询问她吃早饭了没，叮嘱她无论起得多晚一定要吃早饭，要么备点零食，要么让其他同学帮她先买好。这样的举动让她始料未及，脸上的羞涩也一点一点地表现了出来。到了第四天的时候，她第一个来到了班级。我当着全班同学的面"狠狠"地表扬了她。之后的日子里，我还是时不时与她沟通吃早饭的情况。她几乎不迟到了，偶尔迟到一次，会气喘吁吁地跑进来，连声说"对不起"……就这样，我和她逐渐拉近了距离。接着，在某一个周末，我进行了一次家访。

到了她家，在门外叫了半天也没人应声，我进了她的家里，家里凌乱不堪，房子光线也不好，家具也很陈旧。又等了一会儿，一凡的爸爸才从一个房间里出来，睡眼迷离的。我想可能是刚刚睡醒。

一凡的爸爸倒是很热情，说中午应酬喝多了，又是倒茶又是端水。于是我们坐下来交谈，首先我肯定了孩子的努力，表扬了孩子优秀的一面，同时指出家庭环境对一个孩子成长的重要性。在她父亲面前，我也跟她谈了我对学习重要性的理解，交流了她对学习的认识。一聊就是一下午，聊得一凡和她爸爸脸上的笑容"此起彼伏"。临走的时候，孩子盛情挽留，孩子爸爸也是极力留下我吃晚饭。临走了，当我走进公交车时，他们还在小区门口望着我。我感觉到这一下午的沟通是入心的沟通。就这样，我几周后又进行了一次家访，并且买了几本励志的书送给一凡。和她爸爸的交流也越来越顺畅，我一直强调要给一凡创造一个舒适、干净且温暖的生活学习环境，她爸爸也是欣然接受。逐渐地，一凡上学迟到、上课趴桌子的现象消失了。

相融入集体，月明花满枝

　　由于受单亲环境的影响，一凡显得"不合群"。于是我就想尽最大可能让一凡融入这个集体。

　　在此期间，我注意到她很喜欢玩电脑，喜欢操作一些简单的电脑程序。我就把她找来说："小凡，你的电脑操作简直太厉害了，老师是真佩服，我和同学们都想让你做班级的电脑管理员，有问题吗？""老师，我一定尽最大努力。"于是我让其他科任老师配合我，当她在老师和同学面前展示完自己的特长时，鼓励的掌声便响了起来。她觉得很有面子，自然脸上的笑容也多了起来，并且更愿意和大家交流了。

　　在和一凡的交往中，我发现她很细心。我心里想一定要利用好她的这一优点，并拟定她做班级的图书管理员。于是我把她叫到办公室，对她说："小凡，你现在已经是电脑管理员了，而且做得非常好，老师想再给你一个任务，你能不能做好？""没问题，请老师放心。"通过眼神，我看到了她的自信，感受到了她对自我价值的认可。于是我只进行了简单的方法指导，其余工作全由她来做。我以为她开始会手忙脚乱，会把图书弄得乱七八糟。但是我的推断是错误的，她不仅管理得井然有序，而且十分爱护书籍，每天都进行清点，破损的书及时进行修补，每本书都有借有还。她对工作一丝不苟的态度，得到了同学们的肯定。

后来，我再次与她沟通，谈到班级管理，但是我只说现状与期许。谈着谈着，她主动要求担任劳动班长。由被动到主动，这绝对是一个了不起的转变。她的能力进一步得到展示，在同学当中脱颖而出。

情境巧设计，沟通于无形

离异对孩子来说确实是一场灾难，而将灾难的影响减到最低限度，则是我们每一位教师对学生应负的责任。

张一凡同学虽然相对自信了些，开始逐渐融入了集体，但是还是有一些拘谨，做事过于小心，缺少与身边人的沟通和分享。于是我打算从班级的活动上下功夫。我要凝聚全班同学，以心换心，用和谐的班集体温暖她的心灵。在一次以"爱心传递"为主题的班会上，先是爱心事迹报告，然后是部分同学的感言，每当有精彩发言时，都有热烈的掌声伴随。轮到张一凡时，主持人介绍道："有请劳动班长、图书管理员、电脑管理员、才女张一凡同学上台发言（我提前与主持人沟通）。"她说："爱是雨露，撒到哪里，哪里就会充满了希望；爱是甘泉，流到哪里，哪里就会有幸福；爱是阳光，照到哪里，哪里就会温暖……我要做一个有爱心的人，关心身边的每一个人。"同样是热烈的掌声，当然还有在我的带领下全班同学齐声呼喊："张一凡，我们爱你，你是最棒的！"

真诚永恒、爱心无价、期望无限。那时我就坚信，通过这样的沟通式教育，张一凡同学会在我们的"爱心"中获得健康、积极、乐观、恒定的心态，会和正常家庭的孩子一样幸福成长。

技巧点拨

1. 对于单亲家庭的孩子，他们常常缺少自信，不爱与人交流。在和他们沟通时，我们要深入地关心，让他们感受到老师的关爱，让他们在又一次犯错误时会因为老师对其关爱而感到不好意思，达到因为"爱"而不犯错误或少犯错误的效果。与孩子家长沟通时，不但要站在孩子的角度，更要站在整个家庭的角度，这样才能事半功倍。

2. 要想让单亲家庭孩子快速找到自信，充分肯定其自我价值，就要发挥其特长。沟通时多引导，多鼓励。引导他们发现自身特长，并协助他们在一定的岗位上发挥其特长，最后教师要定期进行沟通鼓励。这样，这类单亲家庭的孩子就会在自信中逐渐成长起来。

3. 与有孤僻性格特点的单亲家庭的孩子沟通要巧设情境于无形。我们可以借助主题班团会、素质实践基地、劳动周等一系列集体活动，精心设计一些环节，与个别同学配合好，加以教师本身的语言力量，使其在感动中融入集体。可以确定，这种巧设情境于无形的沟通方式效果甚佳。

辽宁省朝阳市第四高级中学　张玉鹏

第二辑

如何与家长有效沟通

"对不起，我替妈妈道歉"

一

"陈老师，我这次来就是想问问我儿子最近在班里到底表现怎么样？"

王朗妈妈一进门，就火药味十足。

我正沉浸在一篇作文中，听到声音，赶紧请她坐下。

"别着急，发生了什么事？"

大概也觉得自己太过急躁，她平静了一下说："这一周，王朗每天回家吃饭时都很不开心，问他怎么回事也不说，有时候还眼泪汪汪的。前段时间，说班里同学不喜欢他。他可能因为自己是插班生，成绩又不好，最近几次都是倒数，所以比较敏感。我让他专心学习。但最近，他每天回来都垂头丧气的，说班里有个女生，天天找他麻烦……"

她越说越激动，声音也大起来，嗓子因为激动甚至有点嘶哑了。

我说："王朗妈妈，这样，你先别激动，据我了解，班里还没有天天吵架的，等会儿我问问情况。关于王朗呢，我上次也跟你们沟通了，孩子学习压力比较大，而且，他的性格你也了解，过于细腻的孩子可能比较敏感。所以我们更需要多鼓励他……"

不等我说完，她立即大声喊起来："陈老师，不是我护犊子，孩子回家天天不高兴，一个大男孩，说着说着都哭了，换作是你，你什么心情？他说了，就是你们班班长，天天说他这不好那不好的……"

"咋了，我就是班长，你说，我怎么招他了？"

天哪，我班班长杨洋，不知什么时候到办公室了，而且听到了刚才的对话。

没等我反应过来，王朗妈妈就叫起来了："我儿子怎么惹你了，你天天针对他干嘛？他不好也轮不到你管，有班主任呢，你凭什么管他？"

"这位家长，你这样说就不讲理了——"

英语老师李老师实在听不下去，说话了。李老师德高望重，教书育人一辈子，很受大家的尊重。

"杨洋是班长，当然有权利管理班级，孩子们有什么矛盾，由老师处理，你作为家长在这儿大喊大叫，合适吗？"

杨洋也大声说着自己的观点，王朗妈妈开始歇斯底里，索性拉开了吵架的阵仗，跳着脚用手指着李老师和杨洋喊叫。李老师一看这人如此不讲理，更生气了，和她争论。我在中间只能言语劝阻，还要拦着家长别一激动冲上去发生肢体冲突。一时间，办公室里女高音飙起，乱成了一锅粥。

教室里的孩子们也出来了，我让人赶紧去喊王朗。王朗冲进来就抱住妈妈，捂住她的嘴，边往外拽边道歉："老师对不起，我马上把妈妈带走。"在王朗和几个同学的共同努力下，他妈妈终于被拽出了办公室。我跟王朗说先让妈妈去操场冷静一下，我马上过去。

此时，李老师气红了眼睛，杨洋趴在桌子上哭，她边安慰杨洋边说："这么多年都没见过这样的家长！太气人了，不能等人把话说完，逮着谁都吵，好在王朗比较懂事……"

我让她帮忙做杨洋的工作，奔向操场。

二

王朗是历届生，高考成绩300多分，插班到应届班，习惯非常不好，迟到、上课说话、睡觉、说脏话。开始坐在后面，一段时间后同学们都不愿意和他同桌，我找他谈过几次，告诉他成绩不是主要的，要养成好习惯。连续几次月考让他很受打击，我安慰他，也让同学们帮助他。他主动要求坐到讲桌旁边，逼迫自己上课认真听讲。

前面的女生比较多，班长几次反映大家很反感他说脏话；迟到、不值日，都是常有的事。班长提醒了几次，也和他谈过，毫无效果，估计后来言语上就没那么客气——这大概就是王朗妈妈所说的"天天找麻烦"吧。

而王朗呢，刚进入一个集体，在学习习惯和与人相处上，肯定要经过一段时间的适应和融入。好在，我们平时更多关注的是孩子们的品行，讲得比较多的也是"成人才能真正成才"。他是懂事明理的，知道自己习惯不好，要改，只是没有毅力坚持。成绩上屡受打击，和同学相处不融洽，回家自然很低落；而作为家长，看到孩子这样，肯定心疼，又没有合适的方法，所以，火药味开场，矛盾升级，差点把办公室变成战场！

我倒是和王朗爸爸有过几次沟通，他很冷静，这次为什么他没来，不得而知。

一个激动的妈妈，一个潜伏的爸爸，一个还挺懂事的儿子，那就根据情况，抓住根本，釜底抽薪吧。

三

到了操场，远远就听到王朗对妈妈说："你这样让老师们怎么看我？平时老师对我都挺好的，都鼓励我不要放弃。你倒好，这一下子闹的……"

看我到了，王朗喊了声"老师"，然后很真诚地给我鞠了一躬："老师，真的对不起，让您为难了！我替我妈妈向您道歉！"

我一下子要泪目了，多好的孩子！

我拍拍他："你是好孩子，我和你妈聊会儿，你先去看看李老师，然后回班上课吧！"

王朗妈妈看到儿子这样，沉默着不说话。

"王朗妈妈，你也看到了，孩子的表现，应该和以前有很大的变化；孩子自己也会说在学校老师们对他怎样，想必你和他爸爸都还满意。至于最近他情绪低落，你说的班长天天找他麻烦，刚才我也听杨洋说了一些情况，再加上平时的了解，我想应该是这样的……"

我把刚才分析到的情况，给她说一遍，她就静静听着，没有说话。

我接着让她换个角度想想：如果你是老师，家长这番操作后，会怎样？

她哭了，哽咽着说："我是心疼儿子，看他天天不高兴，我不好受……"

自始至终，她都没说道歉的话。既然这样，我表态："老师们不会因为你的行为就不管王朗，只要他在教室一天，就是我们的学生，这点你大可放心。但是以后，请你不要再来学校，有问题让王朗爸爸和我沟通。有需要你做的，我会让王朗告诉你。"

之后，我和王朗深入交谈了一次，表扬了他的担当和胸怀，明是非，知感恩；也帮他分析了青少年成长过程中会出现的情况，消除顾虑，专心于健康成长，并让他以后多和妈妈沟通，做好妈妈的工作。

几天后，王朗爸爸来向我和李老师道歉；几个月后，王朗以 568 分的成绩考到一所本科院校，王朗妈妈分别写了一封感谢信、一封道歉信给我。

技巧点拨

1. 德育化人，让孩子先成人再成才。在这件事上，王朗起到了关键作用，他能感受到老师对他的关心，明是非，有担当。如果平时一味盯着分数，我想王朗不至于有这样的表现。

2. 以直报怨，让家长清醒冷静反思。面对冲动的家长，一定要稳住；沟通后，针对不愿意承认错误的家长，客观公正，摆明观点：对孩子，我们一定尽到责任；但对你，恕不接待，换个冷静的人和我沟通。

3. 釜底抽薪，孩子倒逼家长成长。能让妈妈冷静反思的是孩子。抓住王朗这个关键点，只要他是明理的，就会把老师的做法和自己的观点传递给妈妈，让她慢慢改变。

安徽省亳州市第一中学　　陈平

剥茧抽丝看分数，有的放矢说过程

月考测试成绩刚刚拿到手里，一位家长紧随其后就来到我的办公室，人刚刚坐下，这位妈妈未语泪先流，看到这种情状，我准备先做一个倾听者……

我一边听着，一边记录下这位妈妈说到的重点：

1. 在家看不到孩子学习。

2. 成绩忽高不见影，忽低没底线。

3. 从不和家长交流，一问就炸。

4. 爸妈倾其所能，竟麻木不仁。

5. 都高三了，孩子没点紧张样子。

……

这位妈妈说了近半个小时，归根到底就是对孩子成绩不满意，说着说着，几乎要哭出声来……

听着这位妈妈的委屈和不甘的诉说，我也迅速想着解决的对策，虽然这都是成绩惹出来的"祸"，但这根源又怎一个"成绩"了得啊。随着这位妈妈情绪渐渐冷静下来，我开始了与她的交流。

数字背后有玄机

我首先笑着对这位妈妈说："做一天学生家长，就要被成绩缠绕一天；做老师一辈子，那就要让成绩折磨一辈子啊，我完全理解你的苦衷啊！"

听我说完这句话，家长忍不住笑了笑，还颇有感慨地说："是啊，是啊，一看到这分数我就着急上火，愁得慌呀。"我就顺着她说："其实，我也整天对着成绩发愁啊，低的想高点，高的还想再高点，这是我们都关心的问题。但是，我们要关注的不仅仅是这个分数，而是这每一个数字背后隐藏的东西啊，这小小的数字背后，别有玄机啊。"

这位妈妈一听说"玄机"二字，立刻安静下来，盯着我说："什么玄机，是不是可以提高分数的方法和绝招啊？"

一看她来了兴趣，我拿出高三以来3次联考的丢分清单，接着说："虽然这算不上绝招，但确是提高分数的好方法。我们看到孩子成绩后，不要先纠结分数低，满眼都是孩子的不是，更重要的是顺着丢分的数字，找寻对应的丢分点。探寻丢掉分数背后隐藏的原因。你看数字呈现的是丢的分，而内在的原因是相应知识点问题：或是概念性记忆不准、理解不透彻，或是解决问题的思路不清晰，或是过程中不确定因素影响，等等。这些都需要一一形成文字，最终做成自己的丢分清单，将丢掉的每一分背后的玄机都清晰地呈现出来。这就为我们接下来寻求对策、解决问题提供了依据、作好了充分的准备。"

听到这里，这位妈妈的情绪已经冷静下来，看着孩子整理的丢分清单，自言自语地说道："看来这小子也用心了，可是，你看这么多的账单，他可怎么解决才好啊！"这位妈妈的愁可真愁啊，可谓刚下心头，又上眉头啊！

过程背后有技巧

听到这位妈妈这句近乎带着哭音儿的长叹，我紧接着说："办法是有，俗话说道路是曲折的，前途是光明的，但是，这个过程需要技巧。"

这位妈妈一听到这话，迫不及待地盯着我，仿佛一眼就要得到灵丹妙药一般。

我就趁热打铁，对她说："首先，我们要相信孩子，没有人比孩子自己更关心自己的成绩，我们看似很关心孩子，可是现实中，我们往往是只见分数，不见人啊。你看看，这是孩子每次考试之后整理的丢分清单和反思总结，如果他不在乎自己的成绩，会如此用心、如此努力地去做吗？

其次，我们要正视孩子存在的问题。就像刚才上面说的孩子这些不足，不是一天两天了，往往都是习惯性的，为什么今天你才觉得这是天大的问题，不就是这个分数吗？你家孩子在疫情期间没有控制好自己的学习状态，耽误了一些事情，所以这段时间一直在努力调整自己的状态，对于这次成绩，我能感受到他的紧张和不安，本来自己就有些心烦意乱，我们如果再添点油加点醋，会怎么样？"

这时候这位妈妈一边点头一边说："我也知道这是孩子的老毛病，平时就知道着急，还真没考虑这么多，今后，我们也改正自己。"

这位妈妈的话，让我稍微放松了一下，我快刀斩乱麻，接着对她说："每一个孩子的成绩都会因为不同的因素发生变化，这其中，有较之前提升的，必然也就有较之前下降的，这是一个正常的变化现象，所以每一个家长都要有思想准备，坦然面对。问题的解决需要孩子、老师和家长齐心协力，攻克难关。"

有的放矢见疗效

这个时候，我一边说，一边拿过针对孩子总结问题给出的学习建议和跟踪档案，放到这位妈妈面前，我先让她看了一会儿。望着她眼中渐渐亮起的光芒，我立刻解释道："高考之前的这段历程注定曲折艰辛，从孩子成绩的起伏和总结的问题中，我们应该看到孩子的决心。作为家长，做好后勤保障，照顾好孩子的衣食住行，少说多做，量力而行。避免张口闭口就是成绩，除了再努力就是再刻苦。有时候，无言的关爱胜过千言万语。作为班主任和老师，我会做好引导和监督，跟进孩子的学习任务，落实孩子的每一项学习效果。并且对他的修改反思过程全程跟踪监督，确保学习效率的最优化。力争把孩子存在的问题逐个解决，要相信我们齐心协力的效果。"

这时候，只听这位妈妈长长舒了口气，一边拿着跟踪计划一边抹着眼角："看来是我太着急了，一着急就看他什么都不顺眼，总是不努力，今后我一定多配合，做好服务！"

我也赶忙劝慰："有问题，不可怕，怕的是自乱了阵脚。面对不理想的成绩，孩子本身就很焦虑，作为成人的我们都处理不好自己的情绪，更何况孩子呢？所以，我们要冷静，找出问题，逐步解决，一起加把劲，功到自然成。"

简单交代几句后，她起身安心地离开了。这位妈妈虽然离开了，可我知道，我的工作还刚刚开始，路漫漫其修远兮，任重道远！

技巧点拨

面对家长对孩子成绩产生焦虑不安的情况，作为班主任，和家长们的沟通交流显得至关重要，我们不妨从这几个方面入手，也许效果会更好些：

首先，要和家长建立感情上的共鸣，做到统一战线，互相信任是解决问题的前提。

其次，要让家长看到我们解决问题的实际措施、具体做法，只要看到我们实实在在的解决办法和落实的具体措施，家长才会安心。

再次，还需要让家长对孩子的学习现状理解、信任，切忌以债主的姿态进行追债式指责。

最后，还要相互信任，各负其责，齐心协力，少说多做，拼出成绩。

山东省德州市第一中学　刘冰

不期而遇的温暖，生生不息的希望

办公室里的尴尬

"家长，你看！你们家聪明漂亮的姑娘，因为谈恋爱被学校退学了，多可惜……"

我正专心地批阅着学生的作文，背后小周老师与家长沟通的声音强行闯入了我的耳朵——

"学校明文规定，有三条'高压线'不能踩，不能踩，我在班上反复强调了好多遍，可是她就是不听，偏要踩，胆子也忒大了，中午不回宿舍，竟然胆敢在教室里谈恋爱，被值班老师抓到……这下好了，我们班班风被影响不说，孩子还被开除了，一个年轻漂亮的女孩子，说出去也不好听啊……家长，您现在把孩子带回去，好好教育沟通，转变思想，看能否再找一个别的学校入读……"

年轻的小周老师公事公办地给家长交代着，我一边批作文一边一心二用地被迫听着，基本上把事情捋清楚了：小周老师班上的一女生和别班的一男生谈恋爱，中午放学不回宿舍，在教室有亲昵行为，被值班老师当场抓到，触碰到了学校的"高压线"，被开除了，小周老师在和该女孩子的家长做最后的教育沟通和交接事项。

过了一会儿，我不由得回头：

一个沧桑的中年男子，眉头紧皱地坐在凳子上，满眼的怒气和沮丧，好像恨不得找个地缝钻下去……我心头突然一紧，设身处地地感受到了这位父亲的难堪和沮丧！

再看看旁边的女孩儿，低垂着眼帘，有泪水滴滴滑落，干净朴素的样儿，倒没有"坏女孩"的模样，有的是面对犯错后被开除的手足无措！

……

走廊里的感动

父亲和女孩儿一前一后地走出了办公室的大门。一双沉重而落寞的父女的背影。

我不由地追了上去，叫住了女孩儿。我说："乖乖，来，老师抱抱！老师虽然没有教过你，但老师还是有几句话想和你说。记住，任何事都是有规则的，违背了规则必会受到惩罚，但惩罚不是耻辱，而是教训，更是成长！你一定要记住这个教训，重新规划自己的学习生活，自律、自立、自强，然后遇见更好的自己、遇见更好的生活和更美的爱情！犯了错不怕！知错纠正就可贵，整理自己，重新选一所学校，从头来过！"姑娘的眼泪流了下来！

我冲女孩儿的父亲笑了笑。他的脸上努力挤出一丝苦笑，摇摇头说："哎！让老师见笑了，不知道怎么就摊上这么个不懂事不争气的娃儿！真是丢人啊！你说我们大人这么辛苦地供她读书，她咋就不能体会大人的不容易，不好好读书，偏偏去……"说着，父亲的眼圈就红了……

我在父女俩的沉重里，感受到了这个家庭前景的暗淡。不行，不能因为一个孩子青春里的失误，就毁了一个家庭的前程。

我平静地说："今天这事儿，换作是我，也会很难堪，因为我也是家长。可是，事情都已经发生了，就不必去纠结这件事本身，而是该去接纳并反思，陪伴孩子迈过这道坎！其实，今天这事儿也不丢人，姑娘大了，做父亲的，应该为孩子的成长感到开心，但同时要给孩子足够的陪伴和爱，孩子内心不缺爱，就不会向外去寻求爱！"

父亲尽力忍住泪水："不怕老师笑话，说起来确实也对不起娃儿，娃儿才读小学，我和她妈就外出打工了，这么多年，由奶奶带着她，我们要忙着挣钱养家，奶奶没啥文化，也不晓得该咋去和她沟通，娃儿自个儿还是晓得读书学习，晓得照顾奶奶，晓得做家务事，哎，可万万没想到做出这种事。

这传出去了怎么有脸做人嘛！哎！"

我说："这个就要看你们怎么看待这事了，纠结在被学校开除的耻辱里翻不过去，这就成了孩子生命里的一个污点，用平和的心态来接纳并直面这个教训，陪伴孩子一起翻越这道坎，带给孩子的就是成长！看做家长的怎么去选择，不用在意外界的看法，核心点应该是关注孩子的未来发展！你要多给予孩子陪伴和爱的力量，相信孩子一定能拔除心中的杂草，重新在心中种上庄稼。人生是分阶段的，在该为心灵种上庄稼的时候错种了杂草，她就必须承担去除杂草的痛苦！这是孩子自身成长的坎，她必须自己翻越，咱们家长唯一能做好的，就是陪伴和爱！"

父亲愁苦的脸上稍微露出了一丝丝释然。

父亲拍了拍姑娘的头，父女俩一前一后地走出了校门……

我在冬日的暖阳里，看着父女俩的背影，看到了不期而遇的温暖。

生活中，我们总要为我们犯过的过失买单。但历练之后，总会有生生不息的希望。

多年之后的暖意

这对父女离开六中后，时隔不久，我接到过这位父亲打过来的两次求助电话（原来是问小周老师要了我的电话）。

第一次求助电话是因为姑娘回家后，居然还和那位被开除的男生联系，把父亲气得暴跳如雷，忍不住打电话找我支招！我告诉他，让他调整情绪，冷静陪伴就好，相信孩子已经接受了这么大一个教训，会长记性的，一定可以处理好的，给她时间，陪伴和信任是最好的良药！

第二次求助电话是因为姑娘被开除的事，被同学走漏了风声，搞得四里八邻都用别样的眼光来看他们，觉得很没面子，很丢脸。我和家长沟通：这一切都取决于自己内心的看法，不要去在意外界的眼光，应该专注于对孩子的爱和陪伴，关注孩子的生命生长和未来发展，这个才是最重要的！别人说什么，微笑面对就可以了！

之后，这位父亲再也没有联系过我，我也在时光的忙忙碌碌里淡忘了这样一对父女！

前几天，旭妹妹邀请我写一篇"与家长沟通"的文字，我的眼前突然就闪现出这对几年前在冬日暖阳下，相依着走出校园的父女！

我突然眼前一热，好几年过去了，他们现在还好吗？

我辗转找到了这位父亲的电话，打了过去："您好！我是六中的张老师，好久不见，你们还好吗？您还记得我吗？"

隔着手机，我能感受到电话那端家长的激动："张老师啊！记得，记得，当然记得！张老师，要谢谢您呢！孩子现在上大学，都快大学毕业了，很好的大学，很好的专业，孩子有了自己的人生奋斗方向……"

我听着，心中油然升起一股暖意！为这样一位陪伴女儿翻越人生沟坎的父亲！

有时，不经意的几句话，就能带来不期而遇的温暖，带来生生不息的希望！仅仅是因为出自本心的爱和温暖！

技巧点拨

1. 尊重规则，呵护人性，帮助家长正确面对孩子的过失。

处理学生违规，公事公办本无可厚非。但有时简单粗暴的处理方式，可能会带给孩子一辈子心灵上的伤痛，而教师出自本心的爱，及时出手，临时补救的教育智慧，也许会治愈孩子的伤痛，在不经意之间拨开孩子成长的迷雾！

2. 关注生命，携手同行，协助家长助力孩子的未来成长。

教师和家长应该携手同行，关注孩子的生命生长，关注孩子的未来成长，纠正孩子成长路上的过失，指导孩子的航向，用陪伴和爱的力量赋予孩子未来成长的底气和力量！

四川省宜宾市第六中学　张萍

打个太极，以柔克刚

初一新生开学首日总是让每个老师都疲惫至极。刚下班回家，电话声骤起："你是领导吧！你们学校老师怎么回事？！我告诉你，这样我肯定会投诉你们……"电话那头一个男人的怒气险些化形吞了我。情绪会传染，我顿时紧张而急躁起来，但是疑惑让我有必要查清楚到底发生了什么。

"您好，请问您是哪位同学的家长？您先消消气，有任何问题我都愿意负责。""我是小迪的爸爸！"

小迪的爸爸？该来的还是来了。要说初一新生里最出名的，那就是小迪。而在老师心里，比小迪还出名的就是他爸爸了。教过小迪的小学老师不止一次跟我说起：一个小迪能让一个班的管理瘫痪。最让老师们难以忍受的是小迪爸爸从不配合教育，还处处和老师反着来。一知道是他，我的急躁已经变成了不安。我沉了口气，耐着性子问了下去："您具体说说发生了什么，好吗？"

小迪爸爸完全没客气，开启了连珠炮似的投诉模式："我儿子回来就跟我说，你们有个男老师掐了他的脖子，把他提起来按在墙上，那脖子上都有一道红印！"

"这可能有什么误会吧？"

"有什么误会！哪有这样教育学生的？为人师表呀！你们老师都是这样的吗？这也有资格当老师吗？我们家长把孩子放在这样的老师手里放心吗？你这做领导的干什么的？……"

无数的指责夹着怨愤像砖头一样砸到我的头上，一时间我竟插不上一句话。隐约间，回想起白天课间的时候，小迪似乎在和一个同学在走廊打闹，刘老师口头劝说无果，只得一只手拉一个同学的胳膊把两人分开，再教育一番。俩人都知道错了，这事也就过了。

刘老师怎么就成了体罚了呢？这简直是污蔑！孩子回家避重就轻，瞎编乱造，这个家长真的是黑白不分！爱投诉就投诉去吧！有这样的家长，这孩子怎么教育……我心里已经火冒三丈，这样不讲理的家长怎么沟通？我感觉我的脾气在燃烧，无数的"战斗话术"都堆到了嗓子眼。

可是……

如果真的跟家长吵起来，事情就更加不可收拾。不但刘老师的"罪名"洗不脱，对学生的教育也不利。事情的真相会被枉顾，老师和家长对立起来，百害而无一利。

一瞬间无数的想法涌进我的脑子，我急得不行。这时候的家长好像一颗定时炸弹，抓住一句话不顺就"爆炸"的情况时常出现。急会出错，我得慢下来才行，以柔克刚，给他"打个太极"！我定了定神，心里告诉自己千万不要被他的情绪影响。理智才能解决问题。

我出乎他意料地没有反驳，反而语气冷静柔和，好像刚刚挨骂的不是我。"小迪爸爸，对于您反映的情况我很抱歉，先向小迪和您说声对不起！这都是我们的错。"

"当然是你们的错！没有这样当老师的……"又一轮咆哮袭来，我照单全收，心里反复提醒自己做个"无情绪者"，切不可被激怒。我缓缓地用平和的语气不断地重复着他描述的细节"一只手掐脖子是吗？……人都被提起来了？……"小迪爸爸坚定地确认，对我的"以慢打快"十分不耐烦。"事情的经过我都了解了，我觉得这件事实在是太过分了，您放心，刚才的对话我已经录了音。我也赞同您的意见，这件事必须投诉到教育局！您现在把您的地址给我，我立刻过去，我们带小迪去医院检查，让医生出具证明。"

听了我的话，电话那头明显顿了顿，我的"借力使力"让小迪爸爸有些慌了神。"投诉到教育局……也是没必要，跟你说也是一样的。红印……早就消了。""可是我们老师这样做也太过分了，都把人提起来了？""唉，这孩子说话也是有水分的嘛！这……也不能全信……"

如我所料，小迪爸爸更多的是借题发挥，虽然他也不太相信小迪的"告状"，但还是要借此给老师一个下马威。太极讲究"用意不用力"，倘若我是在他情绪激动之时吵着反驳，他也一定予以否认。现在，就是最好的机会挖掘真相了。

"小迪爸爸，其实今天我看到了……"我把"刘老师拉开两个缠斗的学生"的画面描述了一下，与小迪爸爸一起推测了来龙去脉。虽不是十分确认，但也接近水落石出。

小迪爸爸的火气逐渐消了，但也一定尴尬极了。这并不是我想要的结果。小迪爸爸的做法让我明白了小学老师们的"提醒"。刚而归之于柔，柔而造至于刚。也许我的柔能找出背后的原因。我并没有放弃这次机会，决定不计前"怒"，徐徐图之。

"小迪爸爸，我非常理解您的心情，您一定是怕小迪在学校受了委屈。请您放心，我们老师会有耐心地教导他。现在的问题是，小迪为什么跟您如此'告状'呢？"

也许是我问到了问题的关键，也许是小迪爸爸怀着尴尬与愧疚，也许是我的"柔"赢得了小迪爸爸的信任，让他放松了下来，他似乎将多年的苦水今朝一并倒出。原来，小迪是单亲家庭，从小是个顽劣的孩子。小迪爸爸虽一手把他拉扯大，但却不懂教育。小学老师多次告状已经让小迪爸爸苦恼至极，因为担心老师对不听话的孩子有偏见，所以就先做起一个"不好惹"的家长。殊不知，这种做法把自己连带着孩子，都放到了老师的对立面。初中开学，小迪爸爸原本又想借题发挥先立威，没想到一记狠拳打在了我这个软软柔柔的"棉花"上。

"那您气消了？明天来学校，我们和老师们一起聊聊怎么帮帮这孩子，好吗？"我仍旧是平和友好地建议，全无"胜利者"的耀武扬威。

"老师……你……你不生气？哎，我真混蛋。口无遮拦的。"

"哪里会生气？我们不是家长和老师正常地沟通吗？"我假装失了忆。小迪爸爸在电话那头和我一起笑了起来。

挂断电话，长吁一口气。任他巨力来打我，牵动四两拨千斤。关键时刻，打个太极。毕竟，柔，也是一种学问。

1. 打个太极，四两拨千斤。"太极"心态不代表"绕圈子，推卸责任"，而是指用太极心如止水的心境剥离掉语言中情绪化的部分，寻找事件本真和处理问题的关键。教师要做好情绪管理，不要被对方的情绪影响，不急着争辩，防止急中生乱。

2. 以柔克刚，以慢应快。急躁、暴怒、慌乱不利于处理矛盾，反而在家长比较烦躁时，教师的柔、缓、慢可以如一缕清风，平复家长的心情，带动家长理智下来，更有利于沟通。

3. 借力使力，引进落空。当家长陷入教育的误区时，我们要利用"家长是为了孩子好"这一根本点，借其心、引其力，循循善诱，引导家长采用正确的教育方式。

珠海东方外语实验学校　邓悦

知心相伴，向阳而生

"口者，心之门户，智谋皆从之出"，古往今来，有效沟通的例子不胜枚举。在战争岁月中，两国交往不斩来使，纵横家的思想依然闪烁着智慧的光芒；在和平的日子里，远亲近邻人情世事，话语中的练达折射出沟通的华彩。

重复对方的话

在学校行政部门工作期间，有一位学生家长给我留下了深刻的印象。她不施粉黛、衣衫简朴，人到中年为了孩子奔波忙碌，来到学校找到部门主任，开口便是"赶紧给我孩子办理出国交流学习的手续"，这句话放在疫情当头、形势严峻的背景下简直是语出惊人！我和其他同事一样感到惊愕，心里暗自诧异，这位学生家长何苦在这个时候非要送孩子出国呢？她不知道风险多大、代价几何吗？难道不害怕出现"不怕一万，就怕万一"的情况吗？所以我非常理解部门主任无法为她眼中"不费多少力气"的一纸手续、一印红章做出她想要的承诺与批复。

随后这位学生家长情绪十分激动，反复吵嚷着："为什么不给我办理？我有送孩子出国交流学习的经济能力和权利！你们这是违法行为！"近乎歇斯底里，场面即将失控。

显然，这位学生家长因为她眼中的沟通无果而释放出敌对情绪，双方接下来很有可能发生争执。

想到这，我先请那位学生家长坐下来平复一下心情，帮她续好杯中热水，在这瞬间我看到她握住水杯的双手粗糙起皮且有深浅不一的裂口，她也看到了我的目光，有些难为情地告诉我，她长年在北京做蔬菜批发生意，为了生活起早贪黑，严寒酷暑从未休息片刻。之后她说："我的孩子一定要去国外，之前还专门为此去旅游，如果不去国外，我的孩子就不上学了。"我便重复一句"孩子想要去国外并且还去过，那应该是很了解那里的风土人情了，看来适应能力不成问题"，她又说道："孩子最开始打算初中就要去国外交流学习，我拼命多赚钱无非就是要尽快满足孩子的心愿，不想再拖了。"我继续重复一句"孩子从初中起就有了自己的目标和方向，如果我是您我也干劲十足"。

情绪是可以传递的，我用重复对方的话的方式慢慢疏导对方的情绪。在这样的言语交流中，那位学生家长从激动暴躁变得柔软温和，谈论起自己的孩子仿佛是在向我介绍所拥有的一座宝藏。同为人母，我深深懂得她的"父母之爱子，则为之计深远"，最后再次向她说明在办理出国交流学习的手续流程中学校只是其中一环，起关键非决定作用，需要遵循疫情防控的规章制度，听完我的话，这位学生家长表示理解学校的做法，另等通知。

你说得对

前不久，有则"河北某中学要求女学生统一剪'前不遮眉毛，后不搭领，侧不遮耳'短发"的新闻成为了我任教班级的一位学生家长给自家女儿剪发的标准，之后这位学生家长来到学校，要求学校"效仿"新闻中那所学校的做法，强烈要求学校强制所有女生剪短发，他的理由是"女生把精力用在发型打扮上就会分散学习的注意力，尽管自家女儿剪短发了，但仍然会被身边这样的同学带坏"。

听到这里，我突然想起看过的一档综艺节目里的某知名作家、导演说过这样一句话："你可以永远不喜欢你不喜欢的东西，但请允许它存在。你可以继续讨厌自己讨厌的东西，但请允许别人对它的喜欢。"道理显而易见，那么如何让这位家长也明白呢？在我看来，沟通的最终目的不是证明孰对孰错，而是求同存异。

所以当他说完后，我说了一句"您说得对"，在场的同事本来因为那位学生家长的话语啼笑皆非而后脸上表情复杂，每个人看向我的眼神都是一个大大的问号，疑惑且无语。

紧接着我问道："不知道您有兴趣听一下我的经历吗？"

那位学生家长也是一愣，显然他也没有作好我这么回答的准备——"可，可以，老师你说吧。"

我便告诉他："和新闻中的那所学校一样，我就读的高中就是要求女生统一发型为不及肩短发，每月检查一次，不合格的要谈话甚至处分……"

"对，我就是这个意思，就应该这么做！"这位学生家长底气十足地插入一句话。

"但是说实话，我整个高中三年是自卑的、不自信的，直到上了大学后，在一片澄净自由的天空下我才开始真正意义上的起舞，我变得敢说敢笑了，敢于在台上演讲与朗诵了，时至今日，我回忆这段往事的时候也一直思索生命的姿态是否跟发型有关呢？"

那位学生家长平静下来了，在他那沉默的眼神中我能够听到他若有所思的声音和话语。

"或许有关与否并不重要，重要的是孩子也是独立的个体，需要得到我们的尊重。一个生命以爱的名义控制另一个生命的姿态，未免太过残忍。教育就是让他们成为不同的自己，拥有无限的可能。"当我说完这句话，那位学生家长认可地点了点头，他告诉我最近发现女儿不愿意和他交流，女儿眼光躲闪、倔强顶嘴和曾经乖巧听话的模样判若两人，让他不知所措，现在大概明白是怎么回事了，最终他选择和自己的执念握手言和。

技巧点拨

沟通是一门艺术，老师在与学生家长沟通的过程中可以尝试以下两种方式：

1. 平静内心，考察事理，一念非凡，刹那花开。任何人都有"被看到"

和"被听到"的需求，所以在沟通过程中，当对方说话时，要耐心聆听，不要打岔，等对方说完了，简单重复一下对方所说的话，让对方知道自己一直在认真考虑他所说的话。

2.了解自己，懂得他人，换位思考，达到共情。学会管理自我情绪的表达方式，告诉对方"你说得对"比反驳否定更容易让人接受，沟通双方从情绪、观念、认知等方面建立连接，将会让彼此的关系更顺畅、更紧密，让沟通更有效。

黑龙江省牡丹江市第二高级中学　孙奇峰　林森

隔空有暖意，冰释无藩篱

庚子岁初，一场突如其来的新冠肺炎疫情，打乱了老师、学生和家长原有的学习计划。为此，我校各科老师在校领导的组织下积极行动起来，充分利用班级微信群、钉钉群等网络平台，扎实抓好线上教学。我们坚持做到"停课不停学"，线上开学，共同战"疫"。

让我始料未及的是，这给家长和学生带来了深深的焦虑和不安，线上开课不到一周时间，我遇到了工作十几年来前所未有的对峙。

结　冰

这是高二期末的寒假。第一天，网课8点开始，我7点半开视频会议点名，有10名同学不在线。视频结束后，我用十分钟时间迅速联系每一位家长："你好，孩子起来没有？点名不在。"家长回复我"网卡""孩子没起来""现在起来""停电了，请假一天""家里信号不好""老师，麦不好使"，还有接不通电话的。

下课后，我看到有两个没上线的学生，再次给家长打电话，一个接不通，一个说联系孩子问问情况，后来再无音信。下午第一节课学生多人迟到，无奈的我只能再找家长："你好，王昕瑞家长，孩子不在课堂。"我还没有说完，她就急了："我不在家，我得养家糊口，我说他也不听。"这是一天内我第三次联系她。她快速地说："老师，我知道你为孩子好，昨晚因为玩手机孩子折腾了大半宿，白天补觉呢，我骂他他就当没听见，我还得去店里，让他在家自己学吧，他爸爸走了后这孩子也不听我的，我也没办法。"她着急挂断了电话，我听到她的哽咽，我能想象她一个人带孩子，疫情下生活的艰难。

还有的家长"非暴力抵抗"，微信不回复，健康卡不打，张琪家长每天我提醒一遍打一次，一周提醒了6天，周日12点前依然没打卡，她得多忙啊，我打电话跟她说："家长你好，咱班有60个学生，每天都要打卡，你可不可以自己打卡？"她却说："你太固执，随便填一个就行呗，不和你计较。"我想让她清楚地知道，教育无小事。那是一个狭隘的偏激的家长，明明不支持老师工作，还说得理直气壮。

一天下来，我觉得自己像《倒霉熊》动画片里的那只熊，连小小的企鹅也管束不了，每每败下阵来。

暖　冰

可是家长的哭泣就像一把锤子重重敲在我的心上，我想无论在什么情况下，都不能失去希望和爱，我永远都不要放弃。我还要把这些不听话的企鹅转化成朋友。

第一周网课结束后，我召开了一次线上家长会，说："各位家长好！疫情仍然存在，不确定因素很多，线下连着线上，学生一轮备考复习始于网上，一轮复习效果直接影响到高考。可是这一周我感到学生学习状态不好，大家有哪些困难？我竭尽所能帮助大家。"

昕瑞家长先说："老师，我没有时间管孩子学习，我也不懂，家里人也没有能帮上的，学习就靠他自己。"又有几位家长也这样说。

"老师，我这小区信号不好，经常卡，所以上课经常迟到。""对，我家也是，孩子说打开摄像头就卡。"家长说上课迟到的主要原因是因为网卡。

张琪家长说："老师，咱那微信打卡可不可以不打了？""对，太麻烦了，一忙起来就忘。"

这些问题让我更细心地了解家长和学生，理解家长的情绪，知道家庭的不易。我设身处地想他们所想，以一个朋友的身份去帮助他们。家长会后，我捋了一下大家的问题，把有共同困难的家长建成一个群，"监管群""网卡群""打卡群"。我每天早8点发消息提醒"打卡群"家长打卡，跟"网卡群"家长联系打开摄像头看看卡不卡，告诉"监管群"家长孩子课堂情况，并且加强和孩子交流，用钉钉里丰富的图片表情和他们聊天，关心他们，鼓励他们，温暖家长。

<h2 style="text-align:center">破　冰</h2>

事实上一周以后，除了"监管群"，其他两个群不再发挥作用了。因为"打卡群"的家长已经不需要我提示了，习惯自己打卡了；"网卡群"家长发现网络卡不是经常的，通过和老师的及时沟通，发现这经常是孩子们找的借口；对"监管群"家长，我一直保持关注，因为他们问题会很多，会反复。

本周，进行了一次周测，我以这次周测为契机，与家长再次进行了全面的沟通：

"家长你好，羽涛这次周测语文90分，从这个分数看考得不错，网课听课和作业完成都好，希望他今后能够认真努力，继续争取优异的成绩。"

"昕瑞家长你好，可能你的工作比较忙，所以孩子学习方面还顾及不到，所以做作业会有困难，我担心的是孩子成绩会退步，有问题让孩子随时问我。"

"家长你好，张琪这次周测题文言文、诗歌、小说题都有错误，网课可以回放，让孩子多听听回放。这孩子很聪明，就是有点惰性，如果她能改正缺点，进步指日可待。"

……

后来我把孩子的每一次周测成绩和这段时间的网课表现，跟每一位家长交流。还把每次的周测成绩汇总，便于家长及时掌握孩子的成绩，查漏补缺。家长陆续回复我：

"收到，谢谢老师，谢谢老师的栽培和辛苦付出。"

"收到，老师，昕瑞开始听网课学习了，谢谢老师一直没有放弃这孩子，我也会督促他。"

"李老师，张琪健康打卡我会每天坚持的，您辛苦了，谢谢！"

破冰的声音，从遥远的地方传来，这是一年中最寒冷的时刻，也是春天即将到来的时刻。疫情期间，隔空不隔爱，有了家长的协助，我多了一个帮手，教育离不开学校，教育更离不开家庭。希望我们的学生，努力奔向更好的自己，不负青春，不负韶华。

技巧点拨

1. 言之有物。隔空沟通时要充分了解学生，包括学习成绩、性格特点、优点和缺点、了解学生父母的职业、文化程度、家庭结构，有助于我们与家长沟通时对症下药。

2. 持之以恒。即使是一个牢骚满腹、怨气冲天，甚至最不容易对付的家长，在一个持之以恒、像朋友一样关心孩子成长的班主任面前，也会被"软化"得通情达理。

3. 善于破冰。破冰是打破与家长交往疏远的藩篱，就像打破厚厚的冰层。针对不同家长的困难，去尽力解决。让家长愿意和班主任接近，成为班主任的左右臂，家校合作，携手共进！

黑龙江省牡丹江市第二高级中学　孙奇峰　李霞

光风霁月巧疏导，曲径通幽频传情

"四有" 新人遇难题

老赵，与我大学同寝四年，没有血缘关系的 "亲姐妹"，今年，她有着重量级的身份——准高三家长。

老赵是 "四有" 新人：有文化，有主见，有脾气，有爱心。

有文化：她是本市大学思政老师，研究马哲。和她辩论，我永远是输者。

有主见：孩子上初中时，班主任曾撂出狠话——你的孩子恐怕初中都不能正常毕业。老赵在孩子临考前三个月，把孩子领回家陪读、听网课，儿子居然考入市顶尖高中，老赵一战成名。

有脾气：老赵与老公争执，可以刀架脖子誓死不从；与儿子意见不合，"拳打脚踢"，可谓是 "功夫熊猫"。

有爱心：老赵对儿子倍加呵护，寸步不离，车接车送，穿用名牌，自诩 "最有爱的妈妈"。

谁也想不到，"四有" 老赵有一天给我打来电话，张口就问："老杨，我要把儿子转到你们学校，需要什么手续？""从市顶尖高中转到我们学校，太不理智了吧？"

"不是我不理智，是那老师欺人太甚！有天晚自习，孩子站到讲台旁学习，正好赶上了班主任巡视纪律。老师看见孩子站在前面就劈头盖脸地说：'你以为你是谁，全班成绩倒数第一的学生站在这学习谁信呀！别影响其他同学学习，回座位上去！'孩子听了这话，受到强烈刺激，狠狠地把书摔在地上大喊：'我影响谁了？我不学了你满意了吧！'这小子一气之下不去学校了，已经在外面流浪一周了！再这样逼他，他就离家出走了，我可怎么办啊？还不如赶紧转学，给儿子找条生路。”

我一边听着压力山大的老赵宣泄情绪，一边陷入了深思。老师的"狠"话确实刺痛了孩子的心，但是同为老师的我更加清楚：老师能跟孩子有什么"深仇大恨"呢？这背后一定有我们不了解的缘由。

经我一问，老赵由开始理直气壮的愤怒变成了长吁短叹的哀怨："唉，老师说这话也不是无缘无故的。这孩子上了高中后一直都没有学习的状态，上课迟到又睡觉，看课外书，打架……老师对他印象很不好。再加上期中考试数学考了7分，语文20多分。老师能不批评他吗？这孩子对老师积怨也深，今天算是彻底爆发了。"

我愕然，原来这孩子上了高中居然放飞自我到如此地步！"那孩子的这些问题，你都知道？你没管管？""我这更年期遇见叛逆期，只能是两败俱伤，我可怎么管得了他？"老赵越说越显悲凉。"我觉得你现在还不急着作决定。要不，先去班主任那儿了解一下再说？"我生怕老赵会作出令自己日后后悔的决定。

角色互换心态异

过了几天，老赵的电话又来了，这回她冷静了许多。原来她了解到儿子的班主任教化学，是名牌大学毕业的高材生，岁数不大，孩子才刚上幼儿园。高二重新分班，她接手的这个理科班是淘小子最多的。学校给班级定的重本线目标总是达不到。班主任压力很大，情绪化比较严重，整天闷闷不乐，在课堂上总批评学生。

听了老赵的一席介绍，我认为这个班主任有以下几个特点：首先是敬业，白天上课、批改作业，晚上还要留下来陪伴学生到放学；其次是要强，年轻班主任有不服输的气魄，虽然学生调皮有个性，不爱学习，但老师有不放弃的决心；最后是焦虑，这位老师明显有点力不从心，无力调和师生之间僵硬的关系。

老赵赞同我的分析，又补充道："我也经常跟老师沟通，教师节早早发微信问候，平时经常询问儿子在学校的表现……可是无论说什么，这些信息都泥牛入海，永无回复。你说，这老师到底是负责，还是不负责？"

"要不，咱换个法子，有效沟通？"

"换个法子？有效沟通？"

"对呀！你给老师发微信，是想了解孩子在学校的表现。当你了解到孩子的行为有所偏差时，你可以从他在家里的一言一行里找到答案，把你看到的点滴细节向班主任汇报，把老师对孩子的关注放大让孩子知道；把老师的冷处理都转化成显而易见的正面效应。孩子阅历尚浅，哪能看透老师恨铁不成钢的焦灼之心呢？咱得让孩子与老师彼此看得见对方深藏心底的爱。"同为老师，我知道如何才能打破家长与老师的沟通壁垒。

我深知，有不少老师激情藏在心底，更有不少孩子对老师的孺慕之情是需要情境来激发的。

沟通得当生奇迹

这次电话之后的老赵几乎"消失"了一个月。有一天她突然来找我，笑着对我说："老杨，真有你的！经过我一个月的绵长细密的汇报，班主任终于给我回信息了，她说她已经看到孩子的点滴变化了！"

"不错呀你！怎么做到的？孩子回去上课了没？还转学吗？"

"不转啦！孩子不光回去上课了，还进步了呢！我觉得也不是非要转变老师对孩子的态度，而是要让孩子知道老师对他的认同和赞美，再把孩子对老师的认可和理解传过去。当儿子说，老师为他设立第一排的'专坐'，我就告诉他那是老师认为聪明可造不放弃你；儿子说几个同学一起迟到，老师唯独留下他站在门口一小时，我就说那是老师对你另眼相看，担心你没有自制力，帮助你自我管理；当儿子说老师总是让他们几个淘小子出去清理雪、搬花、干重活儿，我就说那是老师看你身体强壮勇担当，事情交给你老师才放心……"

老赵越说越起劲儿，一改先前的愁眉苦脸，兴奋地说着孩子的变化。其实，父母是孩子的引导者，孩子陷入困境，家长要懂得"施救"的方法。经过家长的正确教导，孩子对老师的态度有转变，老师也能对孩子多一点宽容和耐心。

看着老赵由原来的无奈无助到现在的游刃有余，我知道，那个"四有"新人又回来了。

凡是过往，皆是序章。绵长的交流有了最美的回响。

小沙，老赵的儿子，疫情期间闭门苦学，勤奋自勉，2020年参加高考，以总分532分考入武汉理工轮机专业，逆袭成功，为"差生"代言。

技巧点拨

1. 转换视角，正向引导。孩子在学校受到批评，容易形成对老师的负面评价，青春期的孩子尤其容易叛逆。其实这个时期的孩子希望父母能够给予恰当的帮助、引导、建议。认知转变了，情绪也就随之得到了调整，进入了良性循环，也帮助孩子建立了科学的思维方法。

2. 传递正能量，把爱亮出来。家长与教师是一种合作互动的关系。家长主动助力，消化负能量，传递正能量，与教师目标相符，视野一致，行动划一，把不可能的事转化为无限的可能性。家校有效沟通，矛盾解决，爱意凝聚为光，照亮孩子的前行之路。

黑龙江省牡丹江市第二高级中学　孙奇峰　杨旭

践行君子交，疏离蕴情意

"你这去，定生不良。凭你怎么惹祸行凶，却不许说是我的徒弟。"灰白的屏幕渐渐显现《西游记》中菩提祖师逐悟空回花果山时的道别之语。我目光灼灼，望向初次见面的家长们："我虽不及菩提祖师，却也和他一样，只是孩子生命中的摆渡人，伴其山水一程，此后不求惦念，唯愿各自安好。同样，我与大家亦是君子之交，但盼心怀坦荡，不尚虚华。"

话音刚落，一些家长眼中流露出深深的疑惑，我懂，他们想说的是：这个老师未免太清冷。

犹记初登讲台时青涩的我，与家长的沟通遵循"共情"理论：一方面，确实与家长结为挚友，其乐融融；另一方面，却因模糊了界限，困于琐事，身心俱疲，真真是"蜡炬成灰泪始干"。反躬自省，我逐渐意识到与家长的沟通方式亟待转变，正如《庄子·山木》所言："君子之交淡若水，小人之交甘若醴；君子淡以亲，小人甘以绝。"表面淡薄实则亲切的"君子之交"或许才是更适合我的沟通之道，暗下决心后，我迎来了一个"特别"的学生。

他叫小然，军训报道当天，其母便直言不讳地交代了关于他的两件事：一则身子孱弱，曾动过两次手术，需"特别"关注健康状态；二则有轻度智力障碍，行为举止略异于常人，需"特别"照顾心理感受。

这是一位看似容易打交道的母亲，与老师的沟通亦颇为坦诚，而我却从这份"特别"的叮嘱中察觉到了一丝不寻常的味道，军训第三天，问题果然浮出水面。

"别打了！小然你快住手，别打了！"查寝的我借着皎月的清辉刚走到宿舍门前，就目睹了这并不愉快的一幕。事情的经过并不复杂，六人间的宿舍仅有一个洗漱间，孩子们每天都是排队洗澡，相安无事。但这日不知为何，小然突然选择了插队，挤走了原本排在前面的宁宁，宁宁本想好言相劝，怎料小然径直拿起拖鞋，冲着宁宁的脑袋猛地一砸，我赶到时宁宁正捂头蜷缩着，其他孩子则处于劝架拉扯中。

处理学生之间的摩擦并不难，但此次宁宁额头擦破皮的地方渗出了少许血丝，这不仅仅是口角之争，本着对孩子人身安全负责的态度，我有义务及时通知双方家长。

宁宁的母亲颇为宽容，她大度地表示孩子之间难免会有磕磕碰碰，不必过于苛责。"受害者"的母亲尚且如此通情达理，那"施暴者"的母亲呢？

拨通小然母亲的电话，和我预想的一样，电话那头传来了她恳切的辩诉："老师，我不是想找理由，但您也知道，一个巴掌拍不响，两个孩子闹矛盾，终归不会是我家小然一个人的错。何况我之前就告诉过您，小然的情况真的很特殊，但他绝对没有恶意，请您相信我！"

尽管隔着冰冷的电话，我仍能感觉到她在不露痕迹地推卸责任，我没有像往昔一样采取"同理心"法则，顾虑小然的"特别"之处，更没有站在她的立场同情附和。我悄悄拉开距离，平静地陈述着事实："整个事件的起因就是小然想插队，被同学指出后恼羞成怒，还反手砸伤了同学。于情于理，他都应承担此次事件的责任。您不妨暂时摒弃情感因素，理性地就事论事来明辨是非。"

电话那头沉默了，久到我差点以为她挂断了电话，半晌，她终于再次开口，依然执拗地反驳道："不瞒您说，我的职业也是教师，我相信班级是讲爱的地方，而不是讲理的地方，用爱来化解矛盾才能更好地促进孩子之间的和谐共处。若非要就一件事分出对错，反倒不利于孩子的成长。"

"爱"与"理"的说辞何其动人，稍不留神，就会令人忍不住点头称赞。其实，能言善辩的家长远比焦虑暴躁的家长更能牵动老师的情绪。面对家长的发难，以静制动、以柔克刚即可；而面对家长的"循循善诱"，坚守内心的原则就显得尤为重要了。

我不疾不徐地说道："小然妈妈，爱与理其实并不相悖，正如人情与法理并不相悖。学校是公共场合，既不独属于任何一位学生，那就离不开对规则的遵守。既然讲'爱'，那就必须尊重他人；既要尊重他人，那就必得审察事理。您先耐心听我把'理'说清楚，好吗？"

也许是我的疏离让小然母亲措手不及，她一时语塞，只是轻轻"嗯"了一声。我向来有着自己坚守的原则，不会因所谓"特别"而改变，何况我深知，若想让小然获得其他孩子的接纳，而不至于因智力问题被青春期懵懂的少年们嫌弃，"特殊对待"绝非良策。

我放缓了语气，更为柔和地说道："刚才我只告诉了您小然的情况，现在我想告诉您接下来发生的事情。我带宁宁去医务室处理好伤口后，随即将校医的诊断结果告知了宁宁妈妈，她没有半点责备之意，还说没关系，让我转告小然不必自责。而宁宁更是爽朗，他让我别太担心，还说小然就是着急了，并非故意伤人。而整个过程中，您知道小然又有何表现吗？"

"他……他是不是还和小学时一样面无表情？老师，您千万别误会，他只是……只是不懂如何表达情感，其实他心里并不是无动于衷。请您多站在孩子的角度替他着想，他确实和其他正常孩子不一样啊！"小然母亲变得有些急切，她竭力替孩子澄清，拳拳爱子之心令人动容。

我几乎要动摇了，甚至觉得自己有些过于冷静，但唯有第一次沟通就让她深刻认识到我的处事原则、我的教育理念，才能真正有利于小然的成长。我心平气和地继续说道："小然的确全程木讷，任谁看来都是冷漠，甚至连一句道歉也没有，这才是我给您打电话的真正目的。孩子犯错并不可怕，跌跌撞撞本就是成长的常态。但您始终用'特别'的态度对待小然，那又怎能奢望同龄的孩子能用'正常'的眼光来看待他呢？小然确实存在认知方面的障碍，但当我告诉他勇敢道歉才是有担当的男子汉后，无论他是否真的理解，他最终还是说出了那声'对不起'，也获得了宁宁的谅解。所以，您能答应我吗？以后再遇到类似的情况，不要替孩子寻找任何推脱的借口，让我们一起鼓励他承认错误，承担责任。父母之爱子，则为之计深远，您说呢？"

至此，我终于将"拖鞋伤人事件"的原委悉数告之，既让小然母亲了解我处理学生问题时所秉持的公正原则，又让她开始反思长久以来的"护犊"

行为之弊。

整个交流过程中，我始终与小然母亲保持着适度的心理距离，不迁就她的情绪，不跟随她的节奏。不过，这一距离并非"山长水阔"，它更像那夜朗照树梢的月光，看似静观玄览，实则洒落肩头，送去温暖的慰藉。

英国心理学家布洛在《作为艺术要素和审美原则的"心理距离"》中指出，审美主体与客体之间只有保持适度的心理距离，审美才能够进行，这又何尝不是教师与家长之间相处的法则？固守"我心匪石，不可转也"的原则，"君子"之距亦能蕴蓄温暖的情意。

技巧点拨

1.保持"距离"的前提是坚守原则，不卑不亢。重原则不等于不近人情，恰恰相反，越是能坚守原则的老师，越能带给学生更为公平的成长环境，越能获得家长的尊重。

2.保持"距离"需要强大的底气，管理好自身所在的班级是获得家长认同感的最佳途径，老师本就具有双重身份（教育者与教学者），家长对你的信任很大程度上来自你的教育情怀与教学能力，提高自身素养是取得威信的不二法门。

3.保持"距离"不等于故作高冷，更不是冷眼旁观。剥开"距离"的外壳，你会发现里面细细包裹着教育的本色——温暖。践行君子之交，淡薄而不失亲切，才是疏离蕴情意的奥义。

湖南省长郡双语实验中学　黄缨涵

掬一缕阳光，汇一束希望

　　教育，是一个缓慢而优雅的过程，若遇到青春期孩子叛逆，便是老师和家长最烦恼的事情，就需要加强家校有效沟通，形成教育合力。

　　九月初的一天，秋高气爽，阳光明媚，我正坐在办公室里批改作业。忽然听到一声大喊——

　　"你出去，去找你的班主任。去。"

　　"去就去。"

　　循着这一呐喊声，我飞快地跑到走廊，一听是自己班级的鹏鹏。数学王老师看到我后，走到走廊气愤地对我说："这孩子作业没有完成；上课睡觉，叫他起来后，也不听课；挽着同桌的胳膊，不停地和同桌说着漫画书里的内容，不仅声音大，而且还笑出了很大的声音，已经打扰了老师和同学们上课；教育他时还和我顶撞。"

　　从王老师的话语里了解了她生气的原因，我眉头紧锁，代鹏鹏先向王老师道歉后，想着拉他到我的办公室去解决问题。谁知我一边拉他的胳膊，他一边狰狞地说："我不念了。我要回家。"费了九牛二虎之力，我把他拉进办公室。我知道这孩子此时情绪激动，所以并没有急于处理问题，而是让其先坐在椅子上慢慢地缓解暴躁的情绪。此时的我也同样静静地坐在鹏鹏的身边，握着他的手，脑海中想起上周给鹏鹏爷爷打电话时了解到的情况。

　　鹏鹏是农村家庭里的二宝，从小在溺爱中长大。去年父母为了生计外出打工，他平日和八旬的行动不便的爷爷留守在家生活，正因为内心缺少了父母的关爱和安全感，从初二这学期开始，原本为人善良正直、学习成绩优秀的他，一直是老师、家长、同学眼中的好孩子，现在上课频频走神，下课郁郁寡欢，就连扰乱课堂、顶撞老师等情况也时有发生。

作为他的班主任，我决心要转变留守儿童鹏鹏。转变，源自心灵内部的积极力量，我必须去唤醒孩子，解铃还须系铃人，于是和在深圳的鹏鹏父母取得联系。拨通电话后，我向鹏鹏的父母描述了事情的经过，没文化的妈妈并不相信她的孩子会发生这样的事，因为在她的心中，孩子一直都是个乖孩子。她说："老师，我这边忙着干活儿了，先不说了。"我再拨过去电话，电话关机了。

留守儿童的青春期叛逆，父母远隔千里的拒绝沟通，让我感到力不从心、无从下手。郁闷的同时让我想到了电影《放牛班的春天》里的马修老师，在一所寄宿学校遇到一群叛逆难缠的"问题学生"，努力呵护每一个孩子，用音乐疗愈了所有孩子受伤的心灵，慢慢地，孩子们发生了变化，他们懂得了爱，学会了感恩。从马修身上，我看到了自身的责任和价值，每个孩子都需要爱，渴望理解，他们的心灵纯净无邪，老师就是孩子们的守护者，所以我必须鼓起勇气，耐心地去和鹏鹏的父母沟通，才能挽救这个孩子，让他看到自身的光芒，给家庭带来希望。我决定再次与鹏鹏的父母沟通。

共情是接纳的钥匙

周五下班回家后，夜里十点躺在床上辗转反侧，我拿起手机给鹏鹏的妈妈发了条微信："鹏鹏妈妈，您好！感谢您过去对我班主任工作的支持与理解。鹏鹏是一个活泼开朗、聪明懂事、成绩优异的男孩，是老师、同学眼中的好孩子。不知道孩子现在是否还像以前一样，经常和爸爸妈妈打电话、微信视频聊天呢？如果没有，请您一定高度重视孩子的变化，因为孩子的青春期、叛逆期来了。作为班主任，我和父母的心情一样，希望鹏鹏可以顺利地度过初二这一关键的转折期。我相信为人父母的你们，一定是爱鹏鹏的。金钱不是万能的，孩子才是你们未来的希望。希望得到您的回复。"

因为我和家长都有同理心，因为共情孩子的成长，建立了彼此间的信任，她回复了我的微信，有效的沟通便开始了。

积极关注是接纳的灯塔

周六晚八点，我收到了鹏鹏妈妈的一条微信："感谢刘老师对孩子的辛苦付出，感谢王老师对我孩子的包容与爱，我们明天就回家。"当看到此信息时，欣喜之情涌上心头，我立刻给王老师发条信息报告好消息。作为班主任必须积极地关注孩子，关注孩子的父母，在积极关注的情况下，处理问题的方式是：孩子遇到什么事情—先想想这件事背后的积极因素是什么—最后再想怎么解决。这种积极关注的方式就像灯塔一样，可以帮我们发现现象背后的闪光点。

因为我把鹏鹏的核心问题找准了，把关注点的聚光灯打在家长身上，让其内心感到温暖，照亮鹏鹏的未来方向，她回复了我的微信，有效的沟通便开启了。

情绪流动是接纳的港湾

周一上班后，我接到鹏鹏妈妈打来的电话，说她正在学校的门卫室。此刻，我惊讶万分，即使万水千山，也阻隔不了父母的爱子之心。走入校园，我们边走边聊，他们见到鹏鹏的那一刻，孩子有些惊奇，说："你们怎么回来了？"然后家人和孩子坐在校园一角处静静的葡萄架下，微风吹拂，他们谈论着，鹏鹏低着头，流下了眼泪说："妈，我错了。"那一幕，如此温暖。仰望那一簇一簇摇曳的绿叶，我对这一切都充满了敬意，既有对生命的，也有对鹏鹏父母的。

此刻，鹏鹏妈妈的眼泪在眼眶中徘徊，爸爸说他们夫妻二人商议了，妈妈这次回来后就不走了，在家陪伴孩子，帮助孩子度过叛逆期。然后我联系上了王老师，家人和孩子予以道歉。半学期以来，我发现鹏鹏改变了很多，上课积极发言，下课主动帮助同学，期中考试成绩也进步了，还代表学校参加了市里"腹有诗书气自华"诗文大赛，获得了个人优秀奖项。而我也会经常把鹏鹏的好消息通过微信发给鹏鹏妈妈。看着鹏鹏的转变，我如此欣慰。

因为我们的成功接纳，让这种情绪成为一种奋发向上的动力，一种抗挫折的生命力。也因为有效的家校沟通，让情绪自然流动，才让父母明白：家庭就是孩子温暖的避风港。

柏拉图说："教育非他，乃心灵的转向；引导孩子转向爱、善、智慧。"用深入共情理解孩子，打开亲子沟通的大门；用积极关注发现孩子，指引孩子向好发展；用情绪流动接纳孩子，给孩子营造温暖的港湾。

随风潜入夜，润物细无声。作为教师，只有用自己的真心去爱学生，才能让他们鼓起前进的风帆；只有用自己的真情去感化家长，才能让他们迎风破浪地前进。家校有效沟通，掬一缕阳光，汇一束希望！

技巧点拨

首先，遇到问题与挫折，鼓起勇气，耐心地与家长沟通，解铃还须系铃人，让其明白：陪伴是最长情的告白，也是父母给孩子最珍贵的礼物。孩子的成长不等人，错过便是一生。必须要让家长帮助孩子扣好人生的第一粒扣子，家长不能缺位。

其次，教育成功的秘密在于尊重学生，以爱动其心，以言导其行。设身处地站在家长的角度考虑问题，走进家长的内心，想家长之所想，有一种解决问题、服务家长的意识，一起协调着把事情处理好，优化孩子的发展方向。

最后，注重家校沟通，用情交流，用心沟通，注重严爱相济，用尊重、信任、体贴架起一座连接师生心灵的桥梁，学生、教师、家长，同心同行，共生共美。

吉林省舒兰市第六中学校　刘玉芳

戮力同心巧施法，细水长流不畏难

新学期，我调任新学校，继续担任班主任。

接班伊始，轩轩这个进入新组建的班级一月未到便把各科老师和同学全部得罪个遍的男孩便吸引了我的视线：打男同学，欺负女同学，与各科老师吵架，逃避体育训练，拉帮结派，早恋，抽电子烟……

嗯，"问题孩子"呀，瞬间，浮现在脑海里的是上海师范大学黎加厚老师推荐的教育故事《一生中最棒的老师》，汤普森老师和泰迪的故事让我确信每一个让老师伤脑筋的孩子背后一定有一个曲折的故事。这些小天使应该只是暂时迷失了道路，关键是我们要找到打开他们心门的钥匙，这需要教师和家长通力合作。

在约见家长之前，我先找到轩轩以前的班主任了解一下孩子的情况，前班主任很认真地告诉我："千万别惹他，他的家长会教育孩子拿手机录下视频，万一老师说话、做事不恰当，那就是铁证如山；孩子与另一位班主任曾经不共戴天；家长护短护出了新境界，经常叫嚣，老师是园丁，园丁就应该精心照顾有问题的花草，怎么能把花草赶回家驱除了事呢？孩子是单亲家庭，跟爸爸一起生活。"

这是个厉害的家长，也是个有想法的家长，更是个有情绪的家长！我必须见见。

不能惧怕沟通，拨电话给轩轩的家长，对方迟迟不接，我锲而不舍，终于和家长敲定了见面的时间和地点。

当时只道是寻常

为了不让家长感觉到约谈的严肃氛围，我特地在学校附近的小花坛等他，希望满树的合欢花会带给他友好温馨的氛围，家长到了，并没有想象中那么剽悍，倒像是位被生活欺负过的中年沧桑男。

他劈头盖脸地问我："你是孩子的新班主任，又是想让我把孩子领回家？"

我立即回答道："当然不是，孩子只要是在求学期，他就一直会是我的学生，教育他，帮助他，批评他，开导他，爱护他，都是我不可推卸的责任。"

家长愕然，我笑着对他说："轩轩很厉害，体育测试立定跳远，一鸣惊人，直接满分。轩轩很有正义感，班里一男生想偷看别人的日记本，轩轩认真劝阻。轩轩很细心，担心患糖尿病的妈妈会有并发症，经常提醒妈妈吃药检查。轩轩很绅士，上晚自习前陪我去检查黑魆魆的小教室……"

家长可能从未见过老师能发现轩轩这么多的优点，紧锁的眉头慢慢舒展，讪讪地说："被老师告状告习惯了，一看见老师的电话就心惊肉跳！"

我直接问他："孩子成绩一直这么差吗？父母对孩子有什么要求？对孩子未来有什么期许？对学校老师又有什么诉求？"家长絮絮叨叨地说自己与妻子离婚，家庭破裂；妻子有病，孩子随父亲生活，母爱长期缺失；一个大男人带一个叛逆期的男孩实在是一把辛酸泪，急了眼就想把孩子打一顿；揍完后又心疼孩子不免溺爱，也没个人可以商量。

有了前期良好的沟通作铺垫，家长也卸下了心防，愿意全力配合，我就要求家长和我一起努力，劝诫孩子必须尊重老师，团结同学，学习方面则是放宽尺度，作业按分层次作业的最低层次来完成，我会拜托各科老师一起重点帮助轩轩，重新燃起希望之火，家长一口答应我一定会配合。

第一次约谈还是有效果的，各科老师反映，轩轩开始写作业了，上课睡觉的时间也逐渐减少，虽然只是点滴的进步，但是，能感觉到家长和孩子都在往好处努力。

人生交结在终始

事情有了一个很好的开端，紧接着，我与家长保持着密切的微信联系，老师说说孩子在校表现，家长聊聊孩子在击剑班的情况，我又辗转与轩轩妈妈取得联系，恳请她也经常来看望孩子，让孩子感受到世间的温暖和美好。我们的家校交流细水长流。

在和家长的频繁交流中，彼此都发现做家长、做老师真的需要与时俱进，走进孩子的内心很不容易，但并非毫无办法，我们一起找到了学校的资深心理学老师，向他请教怎么和孩子良性沟通、积极互动、心理减压。在这个过程中，我重拾起大学的《教育学》《心理学》等书籍，家长也把《钝感力》《儿童心理学》等书籍搬回家中，圈点勾画。轩轩妈妈说看到我转发的视频《你满口说爱，却总是面目狰狞》，自己后悔至极，发誓今后不能把自己的坏情绪发泄到孩子身上。

孩子14岁生日时，轩轩妈妈趁午餐时送来一个大蛋糕，轩轩执意要和同学一起分享，大家替他点蜡烛，一起许愿。轩轩激动得手舞足蹈。轩轩妈妈离开时，眼里分明有泪花闪烁。

不久，学校举行冬季拔河比赛，体力超群的轩轩贡献很大。我站在旁边用手机记录了轩轩站在最后把粗粗的绳子一圈圈缠在自己手腕上的细节，立即发到家长群里，全班的家长都在为轩轩点赞，轩轩家长也非常欣慰。

我觉得这一刻，我和家长的心贴得很近。我们的目标是一致的，那就是孩子的成长。

条分缕析共商酌

月考家长会后，轩轩父母一起来找我，他们有点沮丧，说孩子作息正常了，也不熬夜看手机了，吃饭也不再挑剔了，也不再桀骜不驯了，只是成绩一直没有太大起色，考取好高中难度很大。

正好有个航空学校招生，有体育特长的轩轩长相俊朗，身材挺拔，正符合要求，虽然学费很贵，家长愿意出这笔钱，只希望孩子有一个好的前程。

家长最为纠结的是孩子今后可能上不了大学，接受不了更高的教育，这样今后会不会留下遗憾。

说实话，那一瞬间，我心中涌起的是百般的不舍，转变点点滴滴，进步可圈可点，曾经荒废的时光终究造成了如今的惴惴不安，虽然很是舍不得，但也要尊重家长和孩子的意见，我告诉他们，如今国家提倡终身学习，今后提升学历的渠道会很多。

趁着周末，我和轩轩一家来到了他心仪的学校，向教务处的老师详细咨询了学校的教学状况和以后的就业前景，又找到了往届的毕业生仔细询问了他们的工作情况、薪资水平、职业规划以及晋升渠道，一番细致调查，我们都感觉这所学校还是靠谱的。

轩轩爸爸在班级群中晒出了轩轩的录取通知书，我以为这是最后一次见轩轩的家长，谁知周一升旗后，轩轩一家三口又来到了学校，轩轩父母站在一起，气色都很好，轩轩说："老师，我爸妈已经又在一起了，我去上学，可能会经常不在家，这样也放心了。老师，我们以后还会经常来看你，和你见见面，说说我的成长和进步。老师，请放心，我会努力，在另一条跑道上努力奔跑。"

长安陌上无穷树，每一个孩子都是一棵小树，有的长得快，短短几年蔚然成林；有的成才慢，甚至可能被害虫蚀蛀过，缺失养分和雨露，但只要我们用心善待每一棵小树，想方设法，群策群力，这些小树总有一天也会长成参天大树，成为栋梁。

技巧点拨

首先，不要害怕见家长，更不要害怕告诉家长孩子的负面信息，因为家长比我们更了解自家孩子。我们约谈家长绝不是为了告状、批评，而是在一起协商，解决问题。

其次，以心换心，真心爱孩子，将心比心，全心帮孩子。尊重、真诚、友好、倾听、换位思考永远是赢得家长信任的关键词。

最后，家校沟通，是一个长期的课题，不会一蹴而就，需要细水长流的付出和鼓励。我们要从专业的角度给家长提供切实可行的策略、方法。

不畏难，捧真心，巧施法，家校同心，学生定会还我们精彩无限。

郑州市管城回族区外国语学校　刘冬英

巧借花容添月色，欣为河山架银桥

这个班级是在高一年级分文理调整之后成立的。在分班名单里，看到年级里"出名"的学生的名字出现在我的班里，几位老师向我表示同情，说这个班不好管呀。其中一位班主任首先向我陈述了浩浩的劣迹：不穿校服，不遵守校规，不认真学习等。他庆幸地说，浩浩终于不在他的班级了。听了这些老师的介绍，我的心里不踏实，不知道这个孩子会闹出什么乱子。

发现一个优点，批评与表扬兼顾

开学初，学校组织召开家长会，家长和学校签订关于禁止学生带智能手机进校园的协议。会后，浩浩妈妈想和我谈谈浩浩的情况。虽然刚开学不久，但浩浩已违反校纪校规。借着这次机会，我也想和浩浩妈妈谈谈。

我先告诉浩浩妈妈，孩子悟性很高，记忆力很好，开学初学的课文，很难背诵的，浩浩背诵过关。浩浩妈妈听后，脸上露出得意的微笑。我又告诉她："孩子上课不专心，经常打瞌睡；不穿校服，尤其是不穿校裤；不注意仪容仪表；早上不按时去学校餐厅吃早饭，不按时进教室。"

听到孩子的问题，浩浩妈妈解释说，她自己爱美，所以给孩子爱买衣服。我向浩浩妈妈要求孩子要遵守校规，注意穿着，在学校穿校服，周末回家可以穿自己喜欢的衣服。不按时进教室、上课不专心听讲的现象，可能因为浩浩是住宿生，晚上不能按时就寝。我又问孩子是否带智能手机到学校，家长和孩子都矢口否认。第一次和浩浩妈妈谈话，应该说比较顺利。我觉得浩浩妈妈不像之前班主任说的不配合学校和班主任工作。

家长和教师就要善于发现孩子的优点和亮点，多参与管理孩子，多引导孩子。

面对一个问题，寻找解决方法、策略

浩浩妈妈经常和我联系，交流孩子的表现。我多次告诉她，孩子上课总是打瞌睡。说得多了，有一次她问我："有没有影响到班级其他同学上课？"我回答："没有。"她不耐烦地说："没有影响别的同学，就不违反课堂纪律吧。"我感觉到她的无助，反问她："如果你认为上课睡觉不影响班级纪律，我是不是不用管他？"她听到我这样说，连忙说："不是的。孩子上课睡觉，在学校我也管不上。"我和她解释，孩子的表现不是没有原因的，希望家长和学校共同努力，寻找问题的根源，改变孩子的现状。

有一天早上，我没有见到浩浩，问同宿舍的同学，说是他妈妈来学校了。我立刻给浩浩妈妈打电话，询问情况，才知道孩子带智能手机进校园，被年级部主任没收了，家长被年级部主任请到学校。浩浩妈妈到办公室，见到我，难为情地说："我知道他带了智能手机，拗不过他，只好顺从他。"我和她说了智能手机对孩子学习的影响，可见上课不专心、打瞌睡的根源在于晚上不能按时就寝，最大的祸害就是手机，孩子缺乏自制力，禁不住手机游戏的诱惑。家长知道，纵容孩子带手机到学校，等于害了孩子。经过我和年级部主任的一番说教，浩浩妈妈承认自己管教不力，答应将智能手机带回家，给孩子换一部只能打电话、发短信的手机。

我向浩浩妈妈讲了一个细节。打扫卫生时，浩浩和另一个孩子打扫教室的瓷砖，瓷砖上有粉刷时留下的涂料，学校要求统一打扫干净。浩浩看到瓷砖难以清理，就说隔壁班级有小铲子可以铲掉涂料。他立刻借来两把铲子，和同伴铲瓷砖的涂料。瓷砖面积不大，因为时间久了，污垢很顽固。其他同学都打扫完了，浩浩和同伴还在一点一点地铲瓷砖上的涂料，他们的脸上流下了汗水。经过浩浩和同伴的努力，瓷砖光洁如镜般明亮。

浩浩妈妈被孩子的行动感动。我告诉她，孩子就是一张白纸，教育者要引导孩子，孩子才能绘出美丽的图画。浩浩本性很善良，很热爱班集体，但是缺乏自控能力。面对孩子的问题，家长和老师要找到问题的根源，切实可行地帮助孩子改正错误。

确定一个目标，督促孩子信守承诺

期末考试前，宿舍管理员突然给我发来消息，说浩浩中午没有按时离开宿舍，被宿舍管理员锁在宿舍，孩子从一楼窗户翻出去了。我问浩浩，他诚实地告诉我，是从窗户翻出去的。我批评教育浩浩，翻窗户是危险的、不安全的。孩子低着头对我说："老师，给您添麻烦了。"我请来浩浩妈妈，告诉了她原委，要求她配合宿舍管理，让孩子在家住几个晚上。这样家长既能监督孩子复习，又能保证孩子拥有足够的睡眠时间。浩浩妈妈感到为难，说工作繁忙，不能按时接送孩子。我告诉她，孩子的成长需要家长的陪伴，陪伴是最好的教育，尤其是最关键的时候。

为了消除浩浩妈妈的顾虑，我告诉她，接送孩子的时间可以灵活，不考试的时间孩子可以在家复习，考试前按时到校就可以了。之前的文艺演出，浩浩和同学表演的英语节目，让我惊喜地看到孩子们突出的英语表演才能。我把孩子们演出的情况告诉她，夸奖孩子的英语是强项。家长听我夸奖孩子，立刻喜笑颜开，说孩子喜欢英语，口语表达能力很强。我告诉浩浩妈妈，让孩子作出承诺，期末考试要比期中考试成绩好。

期末考试成绩公布了，浩浩妈妈给我打电话，沮丧地说："昨天我数落浩浩呢，考得不好，分数那么低。孩子说这次考试难，肯定是他找借口呢。"我开导她说，不能单纯看分数高低，这次试题难度大，浩浩的成绩突飞猛进，语文和英语成绩相比较更好，家长要多鼓励多表扬。听了我的解释，浩浩妈妈放心了，知道孩子做到了之前的承诺。在班干部给学优生写奖状时，浩浩眉飞色舞地说："老师，我达到你和妈妈给我定的目标了。"我说："真好！给你也写一张奖状。"我给浩浩颁发了"目标达成奖"，并把孩子们受表彰的照片发到家长群里。

家长和老师共同给孩子定一个近期目标，让孩子品尝到成功的喜悦，让家长品尝到教育的成功，让家校关系、亲子关系融洽、和谐。

技巧点拨

1. 在家长面前多夸奖孩子。好孩子是夸奖出来的，好家长也需要夸奖。一味地向家长告状，指责孩子的过错，会引起家长的反感。即使批评孩子，也要在批评之前，发现孩子的优点；即使在家长群里，也少说一些孩子们表现不好的地方，多一些正面的鼓励，给家长以信心。

2. 给予家长教育方法的指导。面对有问题的孩子，很多家长总是表现出无奈，想从老师这里得到有效的教育方法。老师可以给家长提供合理的、适合不同孩子的教育方法和策略，家校携手，共助孩子健康成长。

陕西省宝鸡市渭滨中学　张肖侠

三明治法则，给沟通裹上温暖

南国的冬，潮湿而阴冷，海风裹挟着海水淡淡的咸的气息，一同向午后的校园袭来。

刺耳的电话铃声划破了午休的宁静，电话那头，保安急促的声音传来："尚老师，校门口有一个自称是你班王子龙爸爸的男人，吼着要见班主任。"听完保安简洁的叙述，脑海中迅速浮现了一年前的场景：王子龙的爸爸，就是那个孩子有问题我想请也请不来的家长——初一刚入学，因与同学发生口角，推搡之中王子龙把班级的另一个孩子推倒撞伤，我按联系簿上的号码打过去，请王子龙的爸爸到学校协助处理此事，他极不耐烦地拒绝道："孩子交给你们学校，你们就应该好好教育，如今出了问题找家长啊！不去！"随即挂掉了电话。再打过去，便是拒接。自那以后，我总觉得与他的沟通隔着一道鸿沟。

思绪拉回眼前，是什么让家长如此激动地跑到学校来呢？思索的同时，我决定先做简单的调查，于是告诉保安，我马上去接家长，同时快速地找到班长，利用下楼的时间向她了解王子龙的课间情况。据班长透露，这些天隔壁班的那些淘小子总是主动找他。我隐隐地感觉到，王子龙爸爸的突然到访一定和这些有关。

说话间到了保安室，校门口几个学生在向这里张望，一个中年男子在那里粗声粗气地大声嚷嚷，引来学生疑惑的目光。看到我来了，那个男子转头盯着我，大声吼道："你就是尚老师？你们的学生怎么回事儿啊！"

这一声吼，本就阴冷的气息瞬间又降了温度，想说的"您好"卡在了喉咙里，只能让今天的沟通从微笑开始。

此时，路过的学生开始望着他窃窃私语，他也注意到了，压低了些声音，但是仍然很气愤地说："你说怎么办吧？"这话问得我哭笑不得，只得先把他请进了小会客室。

中年男子气哼哼坐下，我客气地问："您好，请问您是王子龙的家长吗？"虽然上次的电话交流和今天的初次见面让我心里有些不快，但我仍然保持着对家长的礼貌。

"是！"冰冷、简洁、有力！

"我们是只闻其声未见其人……"我微笑着说。

"我很忙！"我的话还没说完，就被他不带任何温度的三个字打断，看来今天的沟通颇有难度。

为了让他平复一下心情，我没有直接问他来学校什么事，而是聊起了孩子："我知道，王子龙在周记里经常会提起您，说您一个人在外工作非常辛苦，他很崇拜您，说您负责任、有担当。"周记里，王子龙对爸爸着了很多笔墨。

提到孩子，他平静了许多："孩子真的是这样说的？我都没有时间照顾他。"看来专家说得没错，再强悍的男人，孩子都是他心底最柔软的地方。

我说："理解，您工作赚钱养家，毕竟精力有限，很多时候工作和孩子很难兼顾到。"说到此，只见他轻轻叹了口气。

接着我将谈话引入今天的正题："您今天来学校，是有什么事情吗？"

他看了我一眼，激动地开始讲述，说到气愤处还拍起了桌子。从他断断续续的讲述中我理清了来龙去脉：王子龙的爸爸因为在外地打工，一直对孩子心存愧疚，于是每次回来都会给孩子一些零花钱作为补偿。孩子把钱带在身上，被隔壁班的淘小子知道了，就时常来找王子龙给他们买东西，甚至借了也不还，索要还遭到恐吓。此事恰巧被今天在家的爸爸知道了，于是决定来学校找那几个学生算账。

为了安抚他的激动情绪，我倒了杯水递到他的手上，同时找来隔壁班的班主任向他说明情况，请他协助调查此事。接着我也表达了歉意，没有及时发现此事，是我工作的疏忽。看到我第一时间采取了措施和诚恳的态度，家长的情绪慢慢稳定下来。然后我向他介绍了接下来我们会找包括王子龙在内的几位同学了解情况，如果真如家长所说，一定会对涉事的几名同学严肃批评并让他们向王子龙道歉，同时要做出保证：今后再也不会有类似的事情发生。介绍完后，我征求家长的意见：这样处理您是否满意？虽然家长之前气势汹汹，我征求他的意见时，他竟有些不好意思地笑了，瞬间，这笑容温暖了整个午后。

虽然今天的事情得以解决，但是综合家长前面的表现，我仍想趁热打铁与他多交流一下，不过心里还是有些顾忌，毕竟这个家长容易激动，搞不好还会前功尽弃。于是我试探着说："子龙爸爸，今天的沟通，大大改观了我们第一次通话时您留给我的印象，其实您是一个很关心孩子的家长，也很容易讲通道理呢！"先对家长的优点予以肯定，为下面的沟通铺好路。

接着，我趁热打铁地说道："您的心情我能理解，毕竟孩子受了委屈。其实今天这件事，您也大可不必跑到学校来，您看看，您在校门口发那么大的脾气，其他同学看到会怎么想？怎么看子龙？"不管是家长还是孩子，都是好面子的，抓住这个心理，即使是我提意见，家长也会比较容易接受。

"您看能不能这样，今后再遇到这类事情，您先跟我沟通，您没有时间来学校，我们就多电话联系，这样会不会更合适呢？"这种商量的语气，让家长在被尊重的前提下会很好地接受。

说到这里，他轻轻放下了水杯，连连点头，不好意思地对我说："老师，我平时忙，没时间管孩子，也没时间来学校，遇到事情也是太激动，没想那么多……"边说边不好意思地直搓手。

看到王子龙爸爸的改变，我欣慰地笑了。虽然和他的沟通一波三折，但是我仍感谢了他的信任，并欢迎他以后多和老师联系。

抬头，午后的阳光穿破云层，温暖驱走了阴冷。

技巧点拨

在心理学中，人们把不好沟通的内容夹在赞许或是容易引起共鸣的话题中，从而使对方愉快地接受沟通内容，这种策略被称为"三明治法则"。

首先，要提前做好必要的功课，礼貌与理智是沟通最基本的要求。

其次，把需要沟通的问题夹在家长关心的问题、安抚情绪之间。比如这个故事，从家长对孩子的关心和无暇照顾孩子的愧疚入手，转移关注点，然后步入正题，沟通中注意安抚家长的情绪，不避讳自己工作中的疏忽，并提出合理的解决办法，同时，选择合适的时机对家长提出建议。"肯定表扬—建议—再肯定"的做法，家长还是比较容易接受的。

最后，为将来的沟通打基础。可以对家长的配合表示感谢，再次取得家长的信任。

广东省珠海市中山大学附属中学　尚辉

善疏则通，能导则安

　　王程是下了很大的决心才来向我求助的，这个平时沉默寡言的孩子脸上带着伤，小心地问道："老师，您能和我爸谈谈吗？"

　　面对学生的无助，我郑重地点了点头，并让他慢慢讲清发生了什么事情。原来，父亲一直把过高的希望寄托在他身上，希望他能考出个数一数二的成绩光耀门楣。他在功课之外的任何行为都被父亲视为"不务正业"，轻则训斥，重则打骂。这次，喝醉了的父亲回家后把他写了一半的小说撕了。他一着急，竟然和父亲动起手来，结果被父亲狠狠打了一顿。

　　这对父子之间的鸿沟是彼此缺乏理解，为他们搭建沟通的桥梁非常重要。美国医生特鲁多曾经说："为医的三种状态是：有时去治愈，常常去帮助，总是去安慰。"教育家陶行知说："千教万教教人求真，千学万学学做真人。"医生和教师是两种非常特殊而又相似的职业，一个救助身体，一个教育灵魂，都是为了守护生命。医学上有"望闻问切"的诊治方法，用在人与人的沟通上应该也很适用。

　　因此，当家长来的时候，我首先仔细地观察他紧锁的眉头、习惯握拳的双手。一望之下，我便感受到这位望子成龙的父亲的焦躁。我请他坐下，倒了一杯水给他。我跟他说："我非常理解你的心情，我也有孩子，咱们做父母的，都希望孩子能有出息。别着急，咱们有事一起商量。"

　　我的同理心让他放松下来。他叹了一口气："这孩子从小没妈，我带他不容易，可他不懂事，非要写那些破东西，鼓捣那些卡尺、胶带什么的，多影响学习，这怎么能有出息……"

　　在他倾诉的过程中，我一直静静地聆听。聆听，本身就是对家长的尊重。大约讲了十分钟，他停下来。我拿出了一摞纸，放在他的面前。那是王程参加各类征文比赛、科技创新比赛的获奖证书，王程从来不敢把这些带回家去，他怕他的"成果"在父亲眼里被当作"恶果"。

我问家长："您知道获得这么多奖项的孩子有多优秀吗？"他愣住了，然后拿起一张张证书仔细看，发现儿子的名字赫然与一等奖、二等奖联系在一起。他的脸上渐渐流露出喜悦的表情："这都是我儿子得的啊！这小子行啊！可他为啥不告诉我呢？"

我觉得是时候让父亲知道儿子的切身体会了。我把孩子写的一篇叫《心愿》的文章递给他，告诉他，这里有他想要的答案。

心　愿

人们都说，父爱如山。

山，一贯以凌云的高峻和冲天的巍峨赢得世人的惊叹；

山，始终以傲然的险遏和卓尔的高远完成角色的扮演。

然而，山脚下的小草，却无缘获得山的爱惜与垂怜。因为在山的眼里，小草毫不起眼，不值一观；小草孱弱无力，小草愚笨不堪。

可是，小草也有闪光的梦想，也有擎天的心愿。如果有了山的守护与托举，小草也可以参天。多年以来，小草以手写心，坚强自立，默默生长，努力表现。为什么？为什么大山看不见？小草的笔，记写生活，表情达愿，憧憬着从未有过的生日蛋糕，忧虑成绩的起伏与变化，记录与大山的争吵与默然。

有谁知道，小草多想站在山的肩头，仰望天之旷然高远；依在山的怀抱，谛听风的豪迈呐喊；贴在山的胸口，享受父爱的温暖……

王程的父亲被儿子的文章打动了。他用手摩挲着那张纸："我想让他成绩好一些也是为他好！我做买卖合同都看不明白，被人骗……我那天是气坏了，但是我没想到这小子能和我动手，不然我不能打他打得那么狠……"

我拿起一张纸，在上面画了一个硕大的问号，然后放进复印机里。我把复印件上的问号展示在家长面前，说："如果家庭是一台复印件，那么父母是原件，孩子是复印件。当复印件出了问题的时候，我们是应该找复印纸的原因，还是应该回到原件上查原因？你平时习惯于用武力解决问题，儿子学到的，不也是武力吗？"

他说："毕竟我是他老子，儿子听老子的，不是天经地义吗？"我放缓了语气跟他说："面对儿子，你认为父亲的权威不可撼动，那么，你也曾经是个孩子，当年面对自己的父亲，你觉得他绝对权威吗？他所有的做法都符合你的想法吗？换位思考一下，也许你就不这么想了。"

见他若有所思，我把纸的背面翻过来，同时递给他一支笔："你可以试着给孩子写点什么。"他想了想，在纸上写了几个字，很快把那张纸揉成一团，扔在旁边。

我捡起来，把揉皱的纸张展开，那上面写着："你生日，我都记得。"我说："这张纸就像你们现在的父子关系，皱成一团，但是，重新舒展，还是一张完好的纸。父子一场，你们总是彼此最亲的人。你继续写吧，孩子会懂的。"他沉默了一会儿，开始接着写……

我知道，他的心门打开了。他知道要从一个新的角度认识儿子了。他不知道的是，儿子就在门口听着这次谈话，从此会懂得他严格的原由，也会感受到他不善表达的父爱。

这次沟通大体上达到了预期的效果，与其说是方法选对了，不如说是亲情赢了。或许，这世间的家庭难题大都抵不过一句血浓于水吧。

技巧点拨

1. 运用"望闻问切"法，望其表情，闻其心声，问其所难，与其交流切身体会，循序渐进，将有效的沟通渗透和内化于交流的过程，唤醒家长的教育意识，统一家庭成员的目标，改善代际相处状态。

2. 运用借物类比法，借助实物，加深理解。孩子正如纸，最先给他填写内容的是父母。早在孩子来到学校之前，纸上已经留下了家庭的烙印，有基本的色调（家教），有不同的厚度（积累）和不同的褶皱（经历），所以学校教育实际上是和家庭教育进行对接，教师要和家长共同在纸上写好教育文章。

3.运用换位思考法，激发同理共情之心。通过恰当的心理判断技巧，把冲突化为共鸣，把对立变成协作，让沟通呈现和谐的教育生态。教师要让家长明白：只要是成长，便难免失误。但是，没有误就没有悟！无论问题出现在哪里，溯因是急中之急，更正则是重中之重。

4.运用书信交流法，分别把学生和家长的诉求代入到彼此的认知中，教师作为有效沟通的参与者、见证者和引导者，这样的疏导功能恰如桥梁和管道，善疏则通，能导则安。

在家校携手的征途中，教师要通过有效沟通，与家长朋友们共享教育的星辰大海。

黑龙江省牡丹江市第二高级中学　孙奇峰

细语温言不推诿，匠心巧法书中寻

又是小吕！这个众人眼中的"实力派"，最近状况百出：课前三分钟忘记准备；背诵抽查没过关；今天课上被提问，结果无论怎样引导，只有沉默。到底怎么了？前几天刚刚结束的月考，他考得还不错，可现在这学习状态，明摆着是要一落千丈呀！既然从小吕这里找不到解决办法，那就只能找家长沟通了。

微信沟通贵真切，闪烁推诿不可取

在班级微信群里找到了小吕妈妈并说明情况：小吕上课状态不好，心不在焉的，问原因也不说。作为家长请留意一下。初三是关键时期，现在不陪伴，将来后悔也晚了。作为老师，已竭尽全力了。教育孩子，不全是老师的事，也是家长的事！没多久，小吕妈妈在群里回复说会盘问。原以为家长会全力配合，仔细查问。谁料想，当打电话找家长确认消息时，小吕妈妈却又絮絮叨叨地说，在家里，小吕不允许家长随便进他的卧室；那天小吕回家就很晚了，也没问。还说，自己每天不但要照顾两个孩子的吃喝拉撒，还要兼顾店里的生意，实在没有精力也没有时间过问。最后，她用似乎还带着一丝抱歉的口吻说，要我辛苦一下，抽时间和小吕聊聊。

我被气笑了，这家长真是擅长"四两拨千斤"，轻轻巧巧就把小吕这张"牌"又原封不动地推给了我。备课、上课、批改作业、开会……哪有时间与小吕细谈细商。眼看着小吕的学习劲头如即将燃尽的蜡烛渐渐暗淡下去，我心里惋惜又焦急。

我呆坐桌前反思，与小吕妈妈的第一次沟通为什么如此失败，问题恐怕就出在那条未经思索就发出去的信息上，颐指气使的态度，发号施令的姿态，最让家长不满的恐怕是我又有撂挑子之嫌的推诿和轻慢心理，于是决定改变方式，改变策略，另想办法。

他山之石可攻玉，关注细节巧入手

思前想后，我决定再次和小吕的家长沟通。这次沟通之前，私下里找到几个班委了解情况，在他们的叙述中才得知原来小吕早恋了。带着这个最新得到的消息，拨通了小吕妈妈的电话："小吕妈妈，我是语文老师蔺老师。小吕最近状态不好，据同学们说，他在找对象。""找对象？"电话那头，小吕妈妈的声音里满是不可思议，"不可能，我家孩子我了解，他不可能找对象，他和我保证过的。不可能。"她的语气十分坚定。"最近小吕在家里有没有不一样的地方，比如在说话方面、饭量方面、睡眠方面。还有他最近有没有在偷偷地写一些什么？"我又问。"好像……是比以前话少了，但这也不能说就是找对象了吧？这孩子以前一进门就开始说，最近是问一句才说一句。老师你说，这就是找对象了？也许还是学校留的作业太多，他心理压力太大，所以才不愿意多说话。"话里话外，她还是对我提供的消息将信将疑。"这样吧，要不你抽空问问他的同学。他们天天在一起，肯定彼此会说说心里话。"

放下电话，我便立即找到小吕的几个好朋友，恳切地告诉他们，小吕同学走了弯路，老师得把他拉回来，希望你们几个有智慧的孩子帮老师一把。真正的友谊是不能看着好朋友沉湎在情感中虚度美好光阴的。聪慧的同学看着我焦急而期望的眼神，心领神会。

几天后，班主任说小吕妈妈给小吕几个要好的同学都打了电话，同学把小吕的情况和盘托出，当得知小吕的确在找对象后，愤怒的家长竟然失去了理智，直接打电话给那位女同学的家长。在电话里，两位家长唇枪舌剑，互相指责对方没有管教好孩子，谈话不欢而散。"碰壁"后的小吕妈妈，这一次对孩子有了更清晰的认知，主动给我打电话。她说："老师，我问过了，小吕就是找对象了。你说，这可咋办？关键时候，他找对象！以前，他和我保证，唉！老师，你能帮我想想办法不？我这也没多少文化，你说这小子，真是不省心……"这一回，她的语气明显缓和了很多。

家长态度的转变，让"山重水复疑无路"的沟通有了"柳暗花明又一村"的转机。只要家长乐意配合，帮助小吕"重回巅峰"这事儿，就有希望。

借用书籍来助力，点石成金沐春风

想起李芳芳的成名作《十七岁不哭》，这本书中数学老师劝优秀学生杨宇凌不要早恋的那段话掏心掏肺，打动无数花季少男少女，进而修正偏离的航向。我将它工工整整地抄写在便利贴上，夹在了小吕的作业本里。

之后，又向办公室有经验的老教师请教如何帮助家长正确认识孩子的早恋，有老师就将樊登讲过的《解码青春期》一书推荐给我。我特意早起了两个早晨，将此书听了三四遍，还将可能用到的观点和内容做了详细的笔记。做完这些"沟通的功课"，随后，我又与小吕妈妈商讨帮助小吕的具体做法，并发了听书链接给她。

一天后，小吕妈妈打电话说书已经听完，只是不知道如何操作。我将书中比较实用的几点说给她听：一是给孩子一个机会，让他在没有压力的情境下和你谈他的恋爱观；二是一家人一块儿吃个饭，讨论一些规矩；三是找一个笔记本，在上面写下你想给孩子说的话，用笔记本沟通。小吕妈妈说不能提供"没有压力的情境"，还对"吃饭，讨论一些规矩"这个做法表示质疑，于是建议她采用第三种沟通方式，在日记本上写想问他的问题，也可以把想对他说的话写在里面。这期间，我又将《2016，请喜欢一个姑娘》的文章推荐给她，并告诉她，我可以借有这篇文章的书给她。小吕妈妈借走了书，主动开始补习"沟通功课"。

一周后，小吕妈妈打电话说，她将我推荐的那篇文章认真地读了好多遍，还把其中有帮助的话抄在笔记本上送给了小吕。小吕走后，她翻开笔记本，看到了小吕写的几句话，感动的同时也才明白，这一年给孩子的压力太大，关注太少。还说，今后自己也要多读书。

课上课下再留心观察小吕，他仿佛满血复活了，那种无精打采的神态不翼而飞。他的摘抄本上工工整整写着几行字：文章千古事，得失寸心知。几番细叮咛，定不负良师。这一回，沟通有了效果。

技巧点拨

与家长沟通，首先，措辞要温婉得体，不能让家长以为老师想推卸责任，更不能在言辞之间流露出放弃孩子的想法。

其次，当教师与家长在语言沟通中出现障碍时，教师可以借助外力，巧用支援，比如可以发动同学的力量，可能会有让人惊喜的效果。

最后，以书为桥，借助书籍智慧，打通家校沟通"关节"。书籍的选择，文章的推荐，教师一定要仔细筛选，要让书籍中的技巧、智慧与家长的处境彼此印证，切切实实帮助家长排忧解难。

内蒙古自治区鄂尔多斯市准格尔旗第九中学　蔺丽燕

正视问题巧妙施策，树立榜样静待花开

华同学是我们七（4）班的一名男生，上课总睡觉，一副小混混的模样，这是他给我的第一印象。

没有调查就没有发言权，我先找与他同村的刘同学了解情况。真是大开眼界，刘同学说："他爸是村长，在村子里耀武扬威，动不动就骂人，他爸来学校就骂老师。他有时候敲诈同学钱，上网打游戏，从来不打扫卫生。"

了解了家长，华同学的所作所为，我能理解了。他有今天，有家长的"功劳"呀！

虽然这样的家长自以为是，很社会，甚至有些愚蠢，但为了学生，我决定见见他。

独上高楼，望尽天涯路

有隔阂是因为缺乏交流和沟通，我要填平家校之间的鸿沟。担心家长有顾虑，我先让华同学给父母捎话，来学校一趟，说要请他帮个忙。连续等了两周，没有见到家长，我选择主动出击。家长抵触情绪很强，连续3次拒接我的电话。最后我发了一条信息："家长好！我是华同学的班主任，想和你一起分享孩子的进步，还想请你帮个忙，衷心感谢！"第二天，我发了同样的短信，很久后，家长回了一个字："嗯。"我欣喜万分，赶紧拨通了他的电话，华爸爸接了电话，显得很不耐烦。最终，我们商定好了到校的时间和地点：早晨10点左右在学校心理咨询室见，不容易撞见学生，且环境温馨、安静。

第二天，我早到，还特意在桌子上摆了两束花。10点20分左右家长到了，他一脸的杀气腾腾，生气地说："这娃就这样子，在学校你们就要管。动不动打电话，又怎么了？"

"这个娃优点很多，课堂上从不捣乱，没有迟到过。请你帮个忙，他有班干部范儿，你鼓励他担任我班的班长，行吗？"听我娓娓道来，家长一下子懵了，他用怀疑的口吻问我："他还能有优点？生怕你们赶他回家！"

我微笑着说："人无完人，金无足赤。我从不包庇孩子的缺点，也不忽视孩子的优点。我们不能揪住孩子的缺点不放，要学会换位思考。"

听我这么一讲，趾高气扬的华爸爸变得局促不安，不停地搓着双手，自言自语地说："小学六年，我没少和老师吵架。今天我都想好了，带他回去打工。"

华爸爸慢慢放松下来，我告诉他："我选孩子当班长是因为许多学生有点怕他，能管好班级纪律。但真正的管理应该是以理服人，他很有个性，我想让他变得更好。"

"哎！我是村长，事情多，她妈管不了。孩子动不动就骂他妈。我脾气不好，所以就骂一通或者打一顿了事，他不太和我说话。"

家长说出了自己的缺点，我开诚布公地说："打骂解决不了问题，教育孩子就像牵着蜗牛散步，需要父母细腻的呵护。我们家长要做好榜样，正面引导，《牵一只蜗牛去散步》这本书送给你。家庭教育母亲不能缺席，她的细心和耐心，会让孩子变得温和。我与科任老师及时沟通，帮孩子慢慢学会尊重老师，团结同学，鼓励他课堂上多发言。"家长的脸上浮现出了难得的笑容，说回家一定和孩子好好谈谈。

初战告捷，我和家长的距离缩小了，华爸爸给我发了几条感谢的短信。华同学有进步了，偶尔帮小个子同学擦黑板了。

为伊消得人憔悴

万事开头难，看到了家长与孩子的进步，我必须趁热打铁，引领他一步步走向美好。

有一次，我看到他座位旁边有一团废纸，就悄悄对他说："这不是你扔的吧！赶快捡起来。"他脸色通红，低着头快速捡起了纸团。课后，我告诉他："纸团是你扔的吧，我替你保密。但你要担任劳动班长，保证卫生质量，争取多得先进红旗。你爸爸说要和你一起努力，你愿意吗？"他将信将疑地看着我。

第二天，我宣布了由华同学担任劳动班长。这一周，班上果真得了"卫生先进"称号。按照惯例，下周星期一会颁发先进红旗，我趁机邀请华爸爸来学校。当华同学站在国旗下向老师鞠躬时，华爸爸笑得很灿烂。

华爸爸反复说："老师，孩子能有今天，谢谢你。都夸娃娃像变了个人似的。我最近工作都舒心了。"我说："父母是孩子的第一任老师，你榜样作用发挥得好呀！他的行为习惯在逐渐好转，我们就要关心他的学习。目标先定低一点，这一次争取考 50 分，下一次及格。"

华同学对他的职务珍惜有加，每一个课间都要去清洁区检查一次，有纸屑等垃圾自己清理，再不会指手画脚去命令其他同学干。

时代在变，我们唯有不断学习，才能胜任教师工作。于是，我读了《给孩子最好的家庭教育》《傅雷家书》《第 56 号教室的奇迹》，同时也送给华爸爸两本书，我们约定一起阅读，鼓励他做优秀的家长。

看到华同学一点点在进步，家长也越来越好，过程虽然艰难，但我心里暖暖的。

那人却在灯火阑珊处

持之以恒，方能成功。第八周我安排了家长会，每一位学生给最亲的人写一封信，说说自己的心里话，家长也要写回信。我偷偷寄给华同学一张纸条："你要给你的爸爸写一封信，他已经写好回信了，还跟我说你在家表现很好。我们应该学会感恩。"

家长会如期举行，我确定了三名班干部读自己的书信。同时，播放了家庭教育专家邹越老师的教育视频《让世界充满爱》，看得所有学生泪流满面。

华同学毛遂自荐要读信，他一边抹眼泪，一边读，华爸爸更是泪眼婆娑，跑到讲台上和孩子紧紧拥抱。看到这一幕，我百感交集，和家长的交流总算成功了。

后来，华爸爸来学校和我商量想让孩子去参军，希望他有更好的前途。看着面前的华同学，我万般不舍，回想着他成长的点点滴滴，五味杂陈。

现在，孩子参军六年了，每年他都来看望我，看着他身着军装，我开心不已。每逢节假日我都会收到家长的祝福信息。

榜样的力量是无穷的，孩子的行为和语言，都是家长的缩影，让孩子有一个良好的习惯，家长首先要做到"言传身教，身体力行"。每一个孩子都是一棵树，生长中难免有旁逸斜出，老师和家长要通力合作，及时修剪和扶正，让他长成参天大树。看到家长舒心的笑容，孩子的点滴进步，我们感到很骄傲。

技巧点拨

1. 在发现学生问题时，教师应第一时间主动与家长沟通，见面交流或电话联系，掌握最真实的信息是关键。

2. 与家长的交流必须建立在平等的基础上，语言平和，以理服人是非常必要的，以此拉近与家长之间的心理距离，建立彼此之间的信任。

3. 苏霍姆林斯基说过，没有父母的光辉榜样，一切关于儿童进行自我教育的谈话都将变成空谈。通过家访、家长座谈会等活动为家长们补上家庭教育、榜样的力量等课程，家校携手，共育未来。

教师一肩挑着学生的现在，一肩挑着国家的未来。引领家长正视问题，及时沟通，修正不足，树立榜样，做学生的良师益友，教育的百花园一定四季如春，欣欣向荣！

陕西省宝鸡市岐山县教学研究室　朱晓娟

如何与同事有效沟通

尊重和倾听助力高效沟通

人生到处知何似，应似飞鸿踏雪泥。时光匆匆，回首的瞬间发现自己已经毕业五年了，从原单位辞职回到老家教书也已满三年，影影绰绰间，我看到一个年少轻狂、单纯幼稚的女孩儿在教育这条道路上走得跌跌撞撞又锲而不舍。而如今，那些自认为深刻的烙印已被时光渐渐抚平，一切云淡风轻。

年少轻狂惹啼笑

刚毕业时，我觉得我是一个单纯又浪漫的人，但俗话说"社会能教会你怎么做人"，职场也一样。适应职场是个接受淬炼的过程，在这个过程中，我们年轻人首先要学会的，就是与同事沟通，如何和同事打交道而不至火光四起呢？我的性格简单又直接，自然而然地，一开始，会撞得头破血流。

那是我接手的第一个棘手的班级，我教语文，班里学生总成绩在同层次班级中遥遥领先，可语文成绩却是倒数，这很是让我吃了一惊，我大为奇怪，怎么会有这种极端化的现象呢？当我看到其他科任老师都很有教学经验且实力强劲，每天还争着抢课，我顿时六神无主，压力倍增。但我不能坐以待毙，在和同学们熟悉了一段时间之后，我发起了一项调查，就是让同学们分析班里语文成绩差的原因，写在纸上交给我，我想对症下药解决这个问题。很快，同学们都交上来了，原因也比较一致，具体就是班主任重视理科学习，认为语文不需要课下学，自习课学习语文的学生会受到他的批评。要解决这个问题，我觉得比较难办，于是我就把调查的数据拿给了同组一个主任，想让他帮我出出主意。由此，就埋下了爆发冲突的导火索。

见到他后，我带着怨气把情况很直接地挑明了，他眉头一皱，有些不悦，那摞纸片他一眼没看，第一句话就否定了我去调查情况这件事，认为我不应该把学生往这方面引导，然后让我自己想别的办法提高成绩。我一无所获地回来了，可以说是满怀期待而去，闷闷不乐而归。正好那天老师们教研时又说到成绩，我长叹一口气，吐露了我的难处："真是好大的压力啊，怎么会让我一个小白去教这样的班呢？"有的老师就开玩笑地说："不如让主任去教吧！"在大家的一片哄笑声中，我更加郁闷，内心似在无声地哀嚎。不想主任此时乐呵呵地接了一句："还别说，我教不一定差。"正愁眉苦脸的我听到这句话，这些天的忍耐顿时土崩瓦解，暴脾气噌噌地就出来了："你行那你教吧！我不干了！"说完我扭头就走了。

这件事过后，我静下心来给自己定了目标，最终，学期末，班级语文成绩考了正数第一。但是对于那次的冲突，我还是耿耿于怀。我和主任之间激烈的沟通方式让彼此之间有了深深的隔阂，终是两败俱伤，芥蒂丛生。经此一事，再和同事沟通时，我学会了尊重和倾听。

虚心求教促提高

"异乡安置不了灵魂，从此有了归乡，有了故乡。"身在异乡的我，总是被思念缠绕，更不知灵魂飘到了哪里，所以后来我辞职考回了老家。

回到家乡后，我内心无比踏实，在教学上也更加纯粹，而我也时刻记着以前的教训，提醒自己遇到事情千万不要再冲动，要好好地和同事们沟通。高二下学期分班后，我碰到了一个大难题，接手的这个班还是总成绩高、语文成绩低，但还有一个致命的弱点，就是语文基础差，这无疑是雪上加霜。我努力了半学期但总觉得自己不得要领，方向不对。很遗憾，最终我也没能解决问题。这个困惑一直萦绕在我心头，直到刘老师接手这个班后成绩突飞猛进。这个转变让我打心眼儿里佩服。于是我选择了一个阳光温暖的午后，以欣赏和求教的姿态开启了我们的沟通。

"刘老师，您看这个班您接手后，语文成绩进步飞速，一下子实现了大翻身，您平时是怎么教的呀？这也太厉害了！"我一脸的崇拜，难掩兴奋之情。

刘老师谦虚地微微一笑："我也没做什么，比如这道补写句子题吧，我是一步步地引导让他们重新写的，要注意语言风格、修辞等小细节，你要让他们知其所以然。"刘老师寥寥几句，我仿佛醍醐灌顶。后来我观察到她在检查学生诗文背诵时也会适时给学生耐心地讲解每个字每句话的具体意思。针对这个班基础差的问题，刘老师的解决办法是把最简单的问题细致且耐心地讲透彻，切合学生实际，补上短板。我以前认为没必要讲的知识点此时变成了学生们进步的台阶，这让我赞叹不已。于是我领悟到，有时候教学上的成功不在于把难题讲得多么精彩，而在于你有多少耐心去把简单的题细化、讲明白。

真心诚意克难关

人生中的第一个高三滚滚烫烫地奔我而来，而高三，也是学生们命运的分水岭。为了能考上本科院校，班里一些学生选择了学习文管，53人的班级只剩34人，教室里顿时空荡不少，可不承想随着文管学生的离开，上课的氛围也发生了急骤改变，本来活跃的课堂现在一片寂静，没有人起来回答问题了。无论我怎么引导，同学们通通低下头，好像已经作好了不起身的准备。尴尬、难堪不可避免，几次三番，我着实坐不住了，切身感受到自己经验少的窘迫。于是我选择了去和班主任李老师沟通，用心倾听他的意见。

见到李老师，我很客气地说明我的来意，李老师说他也感觉出了这个变化，商讨一番后，他从他的经验出发，很坦诚地给我提了两个建议：一是先直接提问或者提前确定好负责讲解的同学，他们只是缺少站起来的勇气；二是用多种方式去调动学生的热情，让课堂热闹起来，比如课下多和学生交流，进一步拉近师生关系。李老师的一番话让我看到了希望，最后我对李老师倾囊相授的这份诚意表达了真心的感谢。回去后马上着手交替实施，渐渐地，回答问题的学生越来越多。

热血的青春终会散场，走过的泥泞总会雨过天晴。在沟通这条道路上，愿我们变得谦逊有涵养，变得理智且从容，如此，我们脚下的路才会走得越来越坚实。

学会与同事沟通是一门智慧，前提是要学会尊重，耐心倾听对方的意见，不能不考虑对方感受，鲁莽行事，对于刚进入职场的小白，懂得并真正践行好这一点至关重要，这不是委曲求全，更不是世故，而是做人的智慧。在这个过程中，我们慢慢学会了如何与人打交道。这份成熟，来之不易。沟通过程中要注意一些技巧的运用。

1.要明确目的。沟通的目的主要是为了解决教学难题，所以在态度上基本礼貌要有，但不要刻意去套近乎或讨好上级，这种攀附心理要不得。

2.语言表达要冷静，注意措词，要敢于表达、积极表达，但要注意分寸，不要给人不适感，给人留下不好的印象。

3.学会自我反思和肯定别人是良好沟通的开始。要学着面对和克服自身可能存在的嫉妒、自负、自卑等不良心理，不要全盘否定别人，更要学会打开心扉，坦诚交流。

4.沟通要有选择性，不要做无用功，要有坚守，有信仰，有更高的精神追求，陷于生活的鸡毛蒜皮只会让人越来越平庸。

山东省平原县第一中学　沈旋

正视委屈，养大格局

1997 年，刚从师范学院毕业的我，进入了承德农村的一个初级中学任教。那个时候，农村学校的教学条件都特别艰苦，教室在平房，冬天要靠生炉子取暖。当时初一办公室里只有我一个人在学校里住宿，所以每天到办公室，我都是先生好炉子，打扫卫生，并且顺带着给同事们冲好茶，然后开始备课、判作业，但偶尔也要一点小聪明，对于工作不是特别用心。

有一个清晨，我照常早早起床来到办公室。正在这时，我的课代表宋大娟来办公室给我送作业，冬天的早晨，乡下的孩子都要早早起床去学校，那一天，背着书包，披一身霜花，抱着作业到办公室的宋大娟，冻得哆哆嗦嗦。我拉着她冻僵的小手，带她到炉火边烤火，让她暖一会儿身子再出去。暖洋洋的炉火很快就让大娟的小脸蛋变得红扑扑的，她从书包里取出了早饭，就着炉火吃了起来。不一会儿，大娟带的干菜包的气味就弥漫开来了。就在这时，我们组长走了进来，她看到我的课代表在炉边取暖、吃饭，立刻大声地呵斥起来："你怎么跑到办公室来烤火、吃饭了？出去！"小女孩被突如其来的呵斥吓傻了，她嗫嚅了半天，终于说："是丁老师让的。"然后孩子满含着眼泪低着头出去了。组长正在气头上，我知道如果此时申辩，她也未必搭理我，所以我只能任由她发火。"别以为你生了几天炉子，这办公室就是你家的，办公室是老师们办公的地方，以后你要注意！工作是靠实力说话的，没有能力，干再多的杂活也没用。还有以后不要总动我的茶杯，我喜欢自己泡的茶！"她就像连珠炮一样对着我火力全开，临了，她拿着教案出去了，留下了目瞪口呆的我。

那一刻，我真想大哭一场，也特别想跟她打一架就一走了之，但想到自己刚刚入职就打架，又觉得有点不妥。我无精打采地走回自己的座位，一边开始一天的工作，一边在想如何解决此刻的尴尬。课间的时候，组长回来了，我硬着头皮过去跟她打了招呼，但她根本没有给我好脸色。其实我刚入职时，就有同事告诉我，组长是我所在单位的业务尖子，据说刚毕业不久就拿到了省里的优质课一等奖，而且脾气比较冲，她急眼时很少能听别人的意见，据说，她生气时，校长也要让着她。显然，如果我此刻跟她沟通一定不会有什么效果。

晚上回宿舍，躺在床上，我开始反思自己究竟哪里出了问题，同时也在思考怎样做才能让组长和我的关系有所缓和。思来想去，我觉得自己身上还是有些问题：第一，办公室是大家办公的地方，我把学生留在办公室烤火、吃饭，是否合适？第二，每个人的生活习惯不同，我是否尊重了别人的习惯？第三，我的勤快是不是会让办公室的同事感觉到了不舒服？第四，我怎样做才能真正赢得同事们对我的认可？当我明白我需要解决上述四个问题之后，我就知道了应该跟我的同事沟通什么了。另外，根据我对组长的了解，我发现她特别喜欢读书、写文章，当面不能沟通，我是不是可以用写信的方式呢？

第二天早晨，我依然早早地来到办公室，生炉子，打扫卫生，并且很真诚地给我的组长写了一封信。在信中，我先诚恳地承认了自己的错误，并且详细地解释了当天把孩子留在办公室取暖的原因。同时，我也特别说明了我在办公室做值日的目的不是为了讨好谁，而是觉得大家平时都对我帮助很大，我在学校住宿，为大家做点力所能及的事也是举手之劳。在信中我也表达了一定认真钻研业务，靠实力去争取大家认可的想法，最后我也真诚地表达了对组长的感激，因为对一个职场小白来说，有人提醒你业务上需要精进，也是特别值得感激的。

那封信送出去之后，组长和我的关系缓和了起来，有时候不忙的时候，她还会指导我如何上课，如何写教学论文，但她从来没有当面表扬过我。那个冬天，我为宋大娟买了一副手套和一条围巾。我依然每天早来晚走，友善地对待我身边的每一个人。也把为办公室生炉子的工作延续到了期末结束。但在接下来的那段时间，我也把更多精力投入到了教学能力的提高上。期末测评的时候，我的成绩在新入职的教师中是最好的。在年底学校召开的"青蓝工程"结对表彰大会上，我的组长作为老教师代表讲话，她突然说："今天，我要对我们组的丽洁提出表扬：她真诚，实干，有爱心，不做作，更重要的是，她吞得下委屈，有很大格局；又特别善于沟通，也能及时作出反思，这个年轻老师身上有很多宝贵的东西值得我学习……"那一刻，我喜极而泣，我突然明白，组长没有给我回应的原因，因为她需要看到我的改变，而不是口头上的敷衍。

初入职场，如果因为委屈而一直生气抱怨，那才是最愚蠢的行为。因为生气是负情绪，既影响心情，又伤害身体。所以，与其生气，不如设法沟通，改变现状，走出困境，能容大物是大器，能忍大气是大度。懂忍之人，就能咽下委屈，"喂"大格局！

技巧点拨

学会与同事沟通是一门艺术，对于职场小白来说，常常遇到的问题就是，遇到一点委屈，就开始遭遇挫折，放大苦痛。在这种情况下，与同事沟通，最好注意以下几个方面。

1.选择适合对方的方式进行沟通，否则会适得其反。

2.反思自身出现的问题，如果真是自己的原因，一定要努力去改正。

3.沟通时要真诚，不要虚与委蛇，因为职场的老前辈们最容易看出你的小把戏。

4.浑身充满正能量，积极地去面对职场中的小挫败，找到解决问题的好方法。

5.坚信：咽得下委屈，才能养大你的人生格局。你遇见的每个人都是来给你上课的，要尊重这些老师！

河北省平泉市第一中学　丁丽洁

用温暖与热情打开沟通的大门

金黄色的向阳花总能引起我无限的联想。它像一张笑脸，温暖着人们疲惫而憔悴的身心。虽然也有凄风苦雨，虽然难免雷电风霜，但它始终追随着太阳的脚步，给人以温暖和力量。

我想，在和同事的沟通中，我愿做一朵向阳花，让人有亲切、温暖之感，携手迎接每一轮朝阳，用温暖与热情打开沟通的大门。

真诚赞美，有效沟通

小 A 是个积极上进的年轻老师，教学能力不错，责任心也很强。不过，她的工作经验还比较欠缺，难免遇到一些挫折和打击。这几天，她愁眉苦脸，觉得自己的教学工作没什么起色，班主任工作也困难重重，思想压力很大。

W 老师是个热心的同事，她看出了小 A 的心事，很想帮助她，却一直也不知道如何入手。这一天，小 A 怯怯地发问："我是不是特别差劲儿啊？"W 老师十分肯定地说："才不是呢，你真的是一名特别优秀的教师。"小 A 觉得对方不过是宽慰自己罢了，就缓缓地说："何以见得呢？"

W 老师真诚地看着小 A，缓慢却认真地说："我看你的教案写得那么认真，读书也很有心得，跟班也很勤，踏实、勤恳，你现在的问题只是经验不足，只要虚心求教，坚持努力，大家一定会真心帮助你，未来你也一定会成为一名特别优秀的教师。"

小 A 从这信任的眼神和温暖的言语中获得了无限的力量与感动，顿时觉得自己又有了无穷的信心和勇气。她认真地点点头，脸上又有了让人开心和温暖的笑容。

控制情绪，心平气和

高三生活永远是忙碌的。这一天，大家都在忙着数卷子，因为数量太多，时间又太紧，一会儿还要监考、批卷，似乎都有一些说不出的急躁。小B怕数错了卷子，就一张一张地数起来。

小C看在眼里，非常着急，嘟嘟囔囔地埋怨小B不会干活。小B心里觉得委屈，就解释道："我只是不想出错嘛。"小D也觉得小B干活太慢，忍不住加入了争论。就这样，一时间，你一言，我一语，弄得大家都很不愉快。

Z老师看出了大家情绪上的问题，连忙安慰大家说："天很热，任务又重，大家都不容易。大家都是想把任务完成好，虽然方法不同，但都很认真细致。"简单而又平和的几句话，瞬间化解了大家言语间的干戈，大家又都默默地投入数卷子的工作中了。

原来，心平气和是一剂沟通的良药，悄悄抚平了大家焦躁的情绪。

换位思考，将心比心

E老师和F老师在办公室坐对桌。两个人都是非常优秀、有责任感、有能力的老师，不过她们的性格迥然相异。一个热情开朗、大方外向，性格像一团火；一个温婉内敛、少言寡语，常常埋头不语。她们刚到一个办公室的时候，互相都觉得难以沟通。

不过虽然在言语上两人很少交流，但是一旦出现工作上的困难，诸如班级管理、教育学生等，她们却总能彼此帮衬，并且默契十足。原来，两个人通过一段时间的磨合，都懂得了同事之间要换位思考，将心比心。虽然性格各异，工作方式方法也不尽相同，但不妨碍她们成为真正的好伙伴。

调整心态，不断学习

G 老师原本是个开朗活泼的年轻教师，有朝气、有活力，在工作中干劲儿很足。不过她为人简单直率，不谙世事，又遭遇了一段非常不幸的婚姻，现在独自带着年幼的孩子在外乡生活，身体状况也大不如前，这让同事们看在眼里，急在心上。G 老师自己又何尝不是心急如焚呢？她感到茫然、疲惫而又无助。

这个时候，H 老师来到她的身边，耐心地开导她："与其徒然地迷茫和困惑，不如好好锻炼身体，调整心态。每个人的一生都有需要迈的坎儿，每个人看似幸福平静的生活背后都有不为人知的苦。我想你应该感谢这段痛苦的岁月，经由它，你的心灵才能真正成长。"

G 老师从心里感谢 H 老师这番真诚的教诲。从那以后，她开始沉下心来阅读古代文化经典，学习心理学和心灵成长的相关知识，一段时间之后终于走出了心灵的阴霾，重新走向幸福美好的人生。

以上这些故事是我的亲身经历，回首望去，依然有温暖、伤心、无助、感动、幸福等复杂的情感。曾经哭过、曾经笑过、曾经努力过、曾经被误解过……虽经雨雪风霜，虽经苦难阴霾，在与同事的沟通与交流中，我仍愿做一朵向阳花，始终追随着太阳的脚步，全身心地投入到火热的教学工作与生活中，用温暖与热情打开沟通的大门。

技巧点拨

同事是我们工作中接触最多、相处时间最长的人。可惜很多时候，我们都在自顾自地忙碌着，忽略了身边人的感受。真正会工作、享受工作的人，也一定很享受与同事的相处，用简单、安静、平和的心态对待生命中的每一个人。

1.真诚赞美，有效沟通。我相信，每一位教师都是教育的百花园中最美丽、最独特的一朵。相互欣赏、真诚赞美，不仅可以让我们发现别人身上的优点，更是实现相互理解、有效沟通的基础和前提。

2.控制情绪，心平气和。工作忙的时候，遇到烦心事的时候，更要控制好自己的情绪。保持平和的心态，心平气和地交流，往往更容易收到良好的效果。

3.换位思考，将心比心。同理心永远是解决沟通问题的最有效方法。我们本能地感受自己的喜怒哀乐，却不一定对别人的处境感同身受。设身处地地为别人着想，是与同事有效沟通的更高境界。

4.调整心态，不断学习。学习一点心理学的知识，可以帮助我们更好地认识自己、调整自己对身边人和事的态度，感受不一样的人生风景，进而实现更好的人际沟通，你若盛开，清风自来。

内蒙古自治区赤峰市宁城县高级中学　孔德静

巧借他力善沟通

朱永新老师在《我的教育理想》中指出，理想的教师，应该是一个善于合作、尊重同事、尊重领导、善于调动帮助他成长的各方面因素的教师。学校开展的"青蓝工程"往往成为学校教育传承的关键。醉心在教书时光里的教师，有时会困扰于与同事的相处，甚至是搭档的亲密伙伴间的沟通。作为一名老资历的教师，新学期，我成为刚考进城的年轻的马老师的"师父"，她教数学兼任班主任，我教语文，兼指导班级管理。

一个周末的早晨，我接到了一位家长的电话。

"李老师好！有一件事我想和您谈谈，您有时间吗？"

"好的，请问什么事呢？"

"打扰了，有些话我一直想和您说说，女儿回来告诉我，说班主任过于严厉，还把她阅读课上要分享的一本课外书没收了，说再也不允许带课外书到学校。其实我特别能理解她的做法，但是孩子学习积极性受到影响，听说班上好多孩子都有这样的感觉。"

"我们班的班主任年轻，有干劲，她的严厉肯定是为了学生好。这一点您放心！"

"本来我是要来学校和班主任说这件事的，但是上次——，我看班主任太忙了。"

"谢谢家长理解，我会和班主任做好沟通的。请放心！"

刚接完电话，手机上又收到了这位家长的短信："谢谢老师，孩子说的情况一直像一块石头一样压在我心里，和您说了感觉好多了。其实，我真的没有其他意思，老师也很年轻，只希望能和孩子们共同成长。"

其实，上周这位妈妈来过学校办公室了。那天，我下课了，看到她站在班主任身边，像一个学生，正和批改着作业的班主任谈着什么。我轻轻搬来一把椅子，邀她坐下。班主任也意识到了什么，赶紧给她倒了一杯水。

现在怎么办呢？该和"徒弟"如何沟通，来消除师生之间的误会呢？或许，巧借他力，采取"迂回而行"的策略，比直接面对面沟通效果要好吧。

趁课间，我分别找到班长、课代表等一些同学，在交谈中得知，同学们非常喜欢这个班主任，她年轻靓丽，但总不爱笑，课堂上总是板着脸，对学生要求特别严格，学生对她是敬而远之；而来电话的家长的女儿这段时间上课有点小状态，几次课堂回答问题都没有答对，老师严厉批评了她，课下还没收了阅读课上她准备分享的小说《哈利·波特》，还要求班级所有同学不允许带小说到学校，不能把太多时间用在看课外书上。

心病还须心药医，于是，我又找到那位女同学，和她谈心，帮她出点子，建议她自己用一个比较合适的方式和班主任沟通交流，表明自己的态度。

而我呢，则在空闲时间，和坐在我对面的班主任谈心："小马老师，年轻真好啊，你看你笑起来真好看！我听班级同学说，大家最喜欢看到你笑呢，以后要多笑一笑！"

"谢谢师父，可我不能在学生面前笑啊，你看我教书没几年，又刚刚从农村考进城，要是对学生不严，我就管不住他们的啊！"马老师面露愁容地说道。

原来如此，不是班主任她不想温柔，而是现实难以面对。此时，仔细叩问我的心底，到底对他人了解几许？

"是啊，在班级管理上我们对学生是要严格要求，我以前当班主任也是这样，丝毫不敢马虎。不过，后来我认识了一名特别优秀的班主任李镇西老师，跟着他学了好几招治班方法，感觉轻松很多了。你看，这是我上一届'幸福三班'的大合影，照片背后是我们班级的口号：让别人因我的存在而感到幸福。"

"师父，学生和你在一起，笑得多开心啊！"

"你肯定也可以这样，一定会做得比我好。这样，明天我把李镇西老师写的《做最好的班主任》这本书带给你看，你看看有没有什么地方值得你学习借鉴的，好吗？"

"好的，谢谢您！"

年轻人最大的优点是学习能力强，蕙质兰心的小马老师渐渐变得温柔了。你看，办公桌上常放有《班主任之友》等杂志及《做最好的老师》《我的教育理想》等书，办公桌旁还多放了一个凳子，喊来谈心的学生也不再是瑟缩的模样，主动来和班主任交流的家长也多了。我也得知那位女同学后来是写了一封信给班主任，信的内容不知是什么，但是看她和班主任交谈时，脸上的笑容是那么美丽、真诚，我知道，一切的烦恼都在彼此交流沟通中烟消云散了。

"小马老师，班级要举行一次关于'读课外书的利弊观'的辩论会，同学们都想邀请你做评委，好吗？"学生主持的这次辩论会，我向马老师发出了邀请。

辩论赛上，选手唇枪舌剑，听众听得是津津有味。活动小结时，班主任回忆起自己上学时的读书经历，师生的心靠得越来越近了，她的讲话为此次赛事起到画龙点睛之效。

"师父，这几天我正在读《爱心与教育》，我要当一名幸福的班主任！"

"你一定行！因为离开了情感，一切教育都无从谈起；有了爱心，就有了真正的教育。"

"李老师，谢谢您！女儿说现在越来越喜欢班主任，她们约定一起成长呢！"当再次收到那位家长的信息时，我明白，当教师与教师、教师与学生、教师与家长步调一致时，形成的教育合力所带来的影响是无法估量的。

技巧点拨

每一只青蛙都有做蝌蚪的时候，每一个红苹果都有青涩的时候。新教师，充满活力和激情，老教师，教育经验丰富，能帮年轻人少走弯路，对他们多一些宽容、多一些期待，帮他们做出更多的成绩，该是多么美好的事！

而此时，新老教师间的有效交流则显得尤为重要，沟通妙招归纳如下：

1. 尊重他人，理解指导。新老教师有时会存在一些观念的不一致，这是很正常的事，但遇到一些事时，更多的是尊重，尊重他的选择，更多地要了解选择的背后，在理解信任的基础上，给年轻人具体的指导建议。

2. 善借他力，妙传心意。在交流中如果不便正面沟通，那就借助他人的力量，尤其是借助优秀的榜样人物的例子，给予年轻同事一些切实可行的参考意见，而大量阅读能解决问题，往往也能寻得打开问题大门的密匙。

3. 创设他境，设身处地。可以是以书信创设文字交流情境，也可以通过开展一些主题活动，巧设活动情境来增加体验实效，还可以通过开展辩论、演讲等赛事来传达思想，进行碰撞交流……当彼此都能设身处地地思考沟通，做到"己所不欲，勿施于人"时，任何矛盾都迎刃而解了。

安徽省宁国市宁阳学校　李萍

现身说法巧沟通，维护自尊来助攻

闲云潭影日悠悠，物换星移几度秋。那些从教路上让我们记忆深刻的人和事，有的给我们刺痛，有的令我们温暖，但不论如何，他们就像光影，曾无数次掠过我们的心头，又上眉头。只要我们驻足，就会在凝望的眸光里采撷生活给予的智慧和希望。

沟通的前提：营造轻松、信任的氛围

"李姐，气死我了！那个刺儿头竟然在我上课的时候毫无预兆地跳出座位骂我！可我昨天下午才跟他妈妈谈过，他也写过保证书了！"

透凉的秋风穿过我的发线送来远处丁香特有的恬淡，令人倍感惬意，脑海里忽然升腾起"天凉好个秋"的感慨。但快速斟酌后，从我嘴里飘出又流进她耳朵的却是这样的话："来，坐下歇一会儿。刚冲好的雀巢金牌，味道很不错。"

我的微笑和咖啡特有的醇香氤氲着，小张坐下来，手握咖啡杯，不再胡乱扇动。

是的，此刻，我们需要冷静！也需要空间！幸好，那段时间我因为负责开发学校的校本课程而临时借用了一间小小美术室，而她作为我的徒弟，为了方便工作，自然有理由把办公桌正好摆放在我对面，否则我还真的需要另辟教室以交谈——毕竟家丑不可外扬，保护自尊心是常识啊！

我知道我们即将开启一场坦诚的交流。可事实上，我对指出年轻教师在教学或教育方面存在的不足这类事其实是很有顾忌的：毕竟没有人愿意让别人指摘自己的工作失误，哪怕是前辈，哪怕是取经式洗耳恭听的特殊情境。

沟通的遗憾：选择直言相劝的真诚

我亲历过这样的尴尬和不愉快：

那还是我最初登讲台新为师的第二年，也是一个秋日的午后。有一个和我一同入职的同事练习讲析一篇文言文，特意找了几位要好的老师帮她"把关"，这期间她很明显地把一个"之"字的用法讲错了，因为担心她在正式讲授的时候也讲错，我下课热心地把她叫到走廊，善意提醒。当时的情景我记得极为清楚：就在我陈述事实的瞬间，她的脸涨得通红，支吾着说她也是跟我一样的想法，只不过有个成绩好的学生拿着参考书跟她争辩，她就相信了参考书的结论……天哪，那一刻我清晰地意识到自己的愚蠢，其他老师就没有发现她的错误吗？怎么就我一个人如此"知无不言"？事后，我们的关系不冷不热，直到她结婚随军调转工作到另一个城市，我们都没有过真心的交流，更何谈尽释前嫌？

沟通的关键：巧用现身说法，关照对方自尊

带着曾经沟通失败的教训，我开启了"现身说法，自曝不足"式的沟通方式。

"好吧，那个刺儿头，他让你很头疼。从开学到现在，没有一天让你省心过。"

"是啊！我能用的方法都用了：谈心，鼓励，包容，写信，找家长。"她苦水满腹，声调激动又高亢。

"是的，如此油盐不进，你不得不找家长，否则更不知道他还会惹出什么乱子。"我的理解、赞同，让她感受到真诚、安全。

"的确，李老师，我都黔驴技穷了。不过找了家长也没有什么效果。这不……"

她袒露自己的无奈，叹息中声调平复了许多。

"他是你们班第一个被找家长的孩子，就在昨天吧，全班学生都看到

了。"我继续帮她陈述事实，尤其是被她忽略的事实。

"我这也是不得已，谁让他那么过分，没有一科老师没被他找过麻烦。我几乎开学以来一直在为他处理各种问题。"她在吐露自己的委屈，声音越发低落，就像她的神情。

"其实，我也遇见过这样冥顽不灵、故意捣乱、让我头疼的学生。"我要开始现身说法了。

"是吗？那你是怎么处理的？快说说，李老师！"她充满期待，声调跟随目光一起跃动，就在我的脸上追寻、搜索。

"我当时没有与他针锋相对，只是让他坐下，说我要继续讲课，下课再找他。"

"哦，可是我太生气了，当时就喊来班长去找政教处主任把他带走了……"她后知后觉地嘀咕着。我装作没听见，或者不想被打断的样子，忽略她的尴尬，继续沉浸在自己的叙述里。因为有些事实已经发生了，不能弥补和改变，就不用纠结了，更不用再次指明，让人难堪。只要当事人以后不再犯同样的错就好。这也是无形地维护尊严的方式。有些事实，看破不说破，效果会更好。

"其实下课了，我也没有马上找他，因为我还没想好怎么处理，万一处理不当，我就错失良机了。于是，在下课的时候我借口有课就走了，但是告诉他我下课回来就会找他。"我用自己的冷处理暗示小张她的冲动是不对的。

"我要是不那么冲动……你怎么能那么冷静呢，李老师？"看，我的现身说法让小张老师信服并开始自我懊悔冲动的错误了。在此基础之上，我还激发了她继续探究处理问题的根本原则。

"因为我知道冲动是魔鬼啊！咱们没错就挨骂，那明显是对方的原因，而此时发怒，就是用别人的错误来惩罚自己，太不合算了！再说，没有一个孩子愿意在大庭广众之下用顶撞甚至辱骂老师的方式来吸引别人眼球，太得不偿失了。这其中一定有什么我们不知道的原因。"我把应对此类课堂突发事件的原则告诉她：以静制动，深挖本因。

"那后来呢？结果如何？"瞧，劝说的最佳时机就应该是被真切期待的时候，所谓"不愤不启，不悱不发"的时候。

沟通的底线：不忘原则，明确初心

"我想了一节课，明确了两个原则：第一，这次突发事件的本质是他在发泄对我的不满，想让我难堪！第二，我工作的意义绝对不是把精力耗在个别学生身上，而是要全力管理好整个班级！……"小张豁然，点头认同。

"于是，我在课间把他带到一间空教室，只有我和他。因为牢记以上两个原则，我平和又真诚地对他说：对不起，老师没有足够关注你，让你如此压抑，所以用这种极端的方式伤害你也伤害我……"

"李老师，你怎么向他道歉？明明是他先骂的你？"她仍然不解。我笑了笑："的确，但是，我们必须纠正一个观念：教师与学生之间不是压制和被压制的关系，更不是征服与被征服的关系，而是在平等的基础上彼此感染。至少教师要用自己比较完善的人格力量去感染学生向善。山不过来，我们就过去嘛。"……

之后，没有任何意外：小张老师处理班级事务越发游刃有余，极少失误。而那个孩子也不再恶搞科任教师了，只不过还会时常犯些小错。

其实，只要摆正心理定位，一切问题就有可能迎刃而解。

技巧点拨

1. 营造氛围要轻松，真诚信任才畅谈。轻松的氛围有利于人们敞开心扉，只有彼此信任，说的一方才能知无不言，听得一方才能见贤思齐，有则改之，无则加勉。

2. 追本溯源晓本质，明确定位驻心田。只有牢牢抓住问题的本质，时刻明确自己的目标，我们才不会被情绪和他人影响，这样在沟通的时候就会掌握主动权，实现良好的沟通效果。

3. 感同身受同理心，切勿直言来相劝。与同事沟通时，自认为真诚的直言不讳往往出现尴尬，甚至造成彼此间无法弥补的遗憾，而分享自己的遗憾更见真诚！前提一定要将心比心，体谅对方的心情。

4.守住尊重做底线，现身说法是关键。面对年轻的教师，相对有工作经验的教师在内心千万不要真的以师长自居，而是必须明确尊重和理解的原则——毕竟那些"初生牛犊"自带名校或高学历光环，骨子里还是很傲娇的。再青涩的"后浪"也期待被"前浪"认可，所以，我们在与他们沟通教学教育方法时最好采取"邹忌讽齐王纳谏"式的现身说法，这样才会有皆大欢喜的结局，才有好好再相处的工作氛围。

黑龙江省佳木斯市第五中学　李兴艳

删繁就简、认真做事让沟通更有效

流年飞转，光影灿烂。每一份回忆都是雕刻在岁月上的纹理，文字记录美丽，见证生命的苏醒，化育成长的热情。

在我的教育教学生涯里，有太多美好的遇见，这些遇见教会我许许多多与同事相处的真谛，让我的教育生活更加从容和幸福。

绿蚁新醅酒

刚刚参加工作，20多岁的我懵懵懂懂，和许多比我年长许多的老教师一起工作。我的对桌是已到知天命之年的杨老师和风华正茂的雷老师，他们两个都是很有水平的语文老师，在那个乡镇中学里，过着自得其乐的教书生活。

每天，家长里短，相互调侃，杨老师的眼镜后面是一双常常眯成月牙的小眼睛，一样的话从他嘴里说出来就让你捧腹大笑，但他自己不笑。雷老师也是一个不动声色抓住话题关键漏洞的人，在杨老师说完后补上一刀，就又引发一阵哈哈大笑，杨老师就眯起眼睛说："小雷，你，哈哈……"杨老师家种了丝瓜，那时候我们这些住校的年轻人要自己做饭，杨老师就常摘了一大包翠绿的丝瓜分给我们。工作中，大家都秉持着教育者朴素的情怀，杨老师的备课本，写着满满的蝇头小楷，大家会为了一个词的意思研讨上半天，这时候的杨老师认真到锱铢必较；雷老师也是如此，他的家庭是诗书之家，文化修养颇高，说到典故出处，那是信手拈来，感觉他就是一本百科全书。

简单质朴的我得到了两位老师很多的帮助，由衷感激他们为我的教学生涯涂抹上的基础底色，我直到今天都希望自己成为他们那样的有学识又有趣又淳朴的人。一个寒冷的冬天，外面飘起鹅毛大雪，我们围坐在办公桌前，杨老师吟诵起白居易的《送刘十九》："绿蚁新醅酒，红泥小火炉。"雷老师接下去："晚来天欲雪，能饮一杯无？"然后大家都沉浸在那美好的意境里，时至今日，我依然难以忘怀那一刻，我感觉到了质朴人性带来的简单相处的乐趣。今天想来，与同事相处，技巧似有实无，无招胜有招，有一颗质朴的心，简简单单做人，认认真真做事是多么重要，这美好的相处之道可以吸引到你放下所有的紧张与芥蒂，忘记身份与年龄，回归到最纯粹的人与人精神的交往与互通。

空山新雨后

后来，我们都离开了那所乡镇学校，来到了县城一中，杨老师退休了，雷老师也在前几年退休了，我到了如与他们初见时的年纪，也取得了一些所谓的成就。因为担任语文教研组组长，我经常要组织一些学校的大型语文活动，如朗诵比赛、文学社活动等。

这些活动为学校的文化注入了许多活力，深受学生喜爱，我也为此付出了许多的时间和精力，活动都是在课外活动或晚自习时举行，常常是别人都下班了，我的新一轮上班又开始了。我当时是一个重要班级的语文教师，担负着重要的教学工作，虽然我竭尽全力去做，但还是引发了主任的不满。终于有一天，矛盾爆发了，那是一次学校的大型国学知识竞赛，我忙前忙后忙成了一个陀螺，电话铃突然响了："你在干什么？知道这节课是语文自习吗？"我心里一惊，出了一身冷汗，我都忘了是有一节晚自习，还好，刚刚上自习，我赶紧交代一下事情，以最快的速度冲上楼，主任黑着脸冲着局促不安的我大发雷霆，核心意思是我为了个人而耽误学生上课。我也是非常难过，因为我从来没想过是为了个人，我做了许多别人不知道的工作，就是纯粹地为了工作，那天的事情真的就是一个意外，平时，我为班级付出的是非常多的，而且成绩并不差。

后来，我和主任的矛盾持续了一段时间，他认为我出风头，我认为他冤枉我，甚至嫉妒我所做的一切，后来，我还知道了他去校长那里说我，那段时间关系实在是紧张，我的心情也起起伏伏，总是猜测或担心他怎样背后说我，每天很是疲惫。一个很偶然的机会，在一个周末我回到了原来的学校，在校园里漫步，看着那些熟悉的树木和依然存在的操场平房，我仿佛回到了那些红炉煮雪的日子，那时候，多么单纯美好，为什么走着走着，就迷失了呢？难道都是别人的错吗？我是不是把简单的事情想复杂了？主任，站在他的角度上，就是担心我太忙于一些事情耽误了班里的教学，这难道不应该吗？我认识到自己的问题，不由脸红了。回到工作岗位，找了一个合适的时间，我跟主任真诚地道歉，并且表达了以后一定会处理好学校工作和班级工作的关系，主任也很为我的真诚感动，他表达了对我的理解，又语重心长地告诉我不管取得什么成就，班级永远是最有说服力的。从此，我就非常注意做好取舍，做好工作的分流，把更多精力放到班级教学上，当我再组织活动的时候，也会提前向主任请教，他给了我很多好的建议。现在，主任也退休了，在与他共事的几年里，我学到了很多，对工作的踏实严谨，对学生的严爱有度，对名利的淡泊，这一切都得益于那次良好的沟通，说到技巧，就是删繁就简，认真做事。乌云过后，收获空山新雨的闲适、惬意。

质朴本天成

2019年8月，怀揣梦想，我来到了北京一所完全陌生的学校开启新的教育之旅，如何与同事相处，成了一个很重要的命题，家人朋友也是各种叮咛。这时候，简单看人、真诚待人、认真做事已经成为我与人相处的基本原则，在这样坦然、平和的心态下，我看到了新同事们非常多的优点，她们学识广博，修养很高，不会为了小事斤斤计较，更多的精力是放在教学研究上。我感觉自己来到了一个很美好的环境里，人际关系简单、和谐，我很快就找到了与大家相同的节奏，很快融入了这个大家庭。试想，如果没有这样的与同事相处的正确态度，孤身一人扎进一个新环境里，我该是多么惶恐啊！

所幸，一切都是最好的安排。

技巧点拨

　　与同事交往，是一门学问。真诚是通往交往之门的钥匙，首先，要有真诚待人的态度，善良是善良人的通行证，大家都不是傻子，相处下来，总会看清脾气秉性，一个真诚的人一定会有更多与同事良好沟通的可能性；其次，简单看人，也许别人是复杂的，但是你没有必要完全去了解别人怎样想，把人看得简单一点，保有自己为人处世的基本原则，少一些猜测和臆断，多一些理解与包容；最后，认真做事，同事，共同做事的人，你是个认真做事的人，假以时日，一定会得到更多的信任与敬佩，所以，多花一些心思在做事上，大巧若拙，返璞归真，何乐而不为？

黑龙江省牡丹江市第二高级中学　孙奇峰

中国教育科学研究院朝阳实验学校　崔桂静

阳光刺破乌云，光芒暖及角落

高一入学才不久，班长刘梅悄悄跑到办公室透露了一个让人震惊的消息：学生们正在密谋联名上书，打算换掉教数学的孙老师。我一听火冒三丈，赶紧召开班委会，了解一下具体的情况。原来是我们班的学生在课堂上表现得非常活跃，而教学经验丰富、资历深厚的孙老师为人严苛，更喜欢学生安静地听讲。上课期间因嫌学生们"闹腾、浮躁"而批评学生的场面就经常出现了；而学生们却认为他们没有瞎闹，是在主动学习，而且在语文课上就是这样的，为什么语文老师可以接受，数学老师就不能接受？学生们也倒了一肚子的苦水。

稳定军心，消化情绪

看来是中间有误会了，孙老师是省级骨干教师，在教学上肯定没有问题，肯定是管理方式上有当下学生们不好接受的地方。为了解决这个问题，我让班干部回到班上先制止学生们的联名行为，然后着手准备开一个主题班会。

在班会上，我让同学们说说上学的目的，说说老师教学的目的，再说说老师管理学生的目的。通过学生们的积极参与，我们达成共识：老师之所以严格要求我们都是为了我们好。然后秉承"亲其师，信其道"的理念，我把孙老师近几年在省市讲课的荣誉一一做了展示，同学们对孙老师佩服不已。最后我谈到了关于教学风格与学科特点的关系，语文学科是工具性的学科，重在应用，所以课堂互动会多一些，气氛会活跃一些，而数学是非常严谨的逻辑学科，这一点上也制约着数学课堂的过度活跃。另外，我个人比较年轻，外向型性格，容易走近学生，所以课堂互动效果较好；而孙老师是一名老教师，德高望重，内向型性格，授课自然要传统、稳重一些。由此，不同的人对不同的学科采取的办法也不相同。但是不管黑猫白猫能够捉住耗子就是好猫，只要能提高我们学习成绩的教学方式都是好的。

班会开得很成功，同学们也畅所欲言，说出了对老师的误解，以及自己存在的不足，也表示愿意配合孙老师的教法，争取取得好的成绩。我们还为此做了几项规定：见了老师要远远地打招呼，请教完问题后要说"谢谢"，经常去老师办公室里打扫一下卫生，等等，同学们的配合让我感到十分欣慰。

后来我做了一下跟踪，刘梅跟我反映，孙老师还是不喜欢学生们的活跃，但是学生们已经可以接受孙老师的批评了。眼看圣诞节到了，刘梅提议说，用班费给孙老师买个大苹果作为圣诞礼物，孙老师肯定会高兴的。我也很支持他们的做法，毕竟这是学生们发自内心对老师表达的祝福。

主动沟通，坦诚相见

当刘梅哭着进我办公室的时候，我意识到了问题的严重性，刘梅说孙老师直接把礼物丢在一旁，还气愤地说："好好的中国人，过什么洋节？不把心思用在学习上，光会折腾这些崇洋媚外没用的玩意儿！"说完刘梅又大哭起来。本来略有缓和的关系，一下子又乌云密布了。这件事让学生受委屈了，我也深深地反思，师生关系紧张只从学生角度入手是解决不了的。我分析了一下，孙老师始终是在意学生们的成绩的，他不满意的是学生们活跃的课堂气氛，我也应该尽力让孙老师接受学生们这样的学法。

我有了一个大胆的想法，邀请孙老师来听我的课，因为我的语文课是学生们最活跃的课堂，我想通过实实在在的一堂课，改变一下孙老师的成见。孙老师还是应邀来了，坐在教室的后面眯着眼睛看了整堂课的"闹剧"。下了课，我跟孙老师交流，能让学生在轻松愉快的环境中学到知识不是很好吗？孙老师推推眼镜说："你这课，华而不实，热闹是热闹，但是说到能提高学生成绩，我不认同。"丢下这句话就走了。我站在那里暗下决心，一定要让成绩来证明条条大路通罗马。

与孙老师沟通，我一直没敢松劲，有时间的时候也去听一听孙老师的课，在孙老师的课上我也受益很多。我主动找孙老师分享她在课堂上精彩的瞬间，并告知自己的所感所获。这让孙老师非常受用，高兴时她就传授我一些独到的教学"秘笈"，我欣欣然接受。我想用自己的实际行动来证明不同的教学风格是可以互相借鉴的，孙老师逐渐了解了我是一个爱学习，而且谦虚的晚辈，我们除了在课堂组织形式上有些分歧外，其余的相处都非常融洽，而且学生们也逐渐适应了孙老师的风格，整个班级的学习氛围不断改善。

借势借力，促成飞跃

期末考试成绩公布了，我班的语文成绩和数学成绩都是年级第一名，可是这时我却犹豫了，现在论据充足了，我担心会不会因为我的表达不当，反而会引起孙老师的误会，她会不会认为我是在挑衅，那样就南辕北辙了。

终于我鼓起勇气，向学校领导反映了这个情况，希望能够借助学校的力量，解决掉这个问题，校长欣然应允。在期末表彰大会上，校长着重表扬了我和孙老师，并把我们两人不同的教学风格做了点评，建议我们彼此之间相互学习，取长补短，携手进步，更上一层楼。我看到孙老师在台下陷入了沉思。

高一下学期，孙老师有了很大的变化，批评学生也少了，脸上也偶尔挂着笑容了。学生们在数学课上终于可以表现更积极了，所以劲头儿也更足了。的确，很少有事情做起来会是一蹴而就的，我们要不断地思考，不断地尝试，在历经种种努力之后，阳光总会刺破乌云，光芒暖及各个角落。

1. 同事关系如舟，学生是水，水可载舟亦可覆舟，首先要让这湖水风平浪静下来，融洽的师生关系推动和谐的同事关系。

2. 人之相与，莫过于诚。真心实意的笨言拙语胜过虚与委蛇的千言万语，推心置腹，将心比心，学会沟通，主动沟通。

3. 借势借力，事半功倍。巧借外力，避免冲突。站位不同，格局不同，处理问题的策略和水平也不同，及时请教，认真学习。

黑龙江省牡丹江市第二高级中学　孙奇峰

河北省泊头市第一中学　王青生

做好调查研究是有效沟通的前提

不少学校的中层干部诉苦：在学校管理事务中，难免要指出一些老师工作中存在的问题，无形中会得罪老师，弄得同事之间关系紧张，影响工作情绪，这种费力不讨好的事儿还真的不是人干的。这不，前几天就发生了这样两件事。

扣分罚款没商量

第六批项目县的小语工作坊第二次线下研修活动圆满完成，活动总结时，燕子老师带领的第六小组得到了坊主的高度赞扬。是啊，国培活动哪一项不需要耗费大量的时间和精力呢？正是这样的反复研究与打磨，才明晰了整本书阅读指导课的流程，才总结出了整本书阅读教学的策略，提升了自己的教学指导水平。想到这些，燕子老师激动得眼眶湿润了。

这时，手机嘟嘟嘟地响了，燕子老师接通电话，原来是教务处刘主任打过来的："燕子，你今天怎么没上班啊？按照学校纪律规定，要扣除一天的考勤分和奖金！"什么？刚才还兴奋不已的燕子如同被当头泼了一盆冷水，浑身凉飕飕的："主任，我正在基地校参加国培活动，你没在的时候，我已经向教务处的一位副主任请假了！我们学校一共来了三位老师呢！"她忙不迭地解释。"是谁通知你去的？现在出校学习需要上级文件通知，你这种行为属于私自调课，你去向校长说明情况吧，否则扣分罚款没商量。"刘主任有些怒气冲冲了。"主任，你听我说……喂……喂！"燕子本来想多解释几句，可是，电话里传来了一阵忙音。

突然劈头盖脸的一顿呵斥，燕子懵了，可另外两位老师却没有接到电话啊。工作坊的活动不是国培项目吗，微信群里可是通知了一遍又一遍的，为什么不分青红皂白地只针对我一个人？这是为什么？燕子越想越委屈，蹲在教室后面大哭起来。

坊主走过来，拍着燕子老师的肩膀说："燕子，放心吧，今天的活动安排早就在第一次通识培训中给所有校长下了通知，教育局也发了具体的文件！你所带的团队是最优秀的，再次向你表示感谢！"

燕子这才舒了一口气，她说，令她难过的不是扣分和罚款，也不是要向校长作解释说明，而是刘主任说话的态度，那种高高在上、颐指气使的语气让她难以接受。

没经过调查就武断地为事件盲目定性，后来，教务处刘主任因此受到了校长的严厉批评，并真诚地向燕子道了歉。

初生牛犊不怕虎

夏林是一名年轻的语文教师，俗话说，得语文者得天下，而作文又是语文学科的重中之重。他认为，要想提高孩子们的练笔水平，就得让他们学会鉴赏、学会反复修改，这样才能取长补短。说干就干，他把孩子们分成 8 个小组，每篇习作都是小作者先自评自改，然后同桌交换，互评互改，最后经小组长点评后再交由老师总评。

转眼间，期中工作总结会开始了，分管教学的副校长在台上宣读备教改辅研工作检查通报。一听通报，夏林傻眼了，他的期中考评等级竟然是"不合格"！

俗话说，初生牛犊不怕虎！年轻气盛的夏林按捺不住心中的怒火，"嚯"的一声站起来当面质问："张校长，你说我的期中考评不合格，请问我哪些方面没做好？"

"作业要求全批全改，不能假手于学生，我翻开你班的作文本，好多都是学生批改的，作为一名教师，你怎么能让学生批改作业呢？而且还是如此有难度的作文，你太让我失望了！"见有人竟敢当面顶撞自己，张校长有点恼羞成怒了。

"不是这样的，张校长，我的第二课时就是教学生品评作文。大家一起在课堂上就选材、提纲、题目、行文、用词进行集体赏析，相互取长补短，这很好啊。现在的课程标准也是这样提倡的，要考查学生对作文内容、文字表达的修改，要关注学生修改作文的态度、过程和方法，要引导学生通过自改和互改，促进相互了解和合作，共同提高写作水平。并且课标里还说了，评价结果的呈现方式，根据实际需要，可以是书面的，可以是口头的；可以用等级表示，也可以用评语表示；还可以采用展示、交流等多种方式。"

"啪啪啪啪啪啪……"见夏林把语文课标背得滚瓜烂熟，参会的一百多名教师都情不自禁地鼓起掌来。

这时，面红耳赤的张校长不得不把学校的"尚方宝剑"搬出来："我才不管那些高大上的标准，我们是一所新学校，我们学校有自己的标准，那就是所有课堂作业必须由教师全批全改！"

"张校长，你又错了，学校制定的标准总不能与国家标准相冲突吧？"夏林步步紧逼，自知理亏的张校长竟有些语无伦次了，不得不草草地结束了这次总结会。

当着众人的面，夏林给了张校长一个下马威。有人说夏林是个愣头青，不懂得尊重领导。可夏林却觉得十分委屈：张校长当着那么多人的面冤枉我，我为什么要给他面子呢？

技巧点拨

学校中层干部与教师之间的有效沟通是一门学问，若处理不当就会引发矛盾，不但会伤害老师，而且让自己颜面扫地。没有调查就没有发言权，了解事实真相才是有效沟通的前提。

1. 做好调查研究。习近平总书记指出：调查研究是谋事之基、成事之道。没有调查，就没有发言权。因此，作出某一决定之前，必须认真仔细进行调查研究，掌握客观数据或事实才能掌握话语主动权，任何不切实际、想当然的做法都会使自己的形象大打折扣。

2. 事前进行沟通。对于教师队伍中存在的问题需要在大会上指出来时，要事先与相关教师进行沟通，让人家有个心理准备。在教师大会上只批评现象不针对个人，任何点名道姓的批评只会激化矛盾，让自己不好下台。

3. 控制自己的情绪。富兰克林说过："任何人生气都是有理由的，但很少有令人信服的理由。"与老师交流时，控制不住自己的情绪，急躁、易怒，往往会令人失去判断力而造成沟通失败。

湖南省常德市澧县一完小桃花滩分校　唐海燕

将心比心心贴心，共情融情情交情

把责任当作信任

今年是小韩工作的第二年，两年多的工作经历让她对教育教学产生了更深入的认识，当初的一腔热血转变为沉静思考。让小韩最有职场感的便是如何与同事沟通。小韩作为年轻班主任很有责任心，班级里的大小事情都亲力亲为。很多学生忌惮于班主任的威严，在班主任的课上不敢有过分的举动，于是其他学科就成了部分孩子释放压力的空间，不写作业，上课不听，恶意接话，顶撞老师……因此小韩经常收到各种投诉。

有一天，语文老师李老师怒气冲冲地找到了小韩，向小韩控诉道："王同学已经连续三天没交作业了。"小韩接到投诉后表示会立即处理，仿佛是自己做错了事情一样。于是小韩找到了王同学，动之以情，晓之以理，和他强调要遵守基本的学习规范。然而过了几天，李老师又找到了小韩，更加严肃地控诉了王同学的罪状："王同学现在不仅不交作业，上课还经常说话，好像故意和我作对似的，你这个班主任得管一管啊！"小韩一听，心里既感到不可思议，又觉得委屈，她心想：这事也不能完全推到我身上吧！小韩很无奈地说道："这个事我也没有太好的办法！"李老师对小韩的回答十分不满，认为小韩没有担负起班主任的责任，甩了个脸色就走了。小韩一脸无辜地愣在了那里，心里十分难受。

难受之余，小韩也认真地思考了一个问题："为什么科任教师总是找我而不找其他老师？"反复思考后，小韩觉得是因为自己的职责使然。再往好处想，或许是因为别的老师对自己十分信任。这样一想后，小韩反而觉得别的老师找自己是对自己的肯定和信任。

转换思维后，小韩积极主动地帮助科任教师解决问题，了解班级的情况。老师们都称赞小韩有担当。

把问题当作机会

每到考试来临时，学生的学习时间就成了各科老师掠夺的对象。小韩最开始入职时，觉得各科老师只要按照自己的时间上课就可以了，然而现实的情况并不是这样。在正式上课外还有一些自习的时间要分配，小韩有一次就因为少给地理分了一些时间，被地理老师抱怨不重视地理。小韩最后没有办法，就从自己的课时中挤出了一些时间给地理老师。

时间的分配固定下来了，但时间的衔接又会产生新的问题，语文老师李老师上课经常会拖堂，导致学生没有时间休息，严重时也会影响下一节课的正常进行。学生们经常和小韩抱怨李老师拖堂，占用休息时间。小韩知道李老师这一习惯，但只能说这是老师负责任的表现。小韩的课在李老师之后，快到了小韩上课的时候，已经打了上课铃，李老师还在教室里声情并茂地讲着，仿佛还沉浸在自己的世界中。透过窗户，教室里的学生早已经心不在焉。小韩敲了敲门："李老师，该上新课了。"李老师被打断后很不高兴，但还赔笑着说："不好意思啊！"后来，小韩旁敲侧击地和李老师说过拖堂的问题，惹得李老师很不高兴，小韩心里也堵得慌。

小韩觉得凡事应该按照规则去做，但问题是李老师并不按规则行动。于是他对李老师的不满日益增加。有一次，李老师侵占了学生中午吃饭的时间，导致很多学生午自习迟到。小韩怒气冲冲地找到了李老师，质问她为什么占用学生这么多时间。李老师毫不客气地说："没有看表！"小韩吃了闭门羹，只好悻悻而去。

后来，小韩想如果别人质问我，我应该也不会有好态度。小韩想李老师总是拖堂是有原因的。带着这样的想法，小韩重新找到李老师，心平气和地和李老师聊天，小韩体贴地问李老师是不是教学时间不够。李老师不好意思地说他这学期要请一段时间的假，回家处理家里的事情。小韩听到之后，为自己之前的唐突感到内疚，还好顺着问题，走进了李老师的内心。后来小韩多次帮助李老师协调课时，对于工作之外的事情，两人也是无话不谈，一来二去，两个人竟成了朋友。

把他人当作自己

因为做事不周全而产生的种种误会同样让小韩身心俱疲。小韩作为一名新教师，没有太多经验，处理事情秉持的原则是"做了就好"，但现实是做了不一定好。有一次，小韩负责统筹年级的一个节目，这个节目由所有班级共同组成，因为每个班级的特点不同，所以承担节目的模块也不同，为了做好这个节目，小韩废寝忘食，希望能展现年级的风采。后来展示的时候，整个节目得到领导的好评，尤其是对小韩班级承担的模块更是赞赏有加，这引起了另外一个班主任的不满，对小韩说道："你们班占用的时间太多了，风头都让你抢了。"

小韩很无奈，也很委屈，但还是赔笑致歉，说自己考虑不周。还有一次，小韩负责整个年级的期末作业编排，小韩在进行全年级的整体安排后，突然间想到，最近班里有几位同学生病，应该给他们安排一些巩固的作业。但是此时全年级的作业单已经印好且下发。于是，他又单独印了一些作业。因为是周五，小韩也没来得及和别的老师交流，就着急把作业发下去了，作业单下发了很久后，有一个班主任找到了小韩，暗示小韩做事不讲究，偷摸地给自己班安排任务。小韩乍一听傻了，再一回想好像确实也是这么回事。小韩一方面陷入到对自己的自责当中，一方面又害怕因为种种误会伤害同事感情，因此只好百般解释。

直到在一次朗读比赛中，小韩的班级因为主持人的疏忽安排最后上场，结果没有获得名次。小韩明知道主持人不是故意的，但心里还是觉得不舒服。于是，小韩想到了自己之前的事情，瞬间也就没有了委屈之感。

之后，在组织一些活动时，小韩总想着我要把他人当作自己，设身处地地考虑别人的感受，就不会出现一些不必要的问题了。

处理同事间的关系最核心的点是换位思考，因为人有着不同的经历、性格、脾气、秉性，一般的沟通技巧只是原则性的，需要根据不同的人进行适配。只有能够进行换位思考，才能避免自我视野的局限，才能突破隔阂，才能走进对方的内心。比如科任教师向班主任投诉"差生"的问题，可能是出于对于班主任能力的信任，而不是推卸责任；有一些教师拖堂可能是因为想讲更多的内容，而不是时间观念淡薄。换位思考虽然不能立刻解决现实问题，但从情感关系上却营造了良好的沟通氛围，这就避免了沟通时的自我中心，自说自话。

中国教育科学研究院朝阳实验学校　　闫克振

做好传帮带，践行新使命

身为教师，同事关系是人际关系中的重要环节，如何既保持自己的独特个性，又能很好地融入同事当中，是每位教师的必修课。在 20 多年的从教生涯中，我有一些深切的体会，愿与大家交流探讨。

成长起于求教

初出茅庐的你，来到新的工作岗位，如果能遇到几位优秀的长辈，那便是你的福气；如果恰好他们还能成为你的导师，为你指点迷津，那更是你的幸运！

我的身边就不乏这样令人敬仰的前辈。

毕业伊始，扎根农村，雄心满怀，激情四溢，身为 50 多名学生的班主任，总希望用严厉、责任心和贴身管理，让每一位同学都变成天之骄子。相信很多刚毕业的人，都和我一样，追求完美，眼里容不得沙子。可是教育是复杂的，哪能一蹴而就，一条道跑到黑？不久，问题就接踵而来：先是淘小子们群起造反，再有家长的各种指摘，甚至还有耍酒疯趁机到校闹事的……

我该怎么办？我想起了办公室里那位退休又被返聘的德高望重的张大姐。真想向她求助，随即头皮一阵发麻：她学识渊博，做事大刀阔斧，不怒自威，别说学生了，就连年轻的老师也对她敬而远之。她能帮我吗？我在心里一阵阵打鼓。

那天下午，办公室只有我们两个，她竟然来到我的桌前，跟我借那本《红楼梦诗词全集》。于是我惊喜地发现，对于《红楼梦》，她竟也是如此喜欢！一老一少，从黛玉的题帕诗谈到了咏螃蟹诗……然后就自然而然地谈到了语文教学，谈到了班级管理，谈到我的一个个困惑。而她就那样条分缕晰地给了我一个又一个建议。小到跟学生和家长用怎样的语气说话，大到如何放手相信学生，让学生自我管理，为他们的幸福人生奠基。我们的谈话竟是那样得畅快淋漓。窗外已经繁星漫天，而我们却浑然不觉。从那个下午开始，她便成了我的人生导师。以后的日子里，我常常虚心地向她求教难题，而她也事无巨细地指导，知无不言，从不敷衍。到初三的时候，我们班被评为市级优秀班级，而我，也成了班主任队伍的中坚力量。一直到现在，我都特别感激张老师给我的帮助，是她让我走过初入职场的迷茫期，完成了人生的华丽蜕变。后来我才知道：那个下午，她是有意地以借书为名，希望能给我指点一二，因为她怕伤了我高傲的自尊心。

辗转几所学校，我发现，在我们身边常常有这样一类人：他们德高望重，学识渊博，经验丰富，又常常因为年龄的界限，看似不苟言笑，不怒自威，事实上却是善良诚恳，特别愿意帮助别人。对年轻的教师而言，他们就是我们汲取经验的百科全书，更是精神世界的导师。而我们要做的是少一些顾虑，多一些坦诚，大胆沟通，虚心求教，你就会发现他们的大智若愚，返璞归真。与他们的交往，你收获的不仅是经验的财富，更可能是志同道合的一段忘年之交。感谢我人生每一段路上的你们——我人生的导师！

流言止于智者

有人的地方就有江湖，有江湖的地方就有血雨腥风。相对单纯的教师队伍里，"江湖"的内容便集中一些。更多的可能是谁的教学成绩更优秀，谁评职称的排名更靠前，谁在学生那博得了更多的青睐……有时你只顾埋头耕耘，不知不觉成了"领跑者"，背后不免会有切切察察、指指点点，这些也许会让你在白天尴尬、在深夜焦虑，甚至为了迎合大家而故意放慢自己的脚步，以致自我否定。而我的体会是用沉默的行动来彰显你的实力，用宽容的态度来赢得大家的期许。

作为工作 20 多年的 80 后教师，大家会面临这样的尴尬：从年纪看，你只能算作中青年教师，而从工作的年限看，你却提前步入"老教师"行列。

办公室同事聊八卦，你想参与其中，而你的思想见解却常常和那些60、70后有共鸣。于是，你经常会遭遇到来自同龄人的误解：为什么明明年纪相仿，而你的成绩却"高高在上"？为什么明明工作困难重重，而你却举重若轻？为什么在大家怨声载道的时候，你却从不抱怨？于是，你在同龄人中显得太老到，太成熟，太不合群！

我也曾不止一次地为此痛苦过，甚至难以释怀。无助的时候，就去书中寻找答案，渐渐懂得，每一个人的事业都有他的生存期、发展期、自我实现期。而这个时期的长短，与个人的经验、努力的程度、机会的把握、反思沉淀等因素密不可分。极早的工作经历，让我比同龄人早跑了一步，事业上的成长也必然快了一些。而我要做的是首先学会接纳自己，同时正视给他人带来的冲击，设身处地换位思考，为什么不能调整自己的步伐陪着他一起加速，让整个团队形成合力，实现共赢？

清是我在初三毕业班的新搭档，我们两人带着全校一群非常优秀的学生，为追逐梦想而不懈努力。学校也有意让我们两位年轻健将呈现角逐之势。你知道，有一种人一旦参与竞争专心起来，就会全力以赴，无暇兼顾其他。凭着20年积攒的经验，再加上善于思考，敢于创新，我在短短一个月内就将新班级打理得井井有条。第一次大型测试，我班的成绩比她的高出一大截！收获喜悦和赞许的同时，我慢慢发现她开始疏离我，甚至是有意无意在背后指摘我、孤立我，于是我开始反思：我跟她之间的交往出了什么问题？

面对对手的攻击，我该怎么办？

记得一本书中说过：打败对手的最好方式，不是辩解，不是退却，不是求和，不是步步设防，不是反唇相讥，更不是以其人之道还治其人之身，而是坚持自我，始终完善自己，有一颗强大的内心，始终做一个纯正而高尚的人，让自己越来越好，光芒越来越亮。在你的纯正和高尚面前，任何谣言都不攻自破；在你的光芒笼罩下，任何丑陋和黑暗都见不得光。诋毁不会得逞，险恶望而却步。对手，自然落败而逃。

可是，我的心告诉我，我们不只是对手，更是合作伙伴啊！是要让自己变得更强，让对手落败而逃；还是化敌为友，真诚地陪伴她一起进步呢？

我选择了后者。每天我都有意地把我的工作设想告诉她。大到班级整体规划，班集体凝聚力的培养，班风的形成，如何帮助每位同学做一年的学习规划，激发学生学习的内动力；小到如何选择座位，如何让学生建立竞争和帮扶的团队，以及每一次家长会的目标流程，甚至细化到和不同类型家长、学生打交道的技巧，我都真诚无保留地告诉她。遇到问题也会设身处地替她着想，为她出谋划策，并且经常向领导、同事、家长、学生真诚夸赞她的潜心付出，点滴进步。久而久之，她变得越发自信，工作也越来越得心应手。后来我们强强联手，创造了一届届中考成绩的辉煌，而我们也成了惺惺相惜的挚友。

教育事业是充满纯情的事业，我们选择这个队伍，是因为我们大多数人心中都有一份悲天悯人的情怀，而教育事业本就是一个承前启后的事业，老教师的宝贵经验、中年教师的沉稳成熟、年轻教师的激情和韧劲，构成了这育人之舟的帆与桨。少一些功利心，少一些自卑感，少一些假想敌，我们便多了一些慈悲心，多了一些幸福感，多了一些成就感。正视差异，保持个性，融入团队，携手同行，你便会收获最单纯的职业幸福。

技巧点拨

1. 面对德高望重的前辈，少一些畏惧感，多一些虔敬心，大胆主动地虚心求教，你会挖掘到不一样的"宝藏"。

2. 面对难以回避的流言蜚语，化解焦虑的最好方式，是坚持自我，完善自己，有一个强大的内心，始终做一个纯正而高尚的人。

3. 不要树立"假想敌"，他们只是焦虑于你的飞速进步带来的冲击，而你最好能换位思考，找到他需要帮助的关键点，真诚适时地帮他解决问题，不高高在上，也不低三下四。强强联手，才能实现合作共赢。

4. 身为中青年教师，在做好本职工作的前提下，别忘了汲取老教师的经验，帮扶新教师成长，做好教师队伍的传承，这是我们身上的另一个使命！

辽宁省沈阳市第 126 中学　　杨萍萍

心和得天真

李白的《赠清漳明府侄聿》诗里有一句"心和得天真",那是一种历经万千风雨依然不忘初心的人生态度,然而怎样才算是得了"天真"之心呢?如何是"心和"呢?在站讲台的十余年里,我和各种各样的教师打过交道:其中有年纪老大事不关己的临退休老师;有冷眼旁观的中年男老师,也有异常热情的中年女老师;更有刚毕业却自命清高的新老师。这期间,有过温情关怀,也有过冷眼吵架。现在,我想回忆其中的几件事情,对自己进行解剖,反思成长。

航路有灯

对于刚参加工作的新教师而言,有很多杏坛前辈指引是最为快乐的事情。"青蓝工程"让我很幸运地遇到了愿意引领我的师父们,他们在我的专业发展指引上,在我的班级管理技巧运用上,都起到了很大的作用。

排在第一位的无疑是我的师父——任老师。他小眼睛,小个子,三七分的头发每天都齐齐整整,其貌不扬的他获过江苏省语文基本功大赛一等奖。在我们学校也算是一顶一的好手了。每次教学研讨会,任老师是一定要发言的,措施具体,可操作性极强。我是他招聘过来的,也是他推荐我直接在高二年级担任语文教师的。刚来的那一个学期,我只要没课,就跟在他身后,从教学设计到课堂实践,他都事无巨细地提点我。任老师总是说:"多问几个为什么,你进步一定很快。"他的问题我经常回答不上来,一个教案也要改很多次才能够得到他的认可。后来学校安排我上市级公开课《送董邵南序》,他看到我经过三次磨课之后的课,瞪着小眼睛看着我:"你这堂课究竟要学生学什么？"我被他这一问，丈二和尚摸不着头脑，他看我不知所措，又说："你将第二段的语气词去掉，这个很好，不过重点错了。如果加上别的语气词进行对比，则作者的真实意图就不言而喻了，根本不用你费力说，学生就懂了。"最后，那堂《送董邵南序》上得很成功。不仅是点拨指导，他还带我熟悉了很多语文教学教研领域的专业大咖，对我的专业发展起到了很大的推动作用。

"画龙才需要点睛之笔，教学需要的则是方法，点睛那是学生的事儿。"这是他常说的一句话，就是因为他，也是因为这句话，我知道了要想"心和"，应专注于专业能力发展。正是同任老师之间无数次这样有效地沟通，我渐渐改变了以自我为中心的讲课方式，渐渐收敛了展示自己的欲望，渐渐只做学生学习背后的那个人。

　　修身有师

"经师易遇，人师难遭"，这句话我深有同感。宋老师和韦老师是一对夫妻。宋老师是"青蓝工程"里我的管理师父，韦老师是我的教学师父。不过我习惯称宋老师为师父，韦老师为师母。身为人师，也许我想成为的就是他们那样的人——专业上无可挑剔，管理中以人为本。

高二上学期我被年级主任老毛安排带文科班。班级里女生多，鸡毛蒜皮的事情也多。上班的大部分时间都是用来处理这些无关紧要的琐事。久而久之，我有些埋怨主任安排的工作，经常在办公室里毫无顾忌地抱怨他。师父听到后一脸严肃地把我叫到办公室："你师母经常教育小雨（他女儿）的一句话我觉得很好，你听听，'不责人小过，不发人阴私，不念人旧恶，三者可以养德，亦可以远害'。"

我并不知为何会与我说这句话，满脸疑问。师父想了想措词："你在办公室埋怨老毛的时候，我听见了。"

听到这儿，我低下头。师父认真说道："年级管委会安排你做文科班的班主任其实是有很多考量的。你们几个新来的老师中你文科气质最浓郁、胆大心细、经常有新点子，是最能管理好这样的班级的。"

我眼泪在眼圈中打转儿，说道："对不起，我没忍住。"

师父说道："办公室不是你能随便吐槽的地方。少说话多做事。"我点了点头。

师母见到我第一眼的时候就说："文以拙进，道以拙成，你那么会写文章，要好好思考这句话啊。"然而我并未往心里去。接下来的两年多，我参加了年级主任的"研究型教师（班主任）共同体"，不仅自己写，也要催同来的几个老师写。甚至因为我的文章好、观点新、描写细，蒋校长还特意关照教师发展中心点名让我给全校教师作报告，谈谈"研究型教师（班主任）共同体"的理论与实践以及班级教学成果。师母有些担心我，于是向蒋校长建议，让年级主任和另外一位中年女老师与我一同作报告，说："他们老中青三位教师肯定更有说服力的。"校长同意了，我却不怎么高兴，师母拉着我的手说："你太小，过几年就懂了。"

不管怎样，那段时间我出尽了风头，很多同事问我："匠心教室"计划完成得怎么样了？又出什么新成果了？……"很偶然的一天，我下课回到办公室，听见与我同来的几位老师正在议论我。说辞已经忘却了大半，但是那种被议论而不被理解的感觉却记忆犹新。那一瞬间我好像理解"文以拙进，道以拙成"的含义了。我也明白了师母的深意。一个"拙"字，不就是所谓的"天真"吗？

现代社会，是就连我们批评学生都要考虑其心理承受能力的年代，有谁会冒着得罪别人的风险去做事情呢？所以说"人师难遭"。但我庆幸自己工作在这所学校，遇到了任老师，遇到了师父和师母，他们甘愿冒这种风险来教导我，教我如何在办公室做人做事，教我向慎独的君子品格靠拢。

"心和得天真"，这天真里面有专业发展提升后的淡然；有人品道德升华后的坦然；有修身养性成功后的拙然。天真，做到并非容易，然而做起来却是一件幸福的事情。我终于明白孔老夫子所言的"朝闻道，夕死可矣"了。

和德高望重的老教师沟通，最重要的是学习其品德，倾听其教学经验，"择其善者而从之，其不善者而改之"。与办公室其他人沟通，慎言很重要。当然，并不是说不能发表任何意见。我们大多数人也许只想做一名普通老师，但绝对不能做一名可有可无的老师！我认为与同事有效沟通，最重要的是"心和"，而做到"心和"有以下几个方法：

1. 专注于专业发展。

2. 重视自我品德修养。

3. 向品行高尚的教师学习。

4. 不责人小过，不发人阴私，不念人旧恶。

江苏省连云港市连云港高级中学　宋百灵

反思自己，提升自我修为

风雨如晦，时光流转。转眼之间，工作已近 15 载，初出茅庐的丫头，已然至不惑之年。回首过往，一路磕磕绊绊，与同事相处，难免会有分歧，如何增进与同事之间的沟通？我个人认为：要学会控制自己的情绪、常思己过，并且要不断提高自己的专业水平和提升自己的个人修为。

初心有其来路，风景这边独好

2018 年，我有幸参加中国好教育联盟举办的同课异构大赛，选讲的是李白的《将进酒》。熟读文本、设计课型、确定目标、反复磨课。我在确定教学目标的时候，除了想让学生深刻感受李白绵绵不尽的如水之愁外，还想让学生深入体会李白内心虽愁绪满怀却愁中有洒脱、悲中有豪壮的特点。《将进酒》这种情感的特殊，纵是李白性格使然，却也有时代的影响，所谓知人论世需让学生明了。鉴于这样的考量，我大胆引入了"盛唐气象"这个概念。学校领导和学科老师一起来听课，评课的时候，一位年纪稍长于我的教师直言不讳道："这样讲，太搞笑了，到时候听课评委的都是专家，人家问你，你能答上来啥是'盛唐气象'？"此言一出，我心中五味陈杂，特别不舒服，甚至不舒服到了极点。如果是刚毕业，我可能会直接驳斥她"凭什么你就知道我回答不上来，既然我要讲，肯定不会草率敷衍。我也是经过深思熟虑决定的，在大型比赛中，我怎么可能如此不负责任"，但是，在评课之时，我语塞，什么都没有说，十几年的教学经验和为人处世的原则，都在提醒我：别生气，别恼火。既然有同事对此提出了异议，那说明有些问题我还是思考得欠妥当，那说明自己在理解上还有偏颇。虽然课前我已经作了大量的准备，但是为了确保我的理解万无一失，评课之后，我又对概念和现象进行了深入的理解，又看了很多名家的解读，又搜集了一些资料，并且向老教师请教，他们不仅肯定了我的理解和想法，也中肯地给了我一些建设性的意见。之后，我很笃定地坚持着个人对《将进酒》情感的特别解读。直至赛课结束，我长舒了一口气，因为我用实际行动和学生一起证明了引入"盛唐气象"这个独特的解读不是在搞笑。我没有随波逐流，人云亦云；我也没有蜻蜓点水，浅尝辄止，止于常规诗歌教学的苑囿。我和我的学生在《将进酒》起伏跌宕、大气磅礴的情感洪流中，感受着诗仙别具一格的魅力；在朗读、鉴赏的课堂上，感受着不一样的诗歌魅力；在探究、创新的追求下，感受着盛唐气象孕育出来的诗歌的恢弘与璀璨。后来，那位说我搞笑的老师，主动给我发信息，说她那样也是希望我更好。其实，我早已经释怀了，嘴角微微上扬——我确定我是开心地笑了。

每个人的人生观、价值观不同，个人的经历、经验不同，看问题、想事情难免会有不同的想法。遇到分歧，甚至被质疑、被否定的时候，不要怒火迸发，不要恶语相向，因为这对于解决问题没有任何好处，反而会使结果更加糟糕。也不要急着去解释什么，更不要急着去证明什么，有时候，沉默、冷处理亦不失为一种有效的沟通方式。控制好自己的情绪是首要的，进而去反思自己，是否做得不够好。有纰漏，则需补纰漏；能被指摘，则需完善改变。无懈可击，亦不去忘乎所以。进无止境，谦虚为人。更重要的是需要逐渐提高自己的专业水平和提升个人修为，让自己不在稚嫩与无知之中糊涂地过生活，要积极地无为而无所不为。

心中明白默默无言，不代表自己没有立场、没有态度、没有原则。积极反思，更不代表自己没有想法、没有做法。与同事相处，不跋扈，不张扬，亦不讨好，不示弱。做好自己，无需卑微地迁就，让别人高高在上的姿态委屈了自己；反思自己，无需懦弱地承受，让别人不可一世的态度压抑着自己。道不同不相为谋，敬而远之即可，相对而安亦可；尊重个性的存在，在各自的天地间各自拼搏，各自精彩。

天道酬勤，水到渠成

鉴于这种经历，我更加严格地要求自己，精进自己，以求提高自己的专业水平和提升自己的个人修为。我深知：想要进步，没有捷径可走，唯有脚踏实地。而教师的进步，唯有多读书、多写作、多学习。在董一菲师父的引领之下，在胡艳等诗意语文家人的感染和鼓励之下，我开始大量读书，大量写作。以前哲学、美学之类的作品不入法眼，现在却成为我的案头新宠；名家教育教学思想也开始点燃我。董一菲师父的诗意语文，教会我锤炼课堂语言；黄厚江先生的本色语文，教会我如何本色教学；孙绍振先生的名作解读，教会我如何更好地解读文本；蒋勋先生的文字，更是带着我追溯美的无处不在。生活感悟、育儿经验、教学心得、教学设计、教学反思，我的思考无所不在。此外，我还经常外出学习，只要单位组织，我不怕牺牲休息时间，远赴邯郸、近到太原大同取经。在这样的坚持之下，我在各方面都有了长足的进步，在各方面都成熟了很多。怀春泥情怀，静待花开；向往星辰大海，脚踏实地为之。我始终坚信：天道酬勤，水到渠成。自己进步了，就可以与同事高效地交流与沟通，就可以给出有见地的意见，就可以避免低级的纠缠。

技巧点拨

1. 遇到分歧，不要火冒三丈，急于辩驳。冷静、常思己过，避免正面冲突。

2. 被质疑、被否定，不要急着辩解，更不要急着证明自己。面子不是最重要的，不要在口舌之中丢了面子，在无知之中再丢了里子。

3. 多读书、多写作。在读书与写作中，提高自己的业务水平和提升自己的修为。

谦逊为人，精进自己，在教育的天地里，感受教育最美好的存在。

山西省朔州市朔城区一中　袁利平

采得南山石，可琢玲珑玉

《诗经·小雅·鹤鸣》中有一句话说得极好：他山之石，可以攻玉。意思是说不要小看其他的人或物，只要认真对待，他们都会对我们自己正在做的事有某种促进作用。作为一名有着近十年从教经历的语文教师，我对这句话的感触格外深刻。

低头却得梅花香

刚参加工作那几年，很有些年轻气盛，觉得自己读了一大堆书，课堂上也算得上妙语连珠，加之学生们的反应也不错，一时心里颇有些得意。那时条件比较简陋，一个办公室里坐了近 20 多人，各个学科都有。我的旁边是一位 40 多岁的李姓数学老师，他总是戴着黑框眼镜，给人感觉特别内敛。

因为年纪轻的缘故，我和学生走得比较近，有一些学生经常利用课余时间找我聊天，除了谈学习，更多的是分享一些生活中的平常事，虽然都不是什么大事，但却让我找到了被需要的感觉，并且慢慢地开始享受起这种感觉来。一来二去，每到下课时间，我的办公桌旁总是围满了学生，我们开怀畅谈，聊得不亦乐乎。

有一天课间时间，借着学生在操场跑操的空隙，李老师对我说："小张，我和你说件事。"

"什么事呀？"我有些好奇。虽然座位挨着，但我们平时的交集并不太多，看着李老师那一脸严肃的样子，我的心里泛起了嘀咕。

"以后课间时间，还是尽量少和学生们聚众聊天，会打扰到其他人。"

打扰其他人？怎么没见其他人说，这其他人除了你自己还有谁呢？我心里不由得这样想。

"没那么严重吧。"我企图为自己找一个台阶下。

"肯定有影响，不然我也不会说。"

看着李老师那严肃又认真的样子，我虽然心里有一万个不乐意，表面上还是答应了下来。

接下来的一段时间，我有意和一些玩得好的学生保持了距离，尽量让他们不在课余时间找我聊天。李老师的脸色也慢慢好看起来。

这样过了一段时间，我和李老师一直相安无事。但是有一天，李老师又找我了："小张，有件事……"

我头皮有点发麻，忙问："什么事呀？"

"我昨天听了你的课，有一点感想，想跟你交流一下。"

我这才想起昨天在全校上了一节公开课，原以为只有本组的老师听，没想到李老师也听了。

"那好呀，还请李老师多多指正！"提到上课，我就上心了，作为年轻教师，谁不想拥有一身过硬的教学功夫呢。

"我建议啊，课堂的思路还可以再清晰些，重点再突出一些。可以学学我们数学，思路清晰，重点突出，争取让学生每节课都有收获。"

语文课最大的问题就是思路不清，重点含糊，这几乎是大多数语文课的通病，没想到李老师一针见血地提出这个问题。姜还是老的辣呀，这个数学老师不简单！我不由地对身边这位老师刮目相看。那么怎样才能做到思路清晰、重点突出呢？我带着问题继续请教李老师，李老师一改往日的严肃和内敛，详详细细地把自己多年的教学心得向我倾囊传授，并邀请我去观摩他的课堂，他常常对我说，各个学科的知识虽然不同，但课堂的本质却有着很多相似之处，多看看没坏处。

后来他对我说，之所以对我青睐有加，主要是那一次给我提意见的时候我能听得进去，让他觉得这个年轻人还可以。

"否则……"，每次说到这时，李老师就笑了，那是充满和善的笑。在这样的微笑中，我慢慢成长起来。

剑锋相对情意长

说起学科差异，这让我不得不提另一同事 B。他参加工作比我迟两年，教的是物理。按说这物理和我这语文完全是八竿子打不到一起，你走你的阳关道，我走我的独木桥啊。

可是 B 偏不。

我读书的时候，他说："哎哟，语文老师就是不一样，饱读诗书呀！"我写字的时候，他说："不是吧，高中老师还教学生写字吗？"我改卷的时候，他说："语文这考和不考有区别吗？"总之这哥儿们对我这学科是打心眼里瞧不起，典型的理科直男思维。

咋办呢？看来需要辩论一番！针对 B 的问题，我在很多场合据理力争了好几回，但最后还是败下阵来，成绩压在那，人家能在短短的半学期实现质的飞跃，我行吗？不行！在铁一般的事实面前，一切语言都显得那么无力。看着 B 那趾高气扬的样子，我心里暗暗下定决心，一定要和他真刀实枪干到底，让他真正见识到语文的魅力。

接下来的一年多时间，我没让自己闲着。读书、听课、研磨、反思，和同行交流，向前辈请教，向名师学习，在努力提高自身专业能力的同时，我还把目光放在学生的身上，及时向他们征集好的建议，不断改进课堂的组织形式。为了丰富学生的学习内容，激起他们的学习兴趣，我还积极组织一些相关的活动来带动学生，朗诵比赛、征文比赛、演讲比赛、汉字听写大赛、手抄报展评、民俗特色整理、课本剧等，凡是有条件搞的，都组织学生搞一搞。一年下来，忙得够呛，却也分明感觉到课堂的效果好了许多。

本想着这样一来，学生的成绩该有点起色，和 B 的差距不至于太大，没承想等到考试成绩出来，却并没有很明显的变化，我不禁有些丧气。B 又来高谈阔论了："教书嘛，你把自己整那么累干吗？学习是学生的事，忙的应该是他们嘛。"

一语点醒梦中人。学习是学生的事，这本就是教学的根本，我怎么就忘记了呢。只顾着按照自己的想法去做，却忽略了学生才是学习的主体，教师只能指导，不能代替。难怪效果不佳呢。看来还得改！

这次我不再事事冲在学生前面了，我从舞台上退下来，只在幕后指导，想方设法让学生自己去表演。学《荆轲刺秦王》，学生说，我们排个课本剧吧。我说那当然好，你们先自己组织，有问题了找我，完了后我做第一个观众，有问题的地方加以纠正；学《雨巷》，学生说，要不要来个诗朗诵？当然要！我让他们先配音朗诵，再给他们找来一些名家的朗诵和解读供他们参考，只在最疑难处四两拨千斤……一年下来，感觉充实了许多，学生也学到了许多。年终的考试评比中，我带的班级位列前茅。一向挑剔的 B 也向我投来了钦佩的目光。

那以后，我和 B 成为了无话不谈的好哥儿们。他说："嘿，看不出来，你真有两把刷子。"我说："你也是。"

技巧点拨

学校是教书育人的圣殿，也是一个缩小版的社会，在这个社会里，任何人之间的沟通和交往同样显得非常重要。和不同学科的老师沟通，不得不说是一门艺术。我认为，在和其他学科的老师沟通时，一定要放下心中固有的成见，摆正自己的位置，要相信：他山之石，可以攻玉。那么具体怎么做呢？不妨从以下几点做起：

1. 懂得理解和体谅，不要逞一时之气。

2. 放低身段，善于学习。

3. 提升自身的专业能力，学会用实力说话。

4. 善于博采众长，努力融会贯通。

陕西省安康市安康中学高新分校　张远超

第四辑

如何与领导有效沟通

统一认知，肯定先行

我有一个朋友，刚认识他时，他已经在这所学校干了三年。为什么用"干"这个字呢？因为和他聊天的过程中我能明显感觉到——工作太累。

这是一所乡镇寄宿初中，我刚去的时候有四个年级，除去初中三个年级，还有六年级3个班。我去的那一年不分重点班。他带八年级，我教六年级。那时候我们都住食堂二楼，一到两人一间房，我和另一位新老师共住一间。

在这里住着的大多是班主任，早上5点多起床，晚上10点多查完寝才回来。

和往常一样，晚自习督完班，没课的几位老师坐在一块儿闲聊，常常在我这儿。老师嘛，很奇怪，工作时抱怨班上孩子这样那样，但茶余饭后挂在嘴边的却还是学生在班里的事儿。正聊着，他过来了。

气氛有点尴尬，他一句话也不应，有点儿奇怪。我开玩笑地问道："咋了，哪个熊孩子又不听话了？"

他来这个学校一直带的都是"问题"班级，或是中途接班。这次带的是八年级分班最末尾剩下的那些孩子，这些孩子正处于青春叛逆期，乡镇学校嘛，大多数父母外出务工，留守儿童问题更是层出不穷。成绩且不谈，抽烟、打架，和老师对着干是家常便饭。要么晚自习迟到了，要么作业没交，要么打架，我猜着绕不开这几件事。

他还是一声不吭。我突然注意到，他的脸色有点儿不大对劲儿。

"怎么了？"我又问道。

他还是坐着，望着脚尖，眼皮垂下来的样子好像有点沮丧，又似乎有点不甘心的样子。大家都好奇了起来，没继续聊天了，一瞬间就安静了下来。

"我要去找他！"他猛地站起身往门外冲，语气恶狠狠的。

我们都感觉到有些不妙，赶紧拉住他。接着问他，他还是缄口不语。脸色较刚才更不好看了，手里的拳头握得紧紧的。

在我的认知里，我的这位朋友性子温和，极有耐心，很有点中庸学者的味道。做事总是不紧不慢，一件一件的；说话也是慢条斯理，一句一句的。怎么突然变得这么暴躁？

其他几位同事也感觉到了气氛微妙，见他不愿说，也就离开了。我又问他："到底怎么了？"

安静了许久，他才开口。我这才知道，刚刚他挨了一巴掌，就在他班级走廊里，年级长打的……

说起这位年级长，我虽与他接触不多，但也多少听说过。他是八年级级长，也是我朋友班上的语文老师。

夜晚的宿舍楼在学生没有下课时是极安静的，只听见走廊尽头卫生间里的水滴答滴答的。再往下聊，我了解到事情是由班上一个不做作业的孩子引起的。他用罚站的方式惩戒这名学生，被级长巡视的时候撞见了。撞见的时候他正在讲台前训话，级长还没等他训完话就把他喊到走廊，要求他让这个学生回到座位，不允许罚站。

他告诉我，这个学生已经不是第一次不完成作业了，让他补做，他就威胁家长说不读，逃学，家长也管不了。作为班主任，他希望通过这种方式让这个孩子反思自己的行为，因此当面拒绝了级长的要求，语气可能冲了些：我才是他班主任，我用我的方式管他，不需要你干涉。

不知是酒精作祟还是确实无法容忍这种被当面拒绝的尴尬，突然一巴掌落到了他脸上。

听他聊到这里，我本想着他应该是受了这一巴掌的委屈，所以今晚才这么反常。但结局完全出乎我意料。挨完这一巴掌，我的这位颇具中庸之道风范的朋友居然立马给了级长同样的"回礼"，然后带着满腔怒火离开了教学楼……

听完，我竟一时语塞。不知是要安慰他，还是替他打抱不平共同"谴责"那位领导。不过我多少有点佩服他。不为别的，单是他这种说"不"的精神。因为在我的印象中，他属于逆来顺受类，不论学校布置什么任务，让他带哪个班，教哪门学科，他全盘接受，也没听他和我们抱怨过，他说：习惯了。

他又接着告诉我，这位级长领导，带他们班语文时常不来上晚自习，有时因为喝酒应酬，有时是别的事情要换课。一回两回行个方便，次数多了自然是会让班主任心中恼火的。因为是同年级最差的班，语文综合测评也就更不必说了。

我明白了，这一巴掌是两个人对彼此的积怨啊，这位无辜的学生只是激化他们矛盾的导火索，因为他的不善言辞，绝对服从，事情就成这个样子。一时间不知道说什么，但我知道，这个时候不需要分析什么道理，作为朋友，静静地陪在他身边就是莫大的安慰了。

那件事以后，他辞去了班主任的工作，也从八年级申请到了其他年级。后来老师们都知道了这件"丑闻"，但大家都懂，谁也没提。

几个月过后，一次偶然的机会，我和他又聊到了这件事。我问他："你觉得为什么领导不让你在班里罚站？"

"怕校长看见了不好呗。"这回他反应很快。

"这是一方面，他也是希望你们班能少出点乱子吧，毕竟罚站也不能从根本上解决问题，反而有可能触发他再次逃学的念头。"我轻轻地说。

他看了看我："当老师的也好、当领导的也好，哪个不想学生好好听话呢？但……"说到这里，他顿了一下，"当时我语气不应该那么冲的。"时间果然是良药，他回忆起来的时候脸上云淡风轻的，但心里多少还是不太好受的。

"反正都过去那么久了，不过现在站在领导的角度想想，如果你第一句话不是拒绝和顶撞，而是说一句'我知道您的意思，我们都是为了学生'，会不会就不会变成这样了呢？"

毕竟在和学生沟通时，我们一直在说鼓励为主，和领导沟通何尝不是呢？先肯定对方的意图，为接下来的沟通作好情绪铺垫，也许就会是另一个故事了。

富兰克林曾说:"失误可以很快弥补,失言却可能永远永远无法补救。"所谓"一句话让人笑,一句话使人跳"也是同样的意思。站在"一切为了学生"的共同起点,善于肯定对方的用心,既是教育智慧,何尝不是沟通良剂呢?

技巧点拨

领导首先也是人,是我们工作的伙伴,是为学生点燃理想之火的共同引路人。不管是接受还是拒绝领导的提议,又或是要与领导辩驳,我们都要学会站在对方的角度思考问题。先肯定对方的意图,这意图定然不会是坏的。谁不想听好话呢?先顺着对方,把谈话的氛围缓和下来,再条分缕析,表达自己的见解,我想,即使你的想法与领导不同,对方也更容易接受吧。

湖北省黄石市阳新县黄颡口中学　陈哲

衷心地说一声：谢谢您，领导

曾经，听别人发言感谢领导时，总觉得有些诌媚之意，但每当我站上经验分享的发言席时，想说的第一句感谢竟然也是感谢领导，那每一句感谢都是发自肺腑的，因为正是领导的批评、表扬、赏识，才成就了今天的我。虽然人职十余年，仍只是一位一线教师，但回首看，从分校到主校，从科任教师到班主任，从普通班班主任到奥赛班班主任，一路的成长，都离不开领导的帮助。

我不是会迎合领导的人，但每一次与领导的有效沟通，都是我的最强助力。

初为人师，惧怕领导

初登讲台，从学生变身为教师，兴奋啊！但开始上课，我才知道没那么简单。

学校为了让新教师能够站稳课堂，要求每月上 2 节公开展示课和 8 节包班领导"推门听"（即不提前通知，领导任选课节）。这就必须珍惜分秒，时时认真，我的包班领导——教务处的刘主任是最"可怕"的。听同事说，她平时就是一脸严肃，评课时更是一点情面不留，每次都是直接说问题，经常让上课老师想找个地缝钻进去。

清晰地记得，刘主任第一次给我评课，就是表情严肃，直指问题。我都不敢看她，越怕她，就越不想让她挑出我的问题。于是，她每说一个问题，我总是急着解释我为什么这么做，比如，她说："课堂抛出问题后，你就急于提示，给学生的独立思考、讨论的时间太少了。"我马上就会解释说："主任，我当时看学生都不讨论了，怕他们考虑不到……"越想得到认可，就越急于争辩。连续几次以后，我发现她听课记录上写了很多，给我评课时，却只是敷衍地说几句。

我有些疑惑，不可能是我的课没什么问题，问题出在哪呢？细思量，一定是每次给我指出问题时，我那急着辩解的态度。我很清楚，在这个校园中，就只有刘主任毫不保留地指出我的问题，刘主任能做我的包班领导是我的幸运啊，唯有"逆耳"忠言更利于行。三年，如若珍惜她的每一句指导意见，并加以改正，定会让我的教学水平上个台阶啊！这该怎么办呢？错在我呀，可我是那种见到领导想要绕道走的人，不敢当面说呀，如何是好呢？

真诚认错，领导可亲

逃避不能解决问题，反会阻碍我进步。我坚信，领导与我虽是上下级的关系，但她也是普通人，在短信和手写信之间，我决定用手写信，这样勉强可以实现见字如面吧。于是我精心挑选了漂亮的信纸，用娟秀的正楷写了一封信，信中陈述我的问题，表达我的感谢，更恳请她能像最初评课那样毫不客气地指出我的问题。信写好后，我悄悄地从门缝塞进了她的办公室。

热切地盼着她再来听我的课，周三，她终于来了，微笑着看了我一眼，那一眼，就让我心里乐开了花……要知道，她平时是不苟言笑的，真好。那节课，是我入职以来，心里最轻松的一次，不再战战兢兢地怕暴露问题，而是希望暴露越多越好。下课后，我快速跑过去，不知该说什么好，我就看着她傻乐，只见她特认真地看着我的脸说："我开始评了啊，作好心理准备。"我点头如捣蒜，拿起小本本，记下她说的每一句，不再辩解。评课后，她递给我一张纸条：你若够用心，我一定帮。我说的是一家之言，大胆质疑，但不要为自己开脱。

自此，刘主任就像那定海神针，有她在，我既可以从容地上常规课，又大胆地尝试创新课，下课听她指不足，跟她聊困惑。在她的帮助下，慢慢地，新授课、复习课、展示课、竞赛课，我都游刃有余了。

她偶尔也有说得不妥的，但因为她是我领导，她是真心帮助我成长的领导，从情感上，我首先是全部接受，然后再针对具体问题，选择适合的方式和她沟通。

领导助力，从容为师

教学从容后，因领导信任，我被安排带班，虽内心忐忑，但鼓足勇气上任，从此开始了教育教学双肩挑的日常。面对的问题多了，与领导打交道的机会也多了，有了与刘主任相处的经验，我不再惧怕，而是更注重与领导的有效沟通，为我的班级管理助力。

记得在部队军训时，原定的教官临时有任务，给我班安排来一位小兵，他与我班孩子同龄，毫无经验，下口令都脸红。眼见着兄弟班有模有样地正步走了，我班齐步走还不整齐呢。怎么办？求助领导。德育处张主任直接要求，必须自行克服困难，没有教官可换！

听罢，欲哭无泪呀，只能照办。可是问题亟须解决，思来想去，决定拜托他每天巡查时，多在我班区域停留一会儿，精神上鼓舞。技术上我和教官一起边学边练。领导一听就乐了，这办法可行，之后的七天，领导不只是多停留，还常夸奖我们的进步，使得我们士气大增，技术上很快就利用休息时间赶超回来了，最终将"军训队列优胜奖"收入囊中。

刚刚接手奥赛（这个班型是学校高考高分段的保障），成绩的压力陡增，高分段成绩不见突破时，主管高三的李校长常来"关怀"。一日，她批评我班课间躁动，闲聊的多，安静学习的少。这一定是我班课间声音大，领导为我班好，指出问题。我必须马上处理，于是要求课间消音。如此迅速地解决问题，领导满意。但我清楚声音是班级刚刚实行的"师徒互助计划"所致，为了提高成绩，我需要在不影响秩序的前提下，择机争取课间互帮互助声音的存在。当然跟领导争取之前，我先想好了对策：安排值日班长监督，安装"分贝测试仪"。趁领导再来我班时，向她详细地说明原因和解决办法，同时请领导再进教室，感受我们调整后的班级状态。领导看到了我们方法和行动上的努力，欣然批准。

近年来，虽然高考政策在变，学情也在变，但与领导的有效沟通，一直都是我最大的助力，让我可以处变不惊、从容应对。

我的成长，得益于遇到的每一位领导，他们的共同点是都有大视野、大格局、大气度，他们很努力，所以欣赏努力的人；他们擅自省，所以更乐于倾听不同的声音，接纳他人的建议！

技巧点拨

与领导沟通，是需要勇气的；而有效沟通，更需要真诚和智慧。

我的原则是先因情而服从，后依理而对话。

领导与我，是上下级的关系，从情感上讲，出于对上级的尊重，这就要求我们首先要服从；但领导也是与我们平等的普通人，不可能完美无瑕，我们选择适当的时机和领导对话，从道理上，讲清自己的困惑、理由、做法等，领导是会倾听并与我们交流的。

辽宁省本溪市第二高级中学　公维玮

明"强""弱"势，求合作共赢

曾粗浅地读过《薛兆丰经济学讲义》，作为一个门外汉，我读不太懂，但我对书中"强""弱"两个概念很感兴趣，接下来，我从"强"与"弱"的角度谈谈对"与领导有效沟通"的认识。

"强"与"弱"是不是绝对的敌对关系？二者确实可以对立，但也可以双向转化，或者单向转移，甚至我们也可以倚"强"扶"弱"。一起来看一看吧。

强弱转化，实现利益平衡

新一轮教学任务开始了，新的主管人选也确定了。年级主管比我早两年来学校任职，这位张大哥性情宽厚，从不与人斤斤计较，如今他主持年级工作，我们这帮人还是很服气的。但是也有产生矛盾的时候。

一次月考，安排语文组监考全场；监考的两天时间里，老师们只能挤零碎时间阅卷；第三天正常上课，下午下班前出成绩。语文卷难判是公认的，在这样的安排下，我们不可能高质量地完成阅卷任务，不可能充分备课。

这件事情上，领导是强者，代表权力，意味着他的安排是在综合考虑年级情况之后最合理的安排。语文组教师是弱者，是被管理的一方。我们组想和领导商量商量：能不能让老师们提前一两天拿到试卷备课？如果试卷在考试当天运来，那么出成绩的时间能不能推迟半天到一天？如果因为联考而必须在规定时间结束阅卷，那么能不能让语文老师只监考一天，或者允许晚自习阅卷？如果这些都不行，能不能刚考完试可以先不讲评试卷？……

直接找领导谈判是行不通的，因为这是在否定他的决策，他会强硬地结束谈话——"谁干活不累？就你们组事多！"如果我带着这些"合理化建议"私下去找领导，也并不代表就是给领导留面子了，因为他的面子不能是我"给"的，他极有可能恼羞成怒。哎呀，领导的决策怎么能有问题呢？他承认有问题，会觉得没面子，他不承认有问题，就会变成一个不讲理的领导。既然领导不是不讲道理的，那么只能我是那个不讲理的人，此时唯有"胡搅蛮缠"才可能实现强弱势的转化，达成我们都能接受的结果。

来吧！

我选了人多热闹的时间和地点：大课间，年级办。

我拿着提前准备好的避免忘词尴尬的小纸条：

1. 领导，你要准确的成绩还是随意打分？

2. 领导，你要老师上课正确讲题还是随意应付？

3. 领导，你……

4. 哥，你……

……

"哥，你说怎么办，你必须把这件事安排好，你要安排不好我就耍赖，你想看我坐办公室地上哭还是教学楼门口哭？……"

最终，我和领导达成一致：考完试的第一节语文课老师不讲课，学生自行讨论答案、提出问题；从第二节课开始，老师有针对性地讲评试卷。

其实这样的事放在别的组是比较好解决的，年龄大一些、资历老一些的教师出面就可以，可语文组年龄最大的就是我，做不到"倚老卖老"，那就只能"最喜小儿无赖"了。

在这件事情上，领导是强者，语文组是弱势一方。可是弱者之所以取得最终的"胜利"，是因为我认识到：很多事是没办法讲道理的，包括公事，那就只能找平衡；必须给予领导尊重，因为组织大型考试协调各方确实不容易，问题能解决就好，不必纠结是非对错。于是我把事情以正大光明的示"弱"方式展示在众人面前，"逼迫"领导，领导总不能比我这个"弱女子"更无赖吧，于是领导转入弱势，他只能找到一个让双方都可以接受的解决方案。

向专家型领导求资源，走上由弱变强路

又来了一批新老师，又开始了"青年教师比武大赛""优秀教案评比""优秀板书展"等活动，又一个年轻老师哭了，又一个桀骜不驯的老师走了……

想起了我当年的情景。

刚上班那会儿，我的性格还处在"叛逆期"。面对领导，我不懂"未语先笑"，经常避领导而行，最期待的就是世界上没有"领导"这种生物，这样我就不用和其他年轻同事一起被领导用各种"尺子"比来量去。

有一天我做"每周一课"，王校长听了我的课。下午集体教研之前，师父让我找王校长评课，我点头，心里想的却是"王校长是语文组的专家，我让他给我评课，肯定全是缺点"。教研活动开始了，我坐的位置离王校长很近，可是我装鸵鸟低着头一声不吭。终于，王校长转过头来说："小靳，我给你说说上午的课。优点是……（此处约1000字）当然也有一些不足，比如……（此处约200字）我建议你……（此处约1000字）。"我懵了：表扬那么多、批评那么少？校长居然主动教我？我什么时候能像王校长一样有水平？

王校长用他的领导魅力给我上了生动的一课：领导是强者，他有管理、批评，甚至辞退菜鸟教师的权力，可他更有领导涵养，有丰富的知识素养和教学智慧；我处于弱势，却认不清形势，不懂得主动求教，不懂得追求进步。在这样鲜明的强弱对比下，在必然会被长时间地比来量去的情况下，我只有一条路可走：主动示弱，向强者学习，努力提升自己，以期逐渐由弱变强。

后来，我更是认识到，在学校这个平台上，年轻教师几乎不用花费什么经济成本，就可以获得很多的优质资源，这样的投资和回报，是我上班之前没有遇到过的。

强者教师鼓励、支持弱势领导，助力年轻领导快速成长

工作了一年又一年，我也成了一名"老"教师，年轻的领导们也一批批地成长起来。主任小薛，他上高一那年我参加工作，虽然我没有给他讲过课，但他平时总是特别尊敬地称呼我"靳老师"，直到参加工作，直到走上领导岗位。不必说见面时他主动微笑打招呼，不必说他把女朋友准备的爱心零食拿出来给没吃早餐的我，也不必说分配任务时他耐心解释不让老同志感觉吃亏委屈，更不必说他兢兢业业、勤勤恳恳，腰椎、颈椎早早就累出了问题……主任小薛的付出我们都看在眼里。人心相换，作为强势的老教师一方，怎能漠视一个认真负责的弱势领导？以德报德，从我做起，绝不给领导添麻烦，能自己解决的问题坚决不找领导，领导不能解决的问题我积极献言献策，助力领导解决问题。这样，倚强，扶弱，勠力同心，共建年级。

技巧点拨

1. 寻找平衡，解决问题。领导和教师不是对立关系，二者都是为学生服务、共建优质学校的主力，只是分工不同。如遇强弱矛盾，应寻找双方的"利益"平衡点，解决问题是关键。

2. 明确关系，提升自己。领导和教师没有"阶级"矛盾，只是二者拥有的资源不平等。因教学能力突出而被学校提拔重用的专家型领导，是年轻教师由弱变强的优质资源库。

3. 合作互助，实现共赢。作为利益共同体，我们的共同目标是学校发展壮大、学生有美好的前途，倚强、扶弱，我们携手共行。

河北省张家口市沙城中学　靳海彦

善解人意暖人心，积极沟通得赏识

问题呈现

师范院校刚毕业的小马，以优异的成绩，经过层层筛选进入了当地的新建学校，这对小马来说简直就是"苦尽甘来"。想想自己十年寒窗苦读，可不就是为了圆她的教育梦想吗？

可眼看着来到新学校工作已经一个学期了，和自己同时期进入本校的同事，一个个在领导的赏识下，意气风发，工作生活如鱼得水，评先进的评先进，得奖的得奖，而她却始终成绩平平，这让她产生了深深的挫败感。无奈之下，她拨通了大学老师的电话，老师是位年长的教授，和蔼地问她平时和领导有没有沟通。小马委屈地说："我就按照您说的把自己的本职工作做好，把课上好，按时上下班。"老教授意味深长地说："以前教你们的知识只是最基本的职业道德，而在现实教学中，需要你根据具体的情况不断提升专业能力，实现角色转换。你现在的问题是没有归属感，导致你出现了职业倦怠，而这一切的根源，就是你没有得到领导的赏识！"小马更加困惑了，她不知道怎样和领导积极沟通，获得赏识。

现象分析

在实际教学中，不光小马有这样的困惑，许多教师都有类似的经历。天天看着同事在短时间内因为骄人的成绩被委以重任，心中无不充满羡慕，但囿于传统观念，觉得求取领导赏识，就等同于巴结逢迎、阿谀奉承，完全曲解了被领导赏识对教师的意义。

1. 被赏识是教师的心理需求。

当前，"赏识教育"已经成为一种潮流，其实，不仅孩子希望得到赏识和激励，教师的内在也有这样的需求。莎士比亚说："赞美是照在人心灵上的阳光。没有阳光，我们就不能生长。"心理学家威廉姆·杰尔士说："人最深切的需求就是渴望别人的赞赏。"教师作为一个知识群体，不仅向学生传授知识，还要对学生进行思想观点、道德品质和行为规范的培养。是想方设法释放孩子潜力，塑造孩子灵魂的工作，所以说有什么样的教师就有什么样的学生。要想让教师发自内心地欣赏学生，必先有人满足教师的心理需求，赏识教师，让教师心里充满阳光。

2. 赏识是教师工作的动力。

教师需要赏识，更需要管理者将赏识化为行动。一名教师获得了领导的赏识，就会学会信任，学会尊重，学会理解，学会激励，学会宽容，学会提醒，从而树立自信，笑迎困难，笑迎挑战，用微笑去克服自身的缺点，心灵舒展地去教书育人，把同样的感觉情不自禁地加倍回馈给他们的学生，春风化雨。在教师赏识下的学生，在和暖的师爱中不断丰富自身知识，发展自身能力，提高自身素质，变成德、智、体、美、劳全面发展的社会主义建设者。

解决对策

听了教授的分析，小马像是若有所悟地问道："但是……但是领导要面对那么多职工，我又怎么能脱颖而出呢？"教授非常严肃地问道："你平时做事有没有遵循'协同'原则？"小马说："没有。""'协同'是改变世界的力量，生命不是网球赛，只能有一方赢球。当双方都赢，能够共同创造出一种新局面，让彼此都感到满意时，才能作出合理的决策。要想获得领导的赏识，你的思维必须从'我只看到自己'转变成'我看到你、我和你协同'。"教授提出了具体建议：

1. 善解人意，领会意图。

生活中如果你是一个善解人意的人，那么你一定会是一个受大家欢迎的人，在学校里如果你是一个善解人意的老师，那么你一定是一个受同学爱戴、家长尊重、领导喜欢的好老师，因为你在和他人交流时总是开启"第3选择"思维，善于倾听、善于体谅，遇到问题和领导沟通时，总能用充满信任的目光看着对方，耐心地听对方把话讲完，给对方一个强烈的共同心理暗示，"我看到我自己""我也看到你"，认真倾听、恰当解释，所有的误会、埋怨会消失得无影无踪。在工作中，你理解同事的苦衷，领会领导的意图，按领导的意愿去行事，赢得同事的尊重，也获得领导的赏识。以积极的心态，面对工作中的一切困难，不断拓展自己的能力，做一位幸福的老师。

2. 尊重领导，有效沟通。

不少教师或多或少受中国古代知识分子"君子谋道不谋食"思想的影响，通常很少计较物质回报，却很在乎自己的劳动是否得到别人的尊重和社会的承认。在工作中缺乏和领导的有效沟通，容易在工作中产生不良情绪，甚至通过消极怠工的方式反抗领导，这样不但影响正常的工作，也容易和领导的关系进一步恶化。

其实，老师应该学会换位思考，理解领导的苦衷，不要遇到什么事首先去抱怨领导的不对，领导是我们的上级，他们有权力按照自己的思路和意图部署工作，包括支配每一位下属。而教师，作为下级，虽然可以向领导提出不同意见，但在意见未被采纳之前，必须服从领导安排，及时圆满地完成领导交代的任务。当然，有时候领导的决策或安排也并非科学，甚至不当或者错误。我们应该选择合适的时间、场合，在把握好尺度、分寸的同时，与领导有效沟通，提出自己的意见。

3. 关心领导，真情相处。

人与人之间最需要付出的就是真心和真情，否则再多的甜言蜜语也很难获得对方的信任，同样，想要获得领导的真心认可，你也必须真诚以待，对领导的"冷暖"及困难要予以关心。所谓"良言一句三冬暖"，这种知音般鼓励的话语，可以给"同食人间烟火"的领导"雪中送炭"的温暖感觉。领导阅人无数，我们谁有没有用心做事，其实一眼就能看出来，所以工作中千万不能有侥幸心理，要拿出马前卒的精神，认认真真做好本职工作，妥妥当当完成领导交代的任务，多为学校的利益考虑，甘做绿叶，急领导之所急，这样领导才会开始慢慢信任你，重用你。

4.明确目标，做好本职。

孔子说，"吾十五有志于学"，就是有了自己的人生目标。教师有了目标，就有了奋斗的方向，追求的目标越高，他的才能发展得越快。作为一名教师，要时刻告诫自己追求卓越，崇尚一流，拒绝平庸，我们要想把自己的爱心让学生欣然接受，就必须有让学生信任的资本，同样，想获得领导的赏识就得做出一定的成绩，及时、圆满地完成教育教学任务的同时，还不能忘记提升专业能力，积极思考，为领导提供有益的建议，供领导决策参考。倘若没有奉献精神，只一味地好高骛远，反而会让领导觉得你只是一个平庸之辈。

5.涵养心灵，提升素养。

教育之途充满阳光雨露，但也有荆棘灰暗，我们必须且行且修炼，关注无数颗敏感的心灵，让爱将自己的心灵变得柔软无比，这样才能有春风化雨、润物无声的人格魅力。教师作为学生的引路人，要想培养出高素质的人才，自身必须有高尚的思想道德品质、人格、风范，淡泊名利，耐得住清苦，受得住寂寞，不为名利所累，知难而进，勇挑重担，用自身的人格魅力来感召身边的同事，做领导的小助理，成为不可或缺的角色。

技巧点拨

小马听完教授的精彩分析和建议，心中像是燃起了一团烈火，思想的浪花不断跳跃，她似乎看到自己存在的价值：为他人开一朵花，为他人灿烂一片心地，增加一缕温馨……这些都会是自己向上攀登的勇气。

以前小马觉得自己只要按时上下班，领导只是一个代称符号，和自己没有多大交集，所以感觉不到工作的乐趣，从而产生职业倦怠。但是我们常说："士为知己者死，女为悦己者容。"战国时期的刺客豫让为报智伯的知遇之恩，不惜冒着生命危险，毁容伤身，行刺赵襄子，原因是智伯生前十分信任和欣赏他。由此可见，获得领导的赏识可以让人产生巨大的动力，哪怕在死亡面前，也毫不畏惧。

教师作为一个特殊群体，在培养学生的道德品质、理想、文化、纪律等方面发挥着重要的作用，是学生的引路人。我们对学生进行赏识，就必须保证自己内心充满阳光，得到领导的肯定、关爱，小马的案例只是单单的个体，我们很多人在平时的工作中都有类似的困惑，所以在教育前行的路上，要以善解人意的温情急领导之所急，用智慧和包容的心，多和领导沟通，在被赏识的激励下继续修行，做穿枝拂叶的播种人！

甘肃省天水市秦安县西川中学　刘萍

与领导沟通的三架桥梁

万万没想到，我，一个以态度认真、优秀能干著称于校的骨干教师，竟然遭遇了事业的滑铁卢。

因为最近几年我事业发展得比较快，所以难免遭同事嫉妒，时不时地听到些坏话。起先，我对这些谣言并不在意，后来，不断有好心的同事提醒我，小心一点，有人在领导面前诋毁我，领导好像对我有了不满呢。我想，身正不怕影子斜，我的工作表现和教学成果放在那里，难道领导会看不到而只听一两个人的一面之词吗？

可是后来的事情证明，我把单位的工作关系想得太简单了。

全国最高级别的语文教学大赛即将开赛，我向领导申请观赛。之前也有同事观摩过高级别语文赛事，所以我想这样一个要求并不过分。谁知领导冷冷地回了我一句："学校的培训已经很多了，以后有了国培项目再派你去吧。"我很理解领导的难处，学校老师多培训名额少，我再申请额外的培训确实增加了学校的财务负担，于是便不再提。

一天上午十点，我正在办公室备课，突然接到领导的电话，通知我下午两点去给研究生上课。只剩四个小时，中午还要吃饭和休息，而且还是给研究生上课，怎么这么晚才通知，我哪有时间准备啊！正在疑惑不解的时候，同事为我解开了疑团。原来，给研究生上课的另有其人，正是那个四处诋毁我的同事，此刻，他正与这名领导前往首都参加国培的飞机上，只是今天要上课，直到起飞前才把我抓去当临时工。得知事情的原委，我气愤却又无奈。不过此时我已顾不得细究个中缘由了，匆忙准备迫在眉睫的讲课。还好，凭借丰富的积累和独树一帜的风格，我的课大受欢迎。

课后我陷入了沉思，看来，我得找契机和领导沟通一下了。

专业：与领导沟通的技术之桥

不久，机会来了。

领导负责一项省级录课任务，几名骨干教师被抽调，每人分领几节课，我也在其中。其他几人从没有录过微课，有些畏难情绪，我因为之前完成过类似任务，还算有点经验，便欣然应允。当然，我还有点小私心，想利用这个机会展示我的专业能力，破除同事的谣言以及领导由此产生的误解。

准备的过程很细致。为了几个虚词的用法，我先后查阅了吕叔湘和王力版的《古汉语词典》，发现两位语言大师在个别词性的确定上竟也有分歧，于是又查阅了《文言虚词词典》。微课是给学生看的，还得深入浅出，贴近教材，于是我又参考了《古汉语常用字字典》《语文基础知识手册》和《文言文翻译全解》。六本资料一路查下来，我对虚词的释义、用法、例句了如指掌。制作课件时，我采用了简洁大方的模板，注重内容的实用性和准确性，力求视觉美观、表达清晰。最让我高兴的是，在完成任务的同时还掌握了一项新技能，学会了用新的软件录制微课和剪辑视频。仅用了三天功夫，几节微课完美出炉。

当我把微课按时发送给领导后，他也禁不住夸赞我："几个人当中，刘亚做的微课效果最好！"

过硬的专业技术让领导重新认识了我，还有什么是比这更好的沟通方式呢？

主动：与领导沟通的情感之桥

有了前一次的成功，领导变得信任我了。不久，学校要申请一项省级课题，领导便指定由我和另一位老师共同完成申请立项的任务。在此之前，我曾主持和参与过多项省市级课题，做研究生论文的时候系统训练过文献整理和概述，所以对查找资料和填写表格轻车熟路，很快就完成了我负责的部分。

一个课题申请表是由多个表格组成，每一个表格看似独立却又是有机的整体。我的表格完成了，同事的表格不知进展如何。眼看就到了提交表格的日期，但是同事那边似乎没有动静。我生怕耽误了学校工作，就主动与领导沟通说："×老师除了平时的日常教学之外，还承担着中层管理工作，十分忙碌，下班还要回家照顾年幼的孩子，几乎没有休息的时间，实在太辛苦了。我之前已经整理了很多资料，对这方面也很熟悉，剩下的内容我来帮他填写吧。"领导欣然同意。

填写表格说起来容易做起来可不轻松，整个周末，我都泡在了文字堆中，整理文献，厘清概念，设计方案，忙得头昏脑涨。但我没有一丝抱怨，同事有困难，帮忙是应该的，领导布置任务，要保质保量完成，所谓集体，就是集合每一个人的力量成为一个璀璨的发光体。带着这样的工作理念，我高效地整理好所有资料，周一交到了领导手中。领导看到整齐规范的申报表后，不由地称赞道："刘亚真是个好帮手！"

这件事也让我认识到与领导主动沟通的重要性，毕竟领导工作很忙，不可能了解每一名一线教师。如果当时我只顾完成自己的任务，最终耽误了立项工作，虽说责任不由我来负，但毕竟也会给领导留下没有团队精神的印象。有时候，主动一点，多承担一点，看似辛苦，实则收获丰富。

借着这次成功，我又主动向领导申请任务："您主持的工作室验收汇报时，如果需要我做哪些工作，尽管布置。之前×校长的工作室汇报资料就是我做的。"领导听后既惊讶又高兴："那太好了！这个汇报很难整理呢，图文资料太多，我正发愁呢！"我笑着说："因为有过上一次的经验，而且效果也不错，得了两个省级奖项，所以我还是比较自信。我完成初稿，您再提修改意见吧。"就这样，我再一次主动申领任务并出色完成了任务，也获得了领导对我的绝对信任。

回想领导对我由误解偏见到了解信任，整个过程中，我没有抱怨逃避，更没有消极怠工，始终以迎难而上、积极努力、寻找办法、解决问题的态度面对职业危机。我也从来没有在领导面前指责那个诋毁我的同事，反而客观肯定同事的能力，更没有凸显自己、自我表扬。路遥知马力，日久见人心，我相信只要用真诚去待人，用实力去工作，就一定会"守得云开见月明"。

感谢：与领导沟通的修养之桥

后来，我离开了原单位。人虽然走了，但是心里还是对原来的单位、领导、同事心存感激。转眼，在新单位已经工作了好一段时间了，趁着节日来临，我给领导发了条信息，感谢他对我的帮助和指导，让我在专业道路上快速成长，也解释了我离开的原因，介绍了新工作的情况。领导对我的离开表示了惋惜和理解。

虽然现在我和领导不在一个工作圈，但我们仍在一个朋友圈。我一如既往地支持领导的各项工作，领导也不时为我的新成绩点赞。我们以这样的方式关注对方，这就是最好的鼓励。

技巧点拨

有些老师之所以和领导沟通不畅，大概原因和我一样，性格内向，不善交流，见了领导不知道该说什么，路上遇见恨不得绕道走。其实领导也希望了解下属，所以与领导保持积极主动的沟通是完成工作的前提。

当然，教师是专业技术人员，最终还要凭借专业能力说话，所以，锻造好超强的手艺，才是我们的安身立命之本。

无论是工作中还是生活中，评价一个人除了专业素养之外，还有人品修养。能力可以帮助一个人走得很快，但是修养、格局、眼界和追求才能帮助一个人走得更远。

西北工业大学附属中学　刘亚

用心沟通：从误解走向理解

在工作中，作为一线教师的我们，因为学生发展、工作探讨等问题，不可避免地要与领导沟通，沟通是相知的桥梁，懂得沟通，学会沟通，方能以一颗平和的心在教育这条道路上探索前行。

水复山重：缺少沟通徒增忧

这天我正在办公室备课，突然接到校长的电话："刘老师，你班 A 同学家长在我办公室，你过来一趟。"

我心头一紧，发生了什么事情？随即迅速在大脑中思索着：A 同学，上课无精打采，下课追逐打闹，昨天因为不交作业，被我一气之下罚站一星期（语文课上）。

难道是因为这件事？我心想如果是，我也是为了学生好，谁让他不交作业的。

来到校长室门口，还没进去，就听到里面传来一个陌生而蛮横的声音质问道："你们的老师怎么回事？别人都坐着，就我家孩子站着，这是伤害孩子自尊心，这是体罚，这是违法。"

我心想这个家长真是无理取闹，敲门进去，校长室内气氛很尴尬，一边是家长劈头盖脸的质问，一副誓不罢休的样子，另一边是校长低声下气，满脸堆笑地向家长赔着不是。

看到我进来，校长突然脸色一变，眉头一皱，绷着脸严肃地看着我，随即便是一顿严厉的批评！

我不知道在校长室待了多久，只是觉得满腹委屈，眼泪不停地在眼眶里打转，沮丧地回到办公室。

这件事情后，我对校长有了很大的意见，甚至埋怨起校长，为了息事宁人，在家长面前，校长只会批评老师，让老师颜面尽失，师道尊严在哪里？就这样越想越委屈，越想越觉得不公平。那段时间，我的情绪一直很低落，工作也提不起精神。

云开月明：用心沟通促交流

我的这种抱怨情绪被校长体察到了，我又一次被叫到校长办公室。这一次，校长没有批评我，而是关切地问道："刘老师，那天，在办公室当着家长的面批评你，你心里是不是还有怨气，难道不想跟我说说吗？"

我心里一动，原来校长是找我谈心的，我一定要抓住这个机会，于是愤愤不平地申辩："校长，我罚学生站，是为了学生好。"

校长看了看我，语重心长地说："如果真为学生好，就要考虑学生的感受，我承认尽管你的初衷是为了他好，但是你的做法确实不对，处理问题的方式也简单粗暴了些，而且罚站未必会让学生真正认识到错误。"

听到校长这么说，我低下了头，表示认可。

校长见我没有说话，接着说："这位家长来的时候，情绪很激动，不停地抱怨，甚至说如果学校处理不好，不给他一个交代，就要告到教育局去。"

我一怔，事情的发展超出了我的想象！

校长继续说："面对这样的家长，最重要的是等待他冷静下来，否则便无法沟通，带着恼怒的情绪，不仅问题没法解决，矛盾可能还会升级。"

听到这儿，我才理解校长的苦心。罚学生站确实是我做的不对，而此时如果校长不当面指出我的错误，而是让我急于为自己的做法辩解，那么那位家长可能不会善罢甘休，而校长对我的严厉批评，在情绪上暂时平息了家长的怨气，然后等待机会向家长作解释，这样才有利于冲突的澄清和矛盾的处理。

校长看我若有所思的样子，耐心地说："有时候，妥协不一定全是软弱，忍让不一定就是无能，退一步也是一种智慧，不是吗？"

听到校长的这番话，我脸上一热，一种深深的愧疚感慢慢弥散在心头，我为自己没有及时与校长沟通而自责，也为自己没有理解校长反而迁怒于校长而懊恼。于是我低着头对校长说道："校长，对不起，我误会您了。"

校长的脸上也慢慢露出笑容，对我说："后来，我也了解到 A 同学为自己的错误做了检讨，也表示自己并不认可家长的行为，还告诉我如果以后遇到问题会和老师好好沟通。"

我点点头，原来校长并不是只会批评老师，在问题的处理上，作为一校之长，校长更多的是考虑到学校、老师、家长、学生之间各种关系的协调，而我只考虑我的个人面子问题。

校长又问道："那你觉得对于学生犯错这件事，有没有别的处理办法？"

我低下头，沉思了一下，说道："首先，即使学生做了错事，老师也不应该体罚学生，可以说服教育，用心去打动学生，而不是以爱之名义，伤害学生。其次，及时与家长沟通，老师和家长并不是对立的，往往产生误会的原因是缺乏沟通，不懂得换位思考，用心沟通，才能得到家长的肯定、理解和支持。"

校长笑了笑表示同意，我也如释重负。工作中，校长和老师是学校发展的统一体，存在不同的意见，有了隔阂，能够及时沟通，把问题说清楚了，也许问题就解决了。

时间一点点流逝，这一次与校长的沟通深深触动了我的思绪，从校长室出来，天边刚好出现了一道彩虹，原来，在我们谈话的时候下了一场雨，此时雨过天晴，我闻到空气中弥漫的青草的香气，是那样的美好。

技巧点拨

良好的关系都是从沟通开始的，在与领导的沟通中，尽量摆脱主观情绪，要冷静理智地与领导交谈，用心沟通，通过积极的对话，渐渐消除彼此间存在的隔阂，和领导一起解决困扰你的问题，调动感情，产生共鸣，增加了彼此的信任感，就达到了心灵沟通的目的。

当与领导发生意见分歧时，不要将争论变争吵，不要将分歧变对立，而是虚心接受领导给予的意见或建议，在观念不断改变的过程中改正错误，不断地塑造自己、提升自己。

黑龙江省伊春市友好区第三中学　刘友岚

不妨说些"悄悄话"

古语云:"一言能兴邦,一言能丧国。一人之辩,重于九鼎之宝,三寸之舌,强于百万之师。"这就充分证明了语言的独特魅力和无穷力量。语言是人际交往中必不可少的工具,是一门学问,学会游刃有余、恰当自然地和别人沟通,才能处理好各种人际关系,尤其是和领导的关系。在现实生活中,和领导的沟通尤为重要,这直接影响着你的前途。有些时候,我们不便和领导当面交流,那就不妨说些"悄悄话",巧妙迂回地和领导沟通,让沟通更顺畅,更有效。

私下交流,缓和气氛

"快点开,再快一点。今天路上怎么这么多人啊?哎,哎,前面的车怎么回事,快点走啊!"我嘴里嘟囔着,不停地按着喇叭。焦急、抱怨、担忧、烦躁等各种负面情绪接踵而来。我整个人快要崩溃了,马上开会要迟到了,可怎么办啊?只恨自己没有翅膀飞起来,穿过重重车流。今天可是江主任主持会议,他可是有名的暴脾气,魁梧的身材,黝黑的面庞,不苟言笑,让人望而生畏。而且他一直强调纪律问题,开会不得迟到。我终于以蜗牛般的速度到达学校,快速刹车,拔下钥匙,锁好车门,飞奔到会议室。我小心翼翼、战战兢兢地推开会议室的门,安静的会场让人窒息,大家都在聚精会神地聆听江主任的精彩发言。我红着脸刚想张嘴解释,只见江主任铁青着脸,眼睛一瞪,让我毛骨悚然,魂飞魄散。我吓得赶紧找个位子先坐下。脸滚烫滚烫的,心扑通扑通直跳。

这个会,真是度"秒"如年,让我如坐针毡。终于散会了。我该怎么办？给领导解释去，内向胆小的我，真怕被江主任劈头盖脸骂一顿。不去也不合适，总该给领导道歉去吧，不能就这样被人误解。我只好硬着头皮来到江主任办公室。徘徊着，犹豫着，思前想后要不要进去，终于鼓起勇气忐忑地敲敲门，听到里面说"进来吧"。我走进办公室，江主任正在看书，见我进来，放下书，示意我坐下。"江主任，今天的事情我真的非常抱歉，迟到是我的不对。您一直强调遵守纪律，开会不能迟到。可是我确实有突发状况。我楼上住着两位老人，老奶奶突发心脏病，老爷爷颤颤巍巍地来敲门让我去帮帮忙。看他焦急无助的样子，我也不忍拒绝。他们子女都在外地，没办法第一时间赶到。我就帮忙送到医院。事后我也在尽自己最大的努力往学校赶，结果还是迟到了，请您原谅。"江主任听我说完，竟然微笑着说："做得好，该表扬你才是。"能受到江主任这样的表扬，能看到江主任难得的笑容，真是荣幸啊，心里美滋滋的。

微信互动，亲切自然

今天可真是个好日子，我们教研室的赵主任被评为市优秀教师了。语文组全体老师都替她高兴。赵主任可是个古道热肠的人，爱说爱笑，为人随和，人缘特别好，我们都亲切地称她"赵姐"。

消息一出，语文组微信群里瞬间沸腾了。首先是德高望重的王老师发消息说："此时此刻，我想吟诗一首。"顿时群里被点赞、鼓掌、竖大拇指的表情刷屏了。王老师开始作诗："喜鹊枝头叫喳喳，频传喜报到我家。语文组里谁最佳，赵梅主任顶呱呱。"看了这首直白幽默的诗歌，大家做出各种搞笑的表情，气氛热闹、活跃起来。赵主任也发出拥抱、鲜花、红心等各种表情感谢大家对她的祝贺。赵主任提醒一句："大家准备好了吧，我要发红包了。"红包一出现，大家都开始抢红包。各种感谢的表情接连不断。有人提议，每次手气最佳的接着发红包，接下来群里就下起了美丽的红包雨。一个接一个，看看谁手气最佳，谁手气最差。大家开心地笑着，闹着，无比快乐。

书面计划，条理有序

这次期中考试学生成绩特别差，段主任把我和方老师叫到他的办公室。段主任拿出学生的成绩分析表，指着我们两个理科班的成绩严厉地说："自己看看，就你们两个班的语文成绩最差。"啪的一下把成绩表摔到桌子上。我和方老师都吓了一跳，空气瞬间凝结。片刻沉默后，我小声说："理科学生语文基础真是太差了，和文科班没法比。"段主任听了大发雷霆："我不要听理由，就没有你的错吗？回去好好反思反思。"

回到家，我认真反思领导的话，难道真的没有我的错吗？为什么一出问题，总爱习惯性地找其他人的问题，不找找自己的原因呢？我静下心来梳理了一下学生成绩差的原因，工工整整地写在备课本上。第一，落实不到位。只是让学生背知识点，没跟上检查。下一步加大检查力度，每天分组分批检查，力争人人过关。第二，学生参与度不够。学生在思想上不重视语文，要加强语文学科重要性的引导。通过量化加分、小组比赛等方式，充分调动学生的积极性。第三，语文基础差。措施是夯实基础，放慢进度，让学生充分消化理解。就这样一条一条，我从各个角度分析了这次成绩不好的原因，每条原因后面都跟上相应的措施。我把写好的内容悄悄地放在段主任的办公桌上。后来主任把我叫到办公室说："这就对了嘛，我们要积极想办法，遇到问题不能光找理由，那天我也是太着急了。你分析得不错，非常全面。那就期待你班下次的成绩能提高了。"我重重地点点头："好的，段主任，我会努力的，看我们下次的成绩吧。"

走出段主任的办公室，我心情无比舒畅，看校园里的蔷薇，迎着朝阳，开得正盛。

技巧点拨

我们在和领导交流时，要学会巧妙有效的沟通，可以注意以下几个方面：

1. 避开尖锐的矛盾冲突，切忌鲁莽冲动，让自己一时痛快，后悔终生。要把握分寸，注意上下级关系，巧妙地缓和矛盾，化解矛盾。

2. 要尊重领导，真诚地和领导交谈。让领导感觉到你是真心诚意地道歉，才会原谅你的错误。

3. 善于听取别人的建议，反思自我。凡事要多考虑自己哪里做的不好，谦虚好学是一种人人欣赏的品德。

4. 不卑不亢、适时恰当地赞美领导，可以增进和领导的关系，拉近彼此的距离。

5. 面带微笑、亲切温和地交流，使气氛融洽和谐，使交流顺畅自然，从而博得领导的好感。

山东省平原县第一中学　秦淑芬

选择时机，注意倾听

拒绝沟通择时机

刚上班那一年，我就一直找不到状态，虽然偶尔在课堂上也会有惊喜出现，但更多的是痛苦和迷茫。每一次从教室出来都面红耳赤，都是"关公脸"。真是感觉自己在作孽，心里一直都在怀疑自己根本不适合当老师。因为我清楚地记得上班以来的"第一个巴掌"。

清楚地记得那次，一个省级专家来学校听课，老师们都要讲公开课，在听了学校一个老师讲《病梅馆记》之后，什么"斫之"之类的，她说得那么流畅、优雅，我当时就疯了，脑袋一片空白，明明是课堂上讲过的课文，明明是昨晚准备好的话语，站在台上的我，紧张的一个字都说不出来，看着台下的专家、副校长和年级主任，我愈发脸红到了脖子根儿，结巴得恨不得马上找个洞钻进去。

从那以后——

我讨厌讲公开课时下面坐的听课领导，我讨厌突然闯进课堂检查学生纪律、抽查课堂效果的领导！

一碰到这些，我就逃之夭夭，或者请假，没病也去校医室找那个扎针的小姑娘，小感冒就跟她强烈要求，你要马上给我打点滴。天哪，我是一个从小打针就号啕大哭能吓跑狼的人，为什么要做自己不喜欢的事情？为什么要讲公开课？我当时对身边所有的一切都产生了怀疑。我甚至在想，要不要辞职？在学校碰到领导也是绕道而行。

为什么我的语文之路竟如此面目不堪？为什么我的语文之路竟如此尸横遍野呢？容不得我"收尸"，紧接着，"第二个巴掌"就接踵而至了，这也是刚带课的第一年，总想着把语文课上出点趣味的我正在教室里给学生说着钱钟书的幽默趣事，校长从天而降，看着笑得前仰后合的部分学生，他指着我说："你，出来一下！"后来的结果可想而知。"你这样管不住学生，怎么可能有好的成绩？"印象中只记得这样一句话了。当着几个学校同行视察课堂的领导面前，噼里啪啦地如一连串炮仗，容不得你分辨一句，拒绝沟通的呵斥之后，直接走人去了下一个班级。

其实当时我是不以为然的，语文课难道只能是死板的、教条的？

想起柴静《看见》中写的《山西，山西》，山西姑娘没见过小溪青山之类，基本上处处灰头土脸，但凡有一点诗意，全从天上来……

是啊，我也是山西人，黄土、黄沙、黄河，爷爷经常说我们村是"九沟十疙瘩"，九个沟沟，十座土山，我们俗话叫 nái，而我的诗意从哪儿来？从老师的述说里，从书本里。我也想把山西之外的青山绿水的诗意带给我的学生们啊！我真想对着我的领导大喊这样一句！

对于领导这样教导我的教育方式，我本能地拒绝！我难道也会成为一代又一代的刻板的语文老师？教条的语文老师？我本能地拒绝！

直到看到学生的考试成绩，我对自己的教学方式开始有了极大的怀疑，连续两三次，不是倒数第二，就是末尾，我才又想起了校长说的话。我一梦惊醒，管理和诗意可以不冲突啊！

后来，课堂上延伸有趣故事、浸润诗意的同时，我注意把握时间和节奏，并且严格落实基础知识的考查，班级的成绩终于在全年级名列前茅，精心准备的公开课也被学校评为一等奖。趁着婚期邀请领导，我自己设计了请柬，并给校长发了短信，感谢他一直以来的包容、信任，以及严格要求，让我有了很大的提高和成长，并邀请他来参加婚礼，他回复了我：好。

虽然是一次拒绝沟通的呵斥，但这足以让我明白，应该选择恰当的时机，如果时机不允许，耐心倾听对方的意见，对于新教师，懂得和践行是至关重要的。

且更从容等待他

总是语文课上看《斗罗大陆》，总是语文课上玩手机，总是诗词不背第一个冲出教室，上课15分钟了把门一摔进来，试卷上做一个选择题都怕浪费笔芯，最后跟我甩脸子："小说是我掏钱买的，你想咋滴？手机是别人的，你还我！你又不管我！凭什么让我学习！"

两三年过去了，碰到这样的"问题学生"——"斗罗大陆"，我好像还是有点容易动怒和较真，气得好几天吃不下饭。记得我们学校当时有规定，扣分累计到了一定数值就可以劝退，让他回家反省，"省亲"结束来了就可以转其他的分校或者班级。我心想，我们179班终于解决了这个"斗罗大陆"。

等他回家"省亲"到期返校，分管校长陈校长找我，让我还是接受这个学生入班，我虽然很愤怒，但有了上两次的教训，我压制愤怒，笑着说："他回家之前可不是这么说的呀，领导，还能说话不算数？"

陈校长让我坐下，心平气和地跟我说："不要戴着有色眼镜把孩子打入死牢，'问题学生'不是生来就是问题学生。只是在自己的成长过程中，受到来自各方面的影响，潜移默化中就养成了现有的习惯。你现在拒绝了他，以后还会碰到诸如此类的许许多多的他，这是你早晚都要面对的问题，应该学习怎么对待他，找到症结所在，对症下药啊。"后来，通过小纸条留言沟通，以及假期的QQ交流，慢慢地，我跟"斗罗大陆"熟悉了起来，沟通慢慢也没有了障碍，他的成绩也有了提高。

时隔多年，现在想起当时陈校长细心、悉心的教导还是十分感激，自己若真是一气之下拒绝了这个学生，以为解决了心头大患，殊不知，那才真正成了问题老师。

技巧点拨

如果要跟领导沟通或是汇报，不能不考虑对方的感受而鲁莽行事，如果你在错误的场合、错误的时间沟通交流，那么这个内容再正确也会被认为是错误的。《论语·季氏》中有云："言未及之而言谓之躁"，就是说，如果你在不该说话的时候说话，你就是急躁。这就是沟通技巧的重要性。

1. 前提是要选好时机，学会尊重。明者应时而变，领导在视察班级工作的时候，自己有不同的意见也要暂时先放下，尊重领导的指导意见。结束之后可以选择恰当时机，领导心情好的时候、精神饱满的时候、工作不忙的时候予以表达。

2. 耐心倾听对方意见，注意沟通的场合，平静陈述。沟通要冷静，一定要压制内心的不平静或是愤怒，可以笑着表达自己的意见，在沟通中，气氛也起着非常重要的作用。和谐的气氛下，你沟通的内容对方会更容易接受。

3. 领导不同，沟通技巧不同。对于权威式的领导，一定要少说话，多倾听，沟通也要简明扼要，干脆利索。

4. 敬业爱生，多做事，少说话，努力提高教学业务水平，提升教学成绩，始终保持对专业的赤诚，对学生的热情。这是与领导沟通的底气所在。

山西省临汾市翼城县第三中学　宋娜

换位思考，真诚沟通

"下学期要是还考成这样，你这个年段长就不要做了，自己主动辞职，不要等学校来辞退你。"期末考试质量分析会上，一向温和的校长当着全年段老师的面第一句话如此说。

我顿时泪眼蒙眬，大脑瞬间空白，随后委屈、羞愧、不解等情绪堵在了胸口。但我还是努力地克制情绪，努力去听校长在说些什么。

期末考试成绩不尽如人意，有进有退，有突出的优势学科，也有明显的短板；尖子生这次凸显出来了，学困生提升不明显。总体上来说，没达到预期目标，但还算正常。

校长何以这样说？

年段长，其实就是"年级主任"，不同的是比年级主任职责更多。我这个年段有八九百个学生，60多位一线老师。年段长的职责，除了管理学生，组织教学、考试，还有与后勤、食堂、宿舍、保卫等相关工作。年段长类似于一个闸门，工作洪水一样地涌来，需要他再一一分配与落实。

累吗？累，很累，非常累！

不主动沟通，造成隔膜

理解，始于沟通；支持，来源于认同。

这一学期，我有主动去找校长汇报我年段的工作吗？我有及时跟他沟通我的做法、我的困难，主动寻求他的理解与支持吗？期末考试的情况，我有当面跟他详细分析与汇报吗？

答案是否定的。我总是想当然地认为，校长都看在眼里，都清清楚楚地知道。实际上，一个学校两个校区，学生五六千，员工四五百，一睁开眼睛，很多事情等待着他作决定，很多未知情况，也需要他去思考、权衡、判断。他也并非三头六臂。

学生有矛盾，双方家长情绪激动，闹得要报警；分层教学存在诸多真实性的困难、适应性的问题；有的班级家校矛盾突出，班主任与学生之间关系紧张，家长们意见较大等问题，都是其他分管领导或者其他中层向他汇报的。不是我。

他人的汇报，只是一种视角。我作为当事人、见证人、管理者，我是如何想的，如何做的，结果如何，哪些处理好了，哪些还有隐患，我从未沟通。

对于与领导沟通，我一直胆怯，讨厌那个在领导面前不够自信、不够利落的自己，进而害怕沟通，极少沟通。连正常的工作汇报，也是能省则省。不得不面对领导时，能拖则拖。

冤吗？不冤。想通了问题所在，尝试着改变自己，积极主动地去沟通。

换位思考，真诚沟通

校长需要怎样的年段长？独当一面，雷厉风行？干脆利落，井井有条？这些形容词都很抽象。换位思考一下，我若是校长，至少需要年段长是一个能协调学生管理与教学管理的人；学生工作有条不紊，安全有秩序；教学活动有序开展，教学成绩能有所提升。即便是工作中存在问题，我也需要一个能及时汇报，能及时想办法解决问题的年段长。

第一步，我先发消息跟校长预约了一个时间，这样能确保与校长的沟通不被其他的事情打扰，这也是尊重领导、看重这次沟通的表现。发出主动沟通的信息，这是有效沟通的基础。后来得知，我给原单位的校领导留下的印象就是清高傲慢，原因就是我从不与校领导沟通。远远地看到他在等电梯，我会选择走楼梯。实在避不开，除了一句"校长好，您也来食堂啊"诸如此类的话，没有一句谈得上是沟通。不是工作上没有遇到问题，也不是对自己的待遇很满意，而是将问题寻求别的方式解决了，将情绪通过牢骚、抱怨等方式稀释了。实际上造成的结果就是校长不了解我，我也不理解他。我这边愤懑不平，校领导一无所知。

第二步，先作好沟通的准备，这是最重要的一步。确定的重点有三个。

1. 常规工作汇报。一是学生工作。对具体的学生，我们平常是通过结队帮扶、家访、谈话等方式了解学生的心理与动态，及时地疏导情绪、解决问题；对于特殊学生，我们还有挂钩教师，电话或短信回访等措施。松紧有度，不落一人。二是教学工作。进行了新的尝试，如分层走班、周练等。目的是因材施教，有的放矢。具体的操作过程中，存在着一些老师不理解、跟踪辅导难以落实到位、学生归属感不强等问题，还给出了新学期解决这个问题的措施。

2. 怎么看待校领导在会上的那句让人难堪的责骂。丢脸是真丢脸，难受是真难受，我不会藏着遮着，而是表达出我真实的感受。但同时也要认识到这是契机，是凝聚我这个团队战斗力的一个契机。实际上会后我就意识到了这一点，同事们有的拍拍我的肩膀，以示安慰；有的给我发消息，肯定了我工作中做得好的地方；更多的人跟我表示："段长，你放心，下学期我们会更加努力的。"这一点要跟校领导沟通清楚，我有情绪，但我不闹情绪；有危机，但我能把它变成转机。该我承担的责任，我不推；不该我承担的责任，我不揽。需要其他部门或其他领导配合的，也明确提出自己的想法。

3. 我们正在做和打算做的事情。正在做的，有针对寒假作业的短时间线上晚辅导，及时解决学生作业中存在的问题，关注学生的假期安排。相比学习，更关心的是学生的作息、锻炼、家务等方面。采用分享交流等方式进行。打算做的事情，是有关下学期的规划与调整的初步设想。这一步，我提供了书面的材料，把我的想法都一一写明，并且写清楚了为什么要这么做，恳请校领导的批评与指正。

第三步，重视沟通后校领导的反馈并及时地调整自己工作的思路，制订更为详细的工作计划。这一步是落实，有效的沟通，不仅是把事情说清楚，说得校领导能接受。有效的沟通，更重要的是要落实到具体的工作中来。

不卑不亢，真实地表达自己的情绪与意愿，这是任何沟通的起点。站在校领导的角度，能思其所思，能理解他的决策，能贯彻执行，甚至能解决痛点，这就是有效沟通的较高境界。

技巧点拨

如何与领导有效沟通？这是大多数一线教师的痛点，很多人像从前的我一样，没有沟通，不敢沟通，更谈不上有效沟通。

换位思考，真诚沟通的第一大要诀就是主动沟通。其他的一些技巧如下：

1.具备强烈的以对方为中心的意识。烛之武能说退秦师，也是因为能换位思考，始终站在秦穆公的角度上思考问题、分析问题。具备强烈的以对方为中心的意识，才具有更多的共情能力，沟通才在一个频道上，不至于公说公有理，婆说婆有理。但就像最终能否保全郑国，其实关键原因在于郑国的实力。沟通最终能否起到作用，也关键在于教师的工作能力与工作态度。

2.要做到多角度辩证思考。校领导的思考与决策，有时让我们难以理解，甚至有些话，让我们难以接受。这时我们必须认真对待与自己意见不同的观点，多角度辩证思考，多想想这些言语与行为的合理性。如果能养成多角度辩证思考的习惯，我们在沟通时就能兼顾多方，避免视野狭窄、认知跟不上等问题。

3.沟通前务必作好准备。一是情绪上的准备，是理性的，抱着解决问题而非发泄情绪的目的。二是内容上的准备，务必条理清楚，重点的地方要采取书面的形式。

黑龙江省牡丹江市第二高级中学　孙奇峰

福建省厦门海沧实验中学　马于玲

把握分寸，实话也要巧说

快 40 岁了，我终于来到向往已久的城市，身处省会大城市，我悲喜交加。直到工作第 13 个年头，才获批报考，过关斩将考入海口市重点中学。来到新学校两个学期，我连续获得先进班集体和优秀班主任荣誉，教学成绩仍然名列前茅。而我在原单位十来年，成绩口碑不如我者但与领导关系好，皆"加官封侯"。直到我离开，连一个校级荣誉称号都未曾获得，谁知道我还是货真价实的省级骨干教师，这"墙里开花墙外香"的故事，听起来有些荒唐。

回首走过的路，艰辛备尝，看起来我成功实现夙愿，但别的同事轻而易举就拿到了单位同意报考证明，而我花了十年。不懂与领导打交道，成为我教师职业发展的重大障碍。成功固然值得称道，但失败的故事才更加耐人寻味。

真性情弄巧成拙

李镇西老师有句话：如果有人用时髦的词儿夸雷锋"情商高"，我会觉得无比滑稽。因为对真正的好人来说——没有情商高，只有善良。

在真实的现实里，我只有善良，没有"情商高"。

我刚到原来的学校接的是初二和高一两个班的课，跨年级的备课和教学让我背负沉重的工作量，等学生上了高三，我却中途被人换下。春去秋来，就这样，我连续教了两届高中。直到第三届，我各方面成绩都不错，年级长也夸我。当时教导处有个领导说：你是应该教高三的，就看校长的意思。我越想越生气，感到一种不公。于是我直接找到了校长，走进他的办公室，只见他规规矩矩坐在宽大的办公桌边，我满脸怒色，极力压制心中的怒火。我说："校长，我想请问您，为什么不能安排我带我的班到高三，我带了两年，各方面都不错，我和学生相互之间也有了深厚的感情，我希望学校给我一个机会。"这时，戴着一副老花眼镜的校长，眼神向下瞥，慢腾腾地说："你能带出比那些高三老教师好的成绩吗？"我立马斩钉截铁地回答："我能，只要你给我一个机会。"他慢悠悠地说："高三老教师都是出了成绩的。"我听了后，内心的愤怒在熊熊燃烧，紧张的话语仿佛要决堤的洪水，顷刻间便要喷涌而出，我控制不住情绪，激动地说："你都不给别人机会，怎么知道别人都不行呢？"脸色惊慌又坚定无比。我满怀希冀，期待校长能欣赏我的决心，能给一个踌躇满志的年轻教师一个历练的机会，可以让我同样品尝到奋斗和眼泪的幸福滋味，结果并没有。

这次大吵之后，我慢慢调整，一如既往地上课。孩子的到来，让我有了为人父母的自豪、骄傲。因为没有老人带，我与妻子又是外地人，为了照顾家庭，我向学校提出辞去班主任职务。我打电话给他，陈述了实情，以为能得到他的同情，结果他跟我说起了某某的故事，人家从手术台上下来就回学校上班，你这点事算什么。我当时火就来了，怼了他：人家有老人帮忙照顾孩子，没有后顾之忧，人与人的情况能一样吗？不管我怎么说，他都没同意我辞去班主任职务，那年过得很辛苦。

后来有了机会借调到教育局，一是刚好那时离婚，在学校总得忍受闲言碎语；二是想换个环境。这次我采用了书面申请，为了避免正面冲突，许是我心里已经留下阴影。过了几天，都没有给我签字，后来我当面找到他，说："你为什么要强迫我呢？为什么不能同意呢？人往高处走，水往低处流，我的家庭情况你也知道，我想换个环境，心情好一些。"他依然假模假样地说："都是你自己想的，在哪都是工作。"看着他一副振振有词的样子，我满脸厌恶，故作镇定说道："教育局都同意了，你就放我走吧。"

后来我到教育局上班，做了局长的秘书，但我上班还带着语文书，看着孩子总是最后一个在幼儿园等我，心都碎了，坚持了三个月，还是向局里申请回到了学校。

回来学校上课，被安排教初二，当时我心里有一种秋后问斩的感受。我找到校长，希望他能安排我重回高中，我的教学经验和教学资源都在高中，教初二真的是浪费了。校长一本正经地说："教师要大循环，以后高中初中没有明显的分别，你也要带初中，这也是对学生好。"我失望离去。

再后来，我第二次申请教师招聘报考，得到了局里的同意，我找了他几次，他让我找所有的副校长一一签字，那时我们学校副校长有三位，许是同情我，最后他们三位都同意了，而他是最后一个签的字。

最后，我几乎是以出逃的姿态离开原来单位的。

讲分寸实话巧说

来到新单位后，面对中途接任班主任，我虽不情愿，可主管德育的校长热情拥抱着我，脸色凝重地说：原班主任父亲重病。我没有理由拒绝。

第二学期，我还当班主任，此时孩子来海口上学了，我既当爹又当妈，鼓起勇气找到德育主任说不想当班主任，她没同意。过了一段时间，我又提，她说校长不同意。某一天我给校长发微信，说性格不适合做班主任，怎么努力都做不好，也得不到回报，抑郁成疾。她祝我新年快乐。后来，我仍然不死心，我再次在微信里和她提，她淡淡回了句：好好过节。

某天见到我，她告诉我，班主任工作学校评优，我全校排名第二，她鼓励我说："你是优秀的，但不要苛求自己。这是一种性格的磨合。你当得那么好，我找不到比你更合适的了。"

我感受到一种从未有过的温暖，我终于说出巧话来："我理解学校的工作，校长您看得起我，要我当，那我就当。就是当得不好，需要领导多多谅解。"

即便看起来我并没有达到目的，班主任使命在肩，反而觉得这次是成功地和领导进行了沟通，好像获得了一股巨大的力量，足可以让我面对今后所有的困难。

与人沟通看似再简单不过的事情了，但即使如此，简单也不代表人人都能做好。那些与领导关系好的人，在沟通能力方面是比较强的人，他们的成功比别人来得更加容易，而那些沟通能力有所欠缺的人则往往不受重视，我就是一个典型的"失败"案例，经历悟出一些心得：

1. 说话情绪显露真性情。真性情是优点也是缺点。比如性子直，脾气急躁，说话言多必失，那么最好是急事缓办，急话不说或少说，以免说出带有情绪性的杀伤力的话。

2. 适度原则，保持双方体面。花看半开，酒喝微醉。大智如愚，难得糊涂。人生亦是如此，适可而止，话不可说满，气不可使尽，保持一种平和淡定的心态，这才是智慧。

3. 把握分寸，实话巧说。我们提倡说实话，但是并不提倡什么实话都往外说。有些实话不能说，说了就会得罪别人，因为并不是所有人都喜欢听实话，也并不是所有实话都能讨人欢心。和领导沟通千万要记住，领导不喜欢别人教他做事，他也有好恶，也要面子，要呵护他的颜面，把握好分寸，表达要柔和、委婉，要懂得巧妙说。

海南省海口实验中学　吴小清

合理控制情绪，促进有效沟通

在学校的教育教学工作中，作为一线普通教师的我们如果能实现和学校领导的有效沟通，就能在教育教学过程中最大限度地得到学校领导对自己工作的支持和信任，从而极大提升教育教学的工作效率，使自己各方面的工作达到高度和谐。在和学校领导有效沟通时，我觉得最重要的是要摆正自己的位置，控制好自己的情绪。这样就能够很好地规避沟通障碍，从而收到良好的沟通效果。

带情绪沟通，险生事端

2019 年 9 月新学期伊始，我便知道了我们班本学期又要更换英语老师的事情了。本就因为前几次调换我们班英语老师，致使班级英语成绩从以往普通班的第一名落到上学期期末考试第五名而愤愤不平，现在又换？一股莫名的怒火便不由地生发出来。要知道这可是我们班这三个学期调换的第五位英语老师，而且这次调换的还是一位这学期新招聘的英语代课教师。同时，她又兼任九年级一个班的英语教学工作。我心里暗想着：学校领导的心可真大。

9 月 12 日，天气略显阴沉，空气中总有一种让人生厌的味道。课间操后，主管教学的副校长来办公室找我，说要和我沟通一下关于本学期我们班调换英语老师的事情。

在楼道走廊，副校长首先给我罗列出先前四位英语老师调换的原因。她说："杨老师，你也知道，这学期因为罗老师退休，王老师休产假，本学期英语老师缺编严重，所以本学期你们班的英语任教老师又要做出调整了。希望你能理解学校的难处。"我听到她的解释的那一刻，情绪顿时变得激动起来，便大声质问道："为什么偏偏是我们班如此频繁地更换英语老师？为什么知道罗老师今年要退休，七年级时安排她带我们班英语课？为什么明明知道王老师这学期休产假，上学期还剩一个月的时间，安排她带我们班英语课？……"一连串的问题使主管教学的副校长此刻已经涨红了脸，面露难色。

她赶紧又对我说："杨老师，你的心情我能理解。但是，学校本学期任课安排上确实存在困难，你应该体谅学校的难处才对呀！""体谅？我体谅学校，谁来体谅我呢？很多学生家长不断地打电话或在家校交流群里向我询问这件事。你让我怎样给她们一个信服的解释呢？"那一刻，我明显感觉到自己情绪有些失控，而且感觉自己还故意提高了嗓音，目的就是要让我们班的学生也听见。想让他们知道，我在维护他们的权益。说完我便扭头进了办公室。

老教师支招，化险为夷

回到办公室，同办公室的两位老教师，看到我怒气冲冲的样子，赶紧过来了解情况，并安慰我。她们了解了事情的原委后，语重心长地对我说："小杨，遇事还是要保持冷静，一定要和主管领导处理好关系。否则以后在学校里的好多工作，都会受到影响。""我们都知道你认真负责，是为了学生着想，但是遇事一定要多想一想，由此会产生什么样的后果，这些后果会对自己今后的发展带来哪些负面的影响。"听了两位老教师的话，我又把刚才的谈话过程梳理了一下，发现自己显然是被自己的主观情绪影响，导致一些言语失当，这些问题都有可能会让学校领导甚至学校领导层对自己有更多负面的评价。

过了一会儿，副校长又到办公室找我。两位老教师赶紧来打圆场，告诉校长，刚才可能是我没能理解领导的意思，现在在她们二人的劝导下已经认识到错误了。孙老师边说边用眼神暗示我："赶紧道歉。"我赶紧起身说道：

"祁校，刚才的事真的对不起！主要是这段时间因为来自学生家长的压力和学生成绩的压力没有控制好自己的情绪，说了些不该说的话。希望您能原谅我刚才的冒失和无礼。"校长也赶忙向我解释："杨老师，其实我刚才可能也有表述不当的地方，导致你对我的话有误解，没听清楚我要表达的真正意思。有些话说开了，说清楚了，很多问题也就解决了。大家都是为了工作，都是为了学校更好的发展嘛！"校长此时的态度和语言也已经缓和了许多。因自己的不理智，没有管理好情绪和领导产生了矛盾冲突，因两位老教师耐心劝说、安慰，让自己很快明白了自身存在的问题，进而向领导道歉，最终得到了领导的谅解。事后，我一直不断地反思自己在与领导沟通的整个过程中存在的一些问题，从中受益颇多。

现在的教育教学工作，总会掺杂着更多纷繁复杂的内容，老师们在这种疲惫的状态之下，或多或少都会带有一些负面的情绪。很多时候，我们在和领导沟通时，如果总是带着某种情绪，时常被情绪左右，往往会适得其反，使事情变得更糟糕。这就需要我们端正心态，积极地去排遣内心的这些负面情绪，以更积极的心态和领导沟通，可能会达到更好的沟通效果。

技巧点拨

1.作为教师，一定要找准自己的角色定位，学会换位思考。作为一线教师，对于学校领导要心怀敬意。你对学校领导心怀敬意，学校领导自然也会尊重你。有了互相尊重的前提，才具备了有效沟通的基础。同时要学会换位思考，以这种方式更好地使自己和领导达到思想上的一致和问题认识上的共识，从而有效减少沟通交流时的摩擦、争执或意见分歧。

2.要善于管理好自己的情绪，要学会认真倾听。一线教师和学校领导之间的矛盾冲突其实往往并不是因为双方意见不一致而产生的，主要还是因为受到自己主观情绪的影响，没有认真去倾听学校领导所说的内容，从而造成一些不必要的误解或矛盾。一定要学习如何控制好自己的情绪。和领导沟通时一定不要情绪反应过度或过激，导致在沟通过程中出现打岔、反驳，甚至顶撞的情形出现。要在沟通过程中静心听完领导所说的内容，领导说完后，有针对性地、就事论事地和领导心平气和地表达意见或诉求。这样形成的结果要远远好于其他形式所形成的不良结果。

3. 还要学会巧妙化解与学校领导的矛盾冲突。与学校领导沟通的效果如何，既关系到我们的沟通能力的展现，又会极大地影响到我们自身的发展前途。面对和领导之间发生的矛盾冲突，要主动认识到自身的错误，知错就改。能以诚恳的态度向领导表明歉意，让学校领导意识到你主要的问题在于处理事情时方式方法不得当，而不是和学校领导在"政见"上有出入。这样矛盾就更容易得到有效化解。

青海省西宁市大通县第六中学　杨发鑫

主动沟通，及时消除误会

职场这个人生的大舞台，既有惊喜，也有委屈；既有辉煌，也有让你意想不到的阻碍。踏入社会以后，人很容易受伤，有时候是轻伤，有时候是重伤，甚至头破血流，不和谐的人际环境会让我们工作起来困难重重。因此，在职场中我们一定要注意主动沟通，真诚地对待每一个人，创造和谐的人际交往环境。作为一名教师，不仅要处理好同事之间的关系，更要处理好和领导之间的关系，这样才有利于我们工作的开展。

被动沟通，处处受制于人

赵荣是一名刚刚毕业的大学生，她风风火火、大大咧咧，待人十分热情，但是容易冲动。去年她通过招考顺利进入一所重点学校，年轻的她志得意满，准备好好施展自己的才华和抱负。可是琐碎的现实却让她逐渐找不到方向。赵荣被任命为初一年级两个班的语文老师，并兼任一个班的班主任。每天有备不完的课，批改不完的作业，应付不完的检查，各种琐碎的事情一件又一件。自从担任了班主任，她每天披星戴月，常常自嘲"起得比鸡早，睡得比狗晚"，加班熬夜几乎成了常态。工作一段时间后，她疲惫不堪，身心憔悴，负能量爆棚，十分苦恼，但无计可施。

这天早上，天灰蒙蒙亮，赵荣就赶到学校上早读课，一脸菜色的她急匆匆地赶到了办公室。进入教室前，她深吸一口气，暗暗告诫自己："今天一定要保持好的精神状态，千万不要发火。"早读课上，她发现小黄同学又迟到了。她连忙打电话给家长，家长毫无例外地又像没事一样轻飘飘地说："今天孩子上厕所耽误了时间，可能还在路上吧。"赵荣听了气不打一处来，对着电话骂道:"每次都是这样,天天迟到,都是中学生了,起个床这么困难吗?不严格要求,孩子这样下去,能不懒散吗?能不自由散漫吗?成绩能不差吗?你们能不能对他提高点要求?……"

第一节课快要下课了,小黄才慢悠悠地背着书包进来,赵荣不由得"怒从心头起,恶向胆边生",她把这位同学噼里啪啦臭骂了一顿,然后让他马上站到教室门外去。

这一幕刚好被前来巡视的校长看到了。校长走过来,了解了一下事情的前因后果,不动声色地走了。

课间,校长把赵荣叫到了办公室。只见他眉头一皱,严肃批评道:"赵荣啊,你这样的做法是非常不妥当的!我已经三番五次说过,不允许让学生在教室外面罚站。你为什么还要这样做呢?而且我还听说你总爱给家长打电话告学生的状,我最讨厌这样的行为了,你知不知道家长本身有很多工作要做,我们应该尽量少给家长添麻烦,对于学生存在的问题应该多想办法解决,而不是动不动就给家长打电话,能不打电话就不要打电话,知道吗?"

赵荣一听大惊失色,原来自己在校长眼中的印象这么差呀!自己到这个学校以来,每天踏实努力,勤勤恳恳,积极表现自己,狠抓学生成绩,积极参加学校的各种活动,本想给校长留个好印象,却不料得到了这样负面的评价。

赵荣嘴上应承道:"好的,校长,我以后一定注意,一定改正。"

离开办公室后,赵荣心想:今天真是倒霉呀,让学生罚站一会儿就被校长看见,而且还不知道什么时候竟然还被别人告了黑状……她心中越想越气恼。

接下来的几天,她心情十分低落,感觉工作的热情快要消失殆尽了。由于担心再次被骂,她在工作中也是畏首畏尾,十分小心谨慎,担心万一出什么差错又被校长逮住批评,很怕见到校长的身影,总是有意无意离校长办公室远一些。

可是这样下去,时间长了,心中不免有些怀疑自己:如果继续不被领导认可,不管自己怎么努力,都有可能是白费功夫,该怎么办呢?赵荣决定不再坐以待毙，决心改变这样的现状。

主动沟通，及时消除误会

赵荣暗自思量，上次的问题确实是自己处理不当，以后自己拿不准的就多问领导，这样，一是可以避免差错，高效地解决问题；二是可以学习领导的处理方式，积累经验；三是体现对领导的尊重，获得领导的信任，真可谓一举多得。她决定在以后的工作中多请示、多汇报，尽快消除领导对自己的误会，获得领导的认可。她开始谦虚地向有经验的老教师学习、请教。对于学生的违纪问题，她即使心中有了答案，还是会主动地向领导请示。

有一次两个调皮的男生在教室里打闹，不小心把一盏灯弄掉了，掉下来的时候差点砸伤了同学，玻璃碴碎了一地。这一次赵荣没有意气用事，而是叫他们把玻璃碴扫干净后先回家，晚自习的时候再来处理。学生走了，赵荣走到校长室门口，看到校长室开着门，正巧看到校长有空，她就向校长请示这件事该如何处理。

校长见到赵荣，对赵荣虚心求教和谨慎处事的态度表示满意，就把自己的处理意见耐心地告诉了赵荣，这事也就顺利处理了。以后遇到比较棘手的事情，赵荣都主动来向校长请示，并且主动汇报自己近期的工作状况，校长终于消除了成见，慢慢接受了她，对这个大大咧咧、风风火火的赵荣终于放下心来，逐步对她的工作肯定和认同起来。赵荣就这样消除了和领导之间的误会。

相对于领导来说，下属一般都是刚刚工作不久，热情很高，积极肯干，但是经验缺乏，阅历较浅，需要领导和长辈的指引与提携。因此主动汇报工作，和领导及时沟通是十分必要的，这不仅能及时更正错误、改正不当的工作方法，还能让领导放心、安心。

"三人行，必有我师焉。"我们要善于发现领导身上的长处。也许有些领导我们不是十分喜欢，但是每个人都有优点和缺点，多看别人的优点，发现别人的长处，我们才能从心底接纳别人，和别人融洽相处。和领导相处也是一样的道理。更何况领导能成为领导，一定有他的过人之处。学习领导的长处，让自己变得更加优秀，这也是十分必要的。

曲意逢迎，溜须拍马，说言不由衷的话，这是人们所憎恶的。但每个人都需要尊重，需要赞美。美国心理学家威廉·詹姆斯说："人类本性上最深的企图之一是期望被赞美、钦佩和尊重。"内心深处我们都希望被尊重。多向领导请示汇报，多和领导沟通，这本身就是对领导的一种尊重。时时审视自己的内心，带着一颗尊重别人的心出发，必将获得别人的尊重和认可。

但是凡事过犹不及，职位越高的人，需要处理的事情就越多，不可能每件事情都亲自过问，如果遇到鸡毛蒜皮的事情，也要向领导请示汇报的话，领导也会怀疑你的能力。所以，在向领导请示汇报的时候，应该抓住重要和关键问题。总之，和领导的沟通是一门重要的课程，在工作中，我们既要努力做事，提升自己，也要多请示多汇报，主动和领导沟通，营造和谐的工作环境。

技巧点拨

1. 不要害怕与领导沟通。有的人也许会慑于领导的威势，害怕与领导沟通。但是长期不与领导沟通，自己势必处于被动和不利地位。领导也是人，也会有喜怒哀乐，只要真诚地与领导沟通，主动消除误会，领导也会体谅你的。

2. 注意抓重点。拿不准的事或重要的事情，才向领导主动汇报，其他的事情应该凭自己的判断，及时妥善处理。

3. 保持不卑不亢的态度。沟通的双方尽管是上下级，但人格是平等的，无论何时应该保持不卑不亢的态度。及时、主动沟通并非讨好领导，而是加强交流，加强信任，促进工作的顺利开展。

云南省文山市大同中学　杨洪竹

第五辑

如何与家人有效沟通

沟通的种子，播撒爱之光

种子的力量平凡而神奇

梭罗说："我对种子有着莫大的信仰。若让我相信你有颗种子，我就要期待生命显现奇迹。"

我们就像一粒粒种子，在家这片沃土里共生共存，每一个日子平凡而神奇。

造化安排我们成为家人，父、母、三个姐姐、我、弟弟，一个不多，一个不少，每个有每个存在的道理，谁也不能替代谁，真是美妙。万物睡下，大地歇歇，我们在家里，就像一个还在孕育的宝宝，舒服地躺在子宫里，吮吸着泉汁的甘甜，家人挡住了各方涌来的寒流，生活在这样一个家庭里，感觉安稳、滋润、被呵护、被庇佑、有温暖和安全感。据说太极是天地万物的根源，太极分为阴阳二气如家父家母，阴阳二气产生金、木、水、火、土这五行如我们姐弟五人，五行之精凝合而生人类，阴阳化合而生万物，于是就有我的家和我的家人。

母亲劳动智慧播撒沟通的种子

母亲，出生在世代开私塾，家里每年接济几十个孩子生活学习的家庭。自 1974 年，花样年华的母亲，自由恋爱，从重庆市区嫁到云南彝族山村里。记忆中母亲操地道的当地口音，彝族话比我们姐弟都顺溜。

一阵鸡鸣过后，大山深处的彝族村寨越发静谧，有高低错落的古拙素朴的红泥土砖石砌就的房屋，炊烟袅娜婉转地在整齐的房脊间冉冉升腾，炊烟就是母亲用柴火燃烧起来的诗行，是母亲用锅铲碰撞出的乐章。

家里常有亲朋好友来吃饭，盛饭前母亲都会先问米饭要软一点还是硬一点，所有人都惊奇地发现在我家随时可以吃上合口味的饭菜。母亲一脸微笑地端过一碗碗热气腾腾的米饭，我们吃的是两种不同口感的米饭：柔柔软软的粘糯米饭和劲道十足的颗粒硬米饭。菜品也会根据家人的不同口味，调制不一样的酱料或者配一个放辣椒、盐的菜碟子。亲朋总觉得这样太麻烦，一家人何必制作不同口味的饭菜，母亲却微笑着说不麻烦，我可以教你们怎么配酱料、煮米……

煮米甑子很重要。准备好甑子就将大米用沸水煮至夹生，一半大米滤掉米汤后，把米饭盛入甑子的一侧，另一半煮透心软滤掉米汤后，盛入甑子的另一侧，将盛好米饭的甑子放入大锅蒸，锅中装水烧开，水面低于甑子中米饭下限的位置……

没有人能接受母亲的方法，都觉得一个电饭煲就解决的问题没有必要这么麻烦。母亲总是笑着说电饭煲煮出来的不是全软就是全硬。父亲小时吃软米饭后落下病根，肠胃不舒服；母亲生长在重庆，习惯吃稀软的米饭。两侧的米就像两座大山，彼此独立、互相尊重、互不干涉，又不必为对方委曲求全，又都安稳地在这个甑子里，也像家里的父母。

古稀之年的母亲不再勤谨手巧，但总不怕辛劳、不怕麻烦，47年如一日！如今，母亲觉得城里的菜肉不放心，为了全家吃上自己养的猪肉、土鸡蛋、鸡肉，自己种的蔬果，素日依然习惯沿着蜿蜒的田埂割猪草，挥舞着手里的镰刀，躬耕劳作把汗水洒在田野里，她背起一箩筐猪草踩着落日余晖，被下班赶回家的姐弟接过箩筐，孙子辈前呼后拥说笑着，沐浴着高山晚霞，一路迤逦到家，而后全家在灶台前忙碌饭食，一方灶台就犹如一方舞台，母亲不再操持着锅碗瓢勺噼啪的灶火，有小侄子接替把守着，如同阿婆交给的神圣使命，别有韵致的炊烟中，忙来忙去的是接替母亲的姐姐们，母亲依然指挥着，把色香味俱全的可人饭菜端上饭桌。孩子们回家也都主动和母亲一起下地劳动，总有欢声笑语，也总觉得假期太短，和阿婆在一起的时间过得太快。孩子们总说，阿婆特别理解我们，阿婆从不骂人，阿婆做的饭菜就是特别好吃，阿婆有很多秘方，阿婆等周末再来看您，阿婆下次回来给您带……母亲总说我家的孩子就是和别家的不一样，也不觉得下地脏累，也不会在寨子里待不住……

母亲用自己的劳动和智慧不仅仅是在"甑子里"播种沟通的种子，在夫妻之间、母女之间、母子之间、婆孙之间，架起一道道无形的沟通之桥。在日常生活琐碎中，母亲不怕麻烦，解决一个个看似微不足道的小细节、小事情，埋下沟通的种子，播撒深爱之光。

潜移默化的熏陶和尊重播撒沟通的种子

我和老姐年龄相仿。老姐读书写字，我也读书写字；老姐当班长大队长，我也努力当上班长大队长；老姐每周风雨无阻走 17 公里去镇上读初中，我也跟着老姐走 17 公里去镇上读初中，只是我的书包和吃喝都是老姐和我轮换交替背着；老姐考取省级重点高中，我也努力……家人总说我们姐弟五人都是独一无二的，都是有福气的孩子，长大都能成材。六年前我遇到生离之痛，家人如同暖阳一直陪伴、呵护、温暖我，任何困难面前都能给我一种无形的力量，总坚信自己有独特之处可以克服眼前的困难，成为更好的自己。

老姐好学上进也熏陶着我，姐妹共同迷上杂志《读者》，姐弟五人同时上学，开销可想而知，但姐姐和我都能各自拥有一本最新出的《读者》，没落下过一期。读初中时都会收到各式各样的只属于青春期的信。潜移默化的熏陶和尊重养成良好的习惯，每次替对方取回信件，都不会好奇里面写了什么，是谁寄的，更不要说会拆开信封。有一次拆看完信件后，我羞涩地把信放进火炉里，现在想不起信里写了什么，但清楚地记得姐姐和父亲一起来劝我不要烧毁信件，父亲说这些留着，等你长大会觉得是美好的记忆。比起拥有青春期这份可贵的、被尊重、被信任、被理解的美好礼物，我更加幸运，因为一直拥有家人潜移默化的熏陶和尊重播撒下的沟通这颗无价的种子。

　　首先，家人之间的沟通如同山本耀司说的："'自己'这个东西是看不见的，撞到了一些什么别的东西，反弹回来，我们才会了解'自己'。"撞到之后需要反弹而不是忽视或者躲避，就如母亲撞到吃饭这个小问题，她智慧反弹，架起无障碍沟通。

　　其次，我们要懂得潜移默化的熏陶、尊重比说教、争吵更有力量，掌握与家人沟通的"话术"，创造专属家人的"语言"。这"语言"可以是一个早安吻，可以是回家的一个拥抱，可以是一个微笑，可以是一杯热茶……

　　再次，家中亲情以血缘为无处不在的纽带，无障碍沟通加固纽带的牢固而不裂断。这些沟通纽带，渐渐地汇聚在一起，连起了一个个人，一个个家庭，一个个国家。

　　总之，常播撒沟通的种子，有理解、支持、懂你的家人，让这颗种子沐浴爱的阳光，发芽、生根、茁壮成长，生活、工作中那份酸酸的悲凉也就被酿成微甜的喜悦。

云南省昆明市官渡区关上实验学校　李台梅

因人而异巧沟通，换位思考知情深

儿子又在微信群被批评了，连着三天！忘带作业、左顾右盼、上课说话，我脸上尴尬，心中气愤！那一刻，内心有一种无力的悲哀，我的学生我都能尽力带好，为什么面对我的孩子，我竟觉得无计可施呢？

许多时候，我们都是专业的老师，说起教育头头是道，懂得因材施教，擅长循循善诱，我们明白不同的孩子拥有不同的认知能力、不同的学习能力、不同的生活能力，我们接受并慢慢引导。可是，到了自己身上，总是容易忽略孩子的特点，拔苗助长或是焦虑崩溃。

家有蜗牛行动缓，因人而异巧沟通

家有一子，恰如蜗牛，虽然明知，实难接受，内心深处也曾抱怨孩子为何不是天生的学霸，孩子为何如此不懂自觉。一天学习回来，数学什么都不会，这样的情况几乎持续了半个学期，可想而知，课堂效率几乎为零。每天都靠晚上回来辅导作业，根本就是杯水车薪。

此刻的我焦虑崩溃，打过骂过，也没有改善，细思量，还是要从我改变。想解决问题先解决情绪，儿子的问题何尝不是家长问题的别样映射？有了女儿之后，儿子只看到父母对二宝的疼爱与照顾，对自己的批评与责备，内心深处难免失衡。而孩子父亲也处于人生低谷，情绪问题难以解决，压力投射到整个家庭。

找到问题的源头，就要去解决。先是与丈夫好好沟通，帮助他疏解压力，统一战线：为了孩子的健康成长，我们必须先改变自身。儿子每天放学回来，父母情绪稳定，辅导功课减少辱骂责备，以待学生心待儿子，宽容心就有了。

接着，我每天给儿子写一封信，难以表达的情感通过书信去沟通交流，反而有了别样的推心置腹。到了晚上，总结孩子一天的成长，反思自己的教育与陪伴，选择一个主题去表达。

比如，第一天，我选择的是"爱"。儿子大了，我不太喜欢表达我对他的爱，却没想到，他的感觉居然是有了妹妹以后，父母的爱已经转移，他时时有一种不安的感觉。也曾给我说过，他父亲最痛苦的事情便是有了他，如果可以选择，他父亲根本都不想要他。我必须告诉他，这是愤怒之下没有理智的话，说到底亲情也是以爱为底色，缺少了爱与沟通，批评教育便难以直指内心，而滋生出来许多矛盾或是误解。

第二天，我写的是"自信"，我希望他拥有自信。也许是批评过多，本意是想让他知道自己的问题，及时改正，结果却没想到，那些批评与教育，让他丢掉了对自己的爱。他一直觉得自己是个学渣，缺乏最起码的自信，有时会显现出来过度的自尊与敏感，其实都是打击过多，没有信心的表现。他是一个敏感而又易退缩的孩子，我忽略了这一点，结果让孩子逐渐自我放弃。我必须及时调整方向，在信中表达我对他的欣赏，以及期望。

就这样写了七封信，我并没有即时地给他看，我在等待一个契机。感谢孩子的班主任，把握住这个良好的教育契机，在学校给他读了我的信，并让孩子给我回了一封信，写出他的真实感受。内心深处万分感激，或者说教育一个孩子，本来就需要家庭教育、学校教育同时发力，一个孩子才能够健康成长。

我们互相通信以后，儿子有了明显的变化，成绩也在逐步地提升，你能感觉到他也在努力地克服自身的惰性，不忍心让我失望，这份不忍心尤为重要。

设身处地细体味，换位思考知情深

为师久矣，便好为人师，如果一个家里父母都是老师，孩子天资聪颖便如虎添翼，若天资平凡，便家无宁日。就因为看得清看得真，看得明明白白、忍无可忍，你明知道自己的孩子不是聪慧、自律的人，需要外力的帮助，便忍不住用力过猛，或絮絮叨叨，或雷霆之怒，时日一久，忽然发现孩子学会一种本领——充耳不闻。在这样的情况下，父母会更加焦虑、愤怒。

此时，换位思考尤为重要。为人父母，霸占着话语权；为人师者，掌握着知识权。学会倾听孩子的声音，发现他过错的时候，不是愤怒或是绝望，而应该是理解或者是寻找解决问题的办法。先解决情绪，再解决问题，回忆儿时的自己，想到自己也曾茫然无知，也曾偷懒耍滑，换位思考先接受。而这个孩子因你来到这个世间，你给的基因，你创造的成长环境，你选择的学校，也许你能平静下来，接受一切并努力调整。孩子才能朝着正能量的方向发展。

时时反复时时改，不弃不馁促成长

费尽心力，孩子坚持了几天，转眼又故技重施。今天，看了两个小时电视，孩子得上英语班了，可是他却突然发作：我不想去上英语班，你们非要让我学习，为啥就不能理解我的感受！

同样的场景，每天都在上演。有时忍耐，有时劝说，有时强制，可是儿子从来都不是一个自律的人，如果父母不催促，他可以看一天电视，他可以天天不学习，他的未来怎样？如何找到安身立命的地方，如何去收获幸福？所以，我只能静下来，他声音越大，我越平静，当然语气也越坚定，我告诉他我理解他想放松的心情，就像每个大人，如果可以选择，也觉得啥也不干、随心所欲最美，可是然后呢？一天这样，一年这样，未来呢？

我拉着他的手，看着他的眼睛，告诉他我懂他的疲惫，也明白他不会甘心做一个废人。而我，愿意陪着他一起成长，一起让自己变得更加美好。"父母之爱子，则为之计深远"，我希望他明白父母之爱，不是逼迫，不是唯分数，而是让他能更健康幸福地度过一生。他默默地背起了书包去上学，我看着他，不再焦躁。因为我知道教育之路从来不是一帆风顺，这条路需要我们彼此依偎、及时沟通、不弃不馁。

1.许多问题，源于情绪，解决问题，先解决情绪。我们需要平和的坚定，更需要接受这世间"没有两片相同的叶子"，更没有相同的成长过程。我们要因人而异，找到适合自己孩子的沟通方法。

2.设身处地、换位思考，试着和孩子推心置腹，让他了解父母的想法，而我们也要学会倾听，倾听孩子真实的声音。

河南省南阳市十一中学　和笑娟

不做他人的影子，过好自己的生活

"别人家的×××"总是自带光环，令人艳羡。"向着明亮那方"成为了我们要求家人的方向和目标，脚步浮浮沉沉里，他们成为了明亮光环下他人的影子。

那日放学后，看着女儿递给我签名的数学试卷——94分，耐心逐渐消失，火气噌噌噌地便要涌上来。100+10的卷子，附加题得了8分，前面基础题居然扣14分，"为什么前面这么简单的题扣这么多？你是不是考试的时候不专心？你这个分数在班里得排到20名之外了吧？班上最高分是多少？"一连串的追问尚未出口，突然看到地上她那孤独、沮丧、落寞、无助的影子，一阵莫名的心痛涌上心头。

爱到深处责更切

我的女儿叶子现在读小学四年级。同大多数教师一样，会在子女就读自己工作的学校时，把孩子放在自己任教的班级，或者平行班，目的都差不多，为了更好地掌握孩子的学习动态，监督孩子的学习，养成较好的学习习惯。叶子从一年级起就在我自己任教的班上，我既是她的妈妈，更是她的语文老师兼班主任。

还记得她读二年级时，试卷上有一道题：写一件你与老师间印象最深的事情。叶子这样写道：寒假里，老师带我去海边玩。看到她的答案，我不禁莞尔。我把她的回答拍照发了朋友圈，不了解实情的朋友在图片下面回复道：这个小朋友是做梦梦到和老师一起去海边玩吧？小小的叶子分不清老师与妈妈的身份，在她眼里，老师就是妈妈，自己这样回答很正确。下课时，她忘带水杯，跑到讲台前，脱口而出："妈妈——哦，不，老师，我想喝水。"在她心里，妈妈就是老师。

我与她朝夕相处，看着她从汉语拼音起步拼读儿歌，到现在能读完整本《红楼梦》，能有多少父母可以像我这样见证孩子的成长，陪伴孩子的整个童年呢！

可近距离的相处，也总让我以放大镜的眼光去面对她。而放大镜下，全是她的不完美。

上课时，如果班里其他同学跟同桌讲句悄悄话，我一个眼神扫过去，也就过去了，但如果是叶子，这绝对是不可饶恕的错误。"你身为教师子女，怎么能带头讲话呢？是不把妈妈的面子和尊严放在眼里吗？""别人讲话，妈妈不会严厉批评，但你不行。"于是轻则批评，重则挨打，"宽以待人，严于律己"就是我这教师妈妈对她的"特殊"待遇。

我总以班上最好的同学去跟她对比：考试应该像小 A，总是拿第一；上课要像小 B，举手最积极；作业要像小 C，工整又漂亮；体育要像小 D，独占鳌头……总之，希望她能是班上同学所有优点的集合体。

同向春风各自愁

她就在自己身边，我教着她的语文。有一回考试，她写了好几个错别字，我生气地把她的试卷和另一个成绩不是特别理想的孩子的卷子甩到她面前，大声地说："你已经堕落到跟她一样的地步了，你知不知道羞耻？不觉得丢脸吗？你是不是觉得自己很了不起，很优秀，你看看，你优秀在哪里？其他同学这一题都全对，就你错？"

这时，叶子爸爸走过来了。他是我们学校的领导，同时也是语文老师，看着这被红笔圈着的一个个错别字，也不禁火冒三丈："这样的成绩已经是垫底了吧？"然后就把矛头指向了我，身为教师，身为领导的那种爱说教的劲儿，往我身上撒："你是怎么教的，都快期末考试了，还有这么多错字？原以为叶子你自己教，语文成绩总没问题，但现在看来问题不小。你连自己的孩子都教不好，还谈什么教学成绩。"我很想辩驳，差的孩子都全对了，她还有错，怪我吗？"我每次查岗，都看到你们隔壁班赵老师在盯着孩子早读，你呢？有时我经过你们教室，你在忙你自己的，学生那头根本没管。学生的学习习惯不好，班级学风不对，怎么可能会有好成绩？"

我很想跟他吵：我哪里没管孩子，我们班的成绩不是一直比赵老师班好吗？想着他是我的爱人，又是领导，极力忍住自己的情绪，不在孩子面前跟他争辩。可心里真的很不舒服，也甚觉委屈，为什么拿我跟隔壁班老师比，为什么拿叶子的成绩来评判我的教学水平，为什么在说叶子的问题要扯到我身上？

化作春泥更护花

想着想着，脑海里突然蹦出自己刚才说过的话："你已经堕落到跟她一样的地步了，你知不知道羞耻？不觉得丢脸吗？""为什么别人都能全对，你就不行，难道你比他们笨吗？"原来一直以来，叶子一直带着枷锁活在别人的影子下。身为教师的父母总以班里最优秀的那个孩子去跟她比，去要求她，当她达不到时，就把她贬为最差最差的那一波，低到了尘埃里。

我和爱人晚上睡前谈论孩子，也知道叶子各方面挺不错的，也是别人眼中的"别人家的孩子"。9岁那年就在市艺术节比赛上，为学校的合唱团伴奏。学校各大表演活动，她都是主持人，全国钢琴比赛，少儿模特大赛等舞台上都大方得体。可她的内心总不够强大，每次比赛前总说："妈妈，我肯定会失误的，会失败的。"可这张充满红色圈圈的试卷引发的矛盾，让我突然明白，她说这些其实需要的是我们作为父母的肯定和鼓励。我也记起，她一年级时曾经问我的一个问题："妈妈，班上的小朋友，你最喜欢谁？"我当时说了一个班里小学霸的名字，希望她能向这个小朋友看齐。她嘟囔着嘴说："妈妈，你不喜欢我吗？"后来她再也没有问过。此刻我才真正明白，她需要的不是妈妈的"用心良苦"。她的世界很小，小得只能容得下爸爸妈妈，只需要一句以她为中心的爱的表达。如果时光能倒回，我一定对她说"妈妈最喜欢你了"。

不做他人的影子，过好自己的生活。不管是大人，还是孩子，都希望自己是家人眼里最完美的那个人，哪怕这种完美里有缺憾，可谁又能否认缺憾不是另一种完美呢？看维纳斯不就是如此吗？别让家人成为自己口中别人光环下的影子。

看着这张 94 分的试卷，叶子的各种影子在我脑海里不断闪过，不足的、平常的、优秀的叶子慢慢地汇成了我的女儿——叶子！

我轻轻地抱住她："我们一起好好订正下吧！"这时，再望向地上的影子，有了许多可爱的生气。

在我们的陪伴下，叶子自信地订正着试卷。"爸爸，你再出一些同类型的题目给我做吧，我再巩固一下。"叶子很难得地主动说道。

看着试卷上我的签名，我们仨目光流转，相视而笑。

技巧点拨

沟通传递爱。与家人沟通时，别让爱披上寒冷的外衣，用冰冷的语言刺痛家人的心。将所爱的家人横向与别人进行对比会无意识地对家人造成伤害，这样的沟通达不到解决问题的目的。如此应明白以下原则：

1. 沟通时，抛开职业的特殊性，时刻记住自己的身份，是爱人，是父母，少些说教，多些倾听与包容。

2. 沟通的前提是平等，无论是与爱人沟通，还是亲子沟通，只有以平等的身份去面对，才是最有效的沟通方式。

3. 沟通时，不让别人的光环笼罩着家人，使家人成为别人的影子，毕竟我们一家人的生活关别人什么事呢，我们才是要牵手过一生的人。

浙江省东阳市画水镇中心小学　贾梅丹

多一些认同和鼓励，少一些道理和抱怨

中国当代女作家张抗抗在散文《有家真好》中写道：家，是一所房子，有梁柱的支撑和坚实的墙壁。父母是房子的屋顶，可以遮风避雨，抵挡冷雪酷日。孩子是房屋的窗户，以便房子里新鲜空气的流通。在这所房子里走来走去的，是许多欢乐的笑声。门是家与外界的通道，所以家不会与世隔绝……

的确，家是温暖的港湾，是孩子的屋顶，是父母的田园！家以血缘关系为纽带，每一个家庭成员都有着同样的利益关系，有效的沟通能够让家庭形成一种和谐、友爱的关系，以此来增加家庭的凝聚力。

和谐的家庭关系，在认同和补台中稳固。

世界上没有两片完全相同的树叶，两个不同的人组建一个家庭，共同生活，繁育后代，必然在文化上、经历上、认识上、思想上有着这样那样的差异。有不一样，就一定有分歧。和谐的家庭关系是相互接纳，包容对方，换位思考。和谐的父母关系，在对方真挚的认同和相互补台中，得以稳固。

拿到驾照后，终于不用受制于人，可以自己开车，想去哪去哪儿，再不用征求大男人的同意，自由的感觉真好……随后，买菜购物，接娃送娃，应酬交往，一应需要用车的活计，顺理成章，成为了有驾照的女司机的附加作业。自由也是需要付出代价的。

难得有一个清闲的周末，女司机兴致勃勃地提议去往鹿门寺，探访浩然居。极力游说后，宅男男主勉强同意一亲春的芳泽。下楼时，男主回头，发现女司机闲着两手，不满地质问："出去玩，什么东西都不准备？"女司机确实是打算轻装简行的，半日的出游，成熟的景区，便捷的购物，貌似无需大包小包逃难似的游玩。于是，女司机很随意地反问："有什么需要准备的，又不是要住在山上!"男主更不满了,出门都需要有准备的,谁都知道晴带雨伞饱备饥粮,这个女人,简直是想一出是一出,说走就走,还理所当然了。于是,脸上有了不认同的情绪。

接下来,女司机开车出库后,在地下停车场的多个拐弯时,都没有坚持"左转转大弯,右转转小弯"的安全原则,男主人忍不住开口批评了:"基本的开车原则都不遵守,你嫌自己命大啊!"女司机憋着一肚子的火,忍着猛踩油门撞车的冲动,想着不能破坏一次难得的出游,驾车开往景区。一路上,上演着激烈而雷同的戏码,或者是男司机旁边的女副驾在诉说各种委屈,或者是女司机旁边的男副驾在唠叨各种不足……快乐的家庭出游变成了不理智的争论和坏情绪的喧腾,沟通和理解荡然无存,原想乘兴而去,寻幽探胜,结果彼此攻讦,中途折返。

上述家庭小插曲,其实正确沟通,完全可以化"干戈"为"玉帛"。男主人凡事考虑周全,多一点准备,自然是有道理的;女司机渴望多一些自在随性的出游,少一些累赘,亦无可厚非。男主人,交通规则意识和安全意识浓厚,原本是正确的。但是,如果把冷冰冰的道理焐热了,再端出来,先调整情绪,再讲解道理,语气和善一点,责备少一点,理解多一点,出游自然和谐快乐一点。

哪怕是最亲的人,也需要换位思考。平日在外,我们知道礼貌客气,对待身边的人,也不能肆无忌惮,别忘了要把好情绪、好态度,留给身边的人。两口子,最需要的沟通方式是:有话好好说,沟通少责备,遇事多宽慰。

2020年9月,56岁的苏敏"抛夫弃女",离开家庭,开车自驾游去了。她蓄谋已久的逃离,其实是婚姻中沟通失和的结果:丈夫喋喋不休地说教,生活中一以贯之的忍耐,平行世界的隔膜压抑……

2021年1月,石家庄一对确诊小夫妻的流调被热议,26岁的妻子14天去同一家包子店6次,25岁的丈夫朝八晚五去网咖,网友评价女人独自带孩子为家庭忙活,男人却在为自己忙活。这样的现象有一个时髦的称呼——"丧偶式育儿",这样的生活叫"你的岁月静好,是因为有人在为你负重前行"。

珍惜方寸之内的那个人。也许就是一句宽慰，也许就是一句甜言，也许就是一个肩膀，也许就是一次帮助。少一些冷漠，多一些认同；少一分指责，多一分包容；少一点埋怨，多一点理解，自然和谐美满。

当然，被流调揭露的婚姻百态，也不都是讽刺。34岁的顺义男人，白天上班，晚上备考研究生，周末带娃去早教，这种担当，是婚姻最出色的沟通底牌。同一地区的王某某，除了兼职，就是在陪护妻子，人生海海，归途有爱，这才是沟通的王牌。

贵阳孟女士用吹风机吹床单，孩子哭闹，她放下吹风机去给孩子穿裤子，随后吹风机爆开，引燃床头的靠枕，浓烟直冲楼顶住户。起火房间，整个屋子被火席卷，墙面开裂，房门烧焦，床只剩骨架……面对伤心自责的妻子，孟女士的丈夫真正令人敬佩，因为他说："不就是一套房子嘛，大不了重新装修，相当于我们住新房了。"一句安慰，成功地应对了错误之后的懊恼。这份包容，体现了丈夫的襟怀和格局。会说话，擅沟通，大抵如是。

幸福的家庭都是相似的，不幸的家庭各有各的不幸。生活中总会有犯错的时候，在不幸的家庭里，总会选择一味地指责、挑剔，殊不知，家是讲爱的地方，家和万事兴。

张爱玲的母亲喜怒无常，生气时经常冲人咆哮。有一次，家里来客人，张爱玲发现少了一张椅子，年幼的张爱玲费力地搬来一张椅子，母亲却当着所有宾客大喊："你这是做什么？猪！"母亲的刀子嘴，让张爱玲的一生蒙上忧郁的阴霾。

梁启超婚姻美满，子女不凡，且看他的家庭经营和沟通之道。梁思庄因考试只得了16名而沮丧，梁启超却安慰女儿："庄庄，成绩如此，我很满足了，不必着急，只需努力便好。"他常对子女说的是，将来是否有成就，当然还是看天分，但问耕耘，莫问收获，尽自己的能力去做，做到哪里是哪里。没有居高临下，没有打骂责备，只是鼓励、信任和尊重。在这样的家风熏陶下，梁启超九个子女皆有所成，无愧"一门三院士，九子皆才俊"的美称。

所以，人们常说，父亲的大格局，母亲的好情绪，才是一个家最好的风水。

古语尚有爱子七不责：对众不责，愧悔不责，暮夜不责，饮食不责，欢庆不责，悲忧不责，疾病不责。试问，我们，以爱他（她）、为了他（她）好为借口的苛责和滥泻情绪，是不是太频繁了呢？

其实，我们与家人有效沟通的法宝，就是不责。

技巧点拨

老话说，清官难断家务事。其实不是家务事难断，而是在情和理的角逐中，伤情了，家就失了和，屈理了，家就失了道。如若善于沟通，积极沟通，情和理是可以兼顾的。人们常说，伤你最深的，往往是近在腋肋的人。最近的人就该用最温婉的态度沟通，就该用最睿智的方式经营，就该用最包容的格局规范。多一些认同和鼓励，少一些道理和抱怨，不争一时对错，不责他人短长，把最好的情绪，留给最亲的人。

湖北省襄阳市襄阳东风中学　解晓健

耐心倾听控情绪，关注细节巧表达

家是一个人最温暖的港湾，同时也是矛盾的集合体。生活中家人之间往往因为过分亲密，彼此之间没有了界限，导致沟通过于随意而产生许多误解和矛盾。

耐心倾听是平复情绪最好的方法

人们常说，人结婚之前是孩子，结了婚就是大人了。因为结了婚，我们面对的是两个家庭的不同的成员，生活中需要相处的人多了，要处理好各种关系也是很不容易。

首先就是小夫妻之间的磨合。结婚前我们生活在各自的原生家庭，生活习惯、为人处世的方式方法都不一样，因此往往会有分歧。

生活中，男人往往不拘小节，粗枝大叶；女同志则是心思细密，凡事考虑的多。遇事如果缺乏沟通，往往就会产生矛盾。

我和丈夫都是不善言辞的人。那年因为孩子刚刚出生，面对巨大的生活压力和带孩子的辛苦，我的情绪特别容易崩溃，终于有一天，我受不了了！我拉开阵势要和丈夫好好谈一谈。

"我哪里做得不好，你说出来我可以改。"平时不爱说话，不善表达的我开始滔滔不绝，从日常的柴米油盐到擦地洗碗，还有婆婆的一些事我也不停地说呀说呀……

"妈有些事儿做的是不对，但是她也是心疼孩子。再说了，你不说出来，我真的一点儿都没想到你心里存了这么多事呢。行，涉及我的我以后都改。"

待我一口气儿说完，丈夫很平静地说了这番话。

我原以为我们之间会有一场战斗。因为平时在办公室听了太多儿子偏袒妈的例子，我已经有了思想准备，但是听了丈夫的这番话，我所有的不满情绪一时间都消失了。

后来我们交流时，丈夫说，看我当时情绪激动的样子，心里就想无论我说什么他都会听着。情绪激动时硬碰硬就会两败俱伤，而耐心地倾听是平复情绪最好的方法。

生活中很多当事人遇到事后，你说你的理，他说他的理，都没有耐心去倾听对方的话，矛盾往往就这样被激化了。

在后来的工作和生活中，我无论遇到什么糟糕的事情，都告诫自己：一定要静下心来听一听对方怎么说，不要妄下断语，更不能随便出口伤人。

耐心倾听，给母亲一个宣泄情感的突破口

五年前的那个冬天，天气像被施了魔咒一样，总是被雾霾笼罩着，湿、冷是它的主调。

我的父亲就是在这样的一个晚上猝然离世。母亲无法面对残酷的现实，因为刚刚他们还在饭桌前一同进餐。对于母亲来说，她失去的是可信赖的丈夫；对于我们来说，失去的是挚爱的父亲。那段时间，我们都过得很难。

关键是，最初的伤痛过去之后，母亲变了，以前爱打麻将的她不愿意打了，只要一有机会就把话题转到父亲身上。比如：做饭时，她就会说如果你爸还在，他就帮我做了，哪里还用得着我自己动手啊；吃饭的时候吃到一个比较新鲜的好吃的东西，她也说要是你爸在多好啊，现在他什么也吃不到了；家里换了新电视，她说你爸那么爱看电视，怎么就放得下不看了呢？她边看电视边自言自语……

最初听她说，我不敢答言，因为我怕控制不住自己，引她落泪，我就躲开。后来，母亲好像看出了这一点，我发现她在试着让自己欲言又止。再后来，我怕她心里别扭出其他的毛病，就告诉自己，要耐心地听她说。可以不参与其中，但是要耐心地听她说话。说出来，她的心里可能就好受些了。因

为母亲本来就是一个特别爱倾诉的人。

于是，每一次周日回家，我就静静地坐着听她讲。母亲的情绪一开始还有些激动，有的时候讲着讲着就哽咽了。每到这时，我不再像以往一样去劝慰她，我只是静静地坐着，等着她情绪好了继续讲下去。因为有倾诉的欲望，所以很快她就能止住泪水，断断续续地往下讲有关父亲的一切……

随着时间的推移，再后来，我回家和母亲交流的话题中，多了一些日常的杂七杂八，父亲的影子渐渐少了。

我知道母亲已经渐渐地走出了她人生中的至暗时刻，真的放下了。

而今想来，正是耐心地倾听，给了母亲一个宣泄情感的突破口，让她在倾诉中怀念父亲，也梳理自己的情绪。

借助老公究细节，方知婆婆心中事

婆婆76岁了，身体不好，前不久刚刚动了手术。术后总是没劲儿，血糖还高，情绪很低落。

那天放学回家，婆婆非要闹着让我送她回老家。

"天这么冷，回老家怎么可以呀？身体受不了啊，再说你自己连饭都做不了，长时间不回老家了，冰屋子凉炕的怎么住啊？"我一连串的发问。

"家里冷，也比在这里好。"婆婆振振有词。

"你是嫌我每天回家都很晚，没时间陪你吗？"

婆婆说不是。

"你是一个人在家觉得孤单寂寞吗？再待几天孙子就回来陪你了。"

婆婆还是不太高兴。当然，我也没送她走，但是我心里还是有点儿不是滋味，我对婆婆不错嘛，为什么她非要闹着回老家呢？

晚上我悄悄地把婆婆今天的举动告诉了老公，并拜托老公帮我找到婆婆想回老家的原因。我想婆婆把我当外人，跟自己儿子应该说实话吧。

晚饭后，他们母子坐在客厅里，我在厨房收拾着碗筷，却关注着客厅里的谈话。

"妈，为什么非得回老家呀？跟我说说呗。"

"没事儿。"

"是伺候您不周到，还是饭菜不可口？"

沉默。

婆婆的眼睛抬起来，向厨房这边看。终于，婆婆讷讷地说出了她的心声："阿楠不给我煮馄饨……"

哇，是这么回事儿。是啊，我昨天中午给婆婆煮的馄饨，我的想法是一种饭食哪能天天吃呢？我就自作主张今天煮了稀饭。

"妈，我是想，不能老是吃一样东西才没给你煮，我怕你吃烦了。"

"我就爱吃馄饨，天天吃都不觉得烦。"

原来如此。

从那天开始，我每天都给婆婆煮上一碗热乎乎的馄饨。她也不再闹着回老家了。我心里想，可真是老小孩儿。

当初因为觉得婆婆生病刚好，我们处处小心，待她很好。刚开始她闹着回老家的时候，我心里还挺别扭，也有怨言，觉得儿女们待婆婆很好了，婆婆还这么多事儿。如果我当时就把她送回老家，我觉得我们婆媳之间的矛盾就会累积下来：婆婆认为我不给她煮馄饨，她会耿耿于怀；在我心里，会觉得婆婆事儿多。

这件事让我明白，家人之间需要沟通，需要耐心，需要倾听。

技巧点拨

生活中，沟通真的是一门艺术，不同的沟通方式，产生的效果往往会不同。有人说，家人之间也需要沟通的技巧吗？我的回答是：是的。那么家人之间的沟通需要注意哪些问题呢？

1. 要学会倾听，倾听家人倾诉过程中的细节。沟通离不开耐心的倾听，只有很好地倾听，你才能了解对方。生活中一遇到事情，我们大部分人常常喜欢抢着表达自己的想法，却不去倾听对方的心声，须知不听就不会了解，不了解更谈不上理解，那么离着彼此沟通更是十万八千里，所以说倾听是沟通的第一步。

2. 沟通是为了解决问题，一定要好好说话，控制情绪，不嘲讽，不说教，不任意打断。在没有听完之前，最好不要妄下定论。

3. 要控制好自己的情绪，不要因为冲动而对家人恶言恶语。须知"良言一句三冬暖，恶语出口六月寒"。

巧妙的沟通，真的会让我们的家多一份爱与和谐呢。

山东省德州市陵城区第三中学　孙彦莉

情到深处自然真，爱到深处沟通顺

自古婆媳关系就十分微妙，其实，和婆婆相处，就如谈恋爱一样，也需要经过磨合期和融合期这两个阶段。

婆婆不是自己的妈妈，接婆婆来帮我带孩子之初，我已有思想准备打持久战。可是一旦住在一起，难免磕磕碰碰。

首先让我们产生矛盾的是物件归类问题。

乡下地大，房间多，东西都是怎么方便怎么放。诸如晒干的衣服放沙发上，便于随穿随拿；菜刀搁茶几上，便于切水果。（试想回家打开门就看见一把菜刀放在茶几上泛着光，这哪是回到家，我都以为上梁山做绿林好汉去了。）我如下雨前的蚂蚁，忙着搬家，我帮那些东西统统找到家且乐此不疲。

其次是卫生习惯问题。

她进屋不喜欢换鞋，抹布不分类使用，记忆深刻的是那次正面接触战。她拿上一块抹布要擦桌子，幸亏我眼明手快，拉住不放，眨巴着眼说："妈，这是擦马桶的。""哦。"婆婆放了手，我胜利地把抹布放进卫生间。

当我遇到这些问题，首先心里敞亮没怨恨。她做不到位的事情我就来做。我心里明白：婆婆不是保姆，任使唤外还可以挑毛病。老人家本该享福的年纪，还要来这里带孩子、干家务，不管怎样，都是不容易的事情。

当然，其间婆婆也搞反击战。关灯问题上她丝毫不放过我，晚上见我走一路开一路灯，婆婆就在后面跟着关。最后直到剩下三盏节能灯发出惨淡的光，她才安心地坐沙发上看电视。

和老人住，最大的收获是我学会了节约。随手关灯、关水。洗澡水可以冲厕所，空调不要太冷或者太热。空瓶、空箱子可以放阳台，积累多了可以捆起来卖钱。年轻人或许不图这几个小钱，可是人人都有环保意识却很重要。

　　和婆婆住时间长了，遇到什么问题，也可以当面说了，不用拐弯抹角，或者让老公代言了。婆婆每天会拖一次地，逢换季就帮我们把拖鞋和衣服全整理好了。

　　婆婆买菜时会惦记着我这媳妇喜欢吃什么。我感冒了，婆婆会准备感冒药放我包里。我单位作息时间经常调整，我7点上班，她就6点半起床做早饭，我6点半上班，她6点起床，我开始刷牙，她就把早饭盛桌上……

　　我晚饭后抢着洗碗，让婆婆下楼去和她的姐妹们跳广场舞。重阳节，惦记着报名旅行团让婆婆出去散散心。婆婆腰酸，我买个按摩仪给她。她咳嗽，我炖冰糖梨水给她喝……

　　我打心眼儿里感激婆婆，是她，让我在极短的时间内融入了这个家庭，不觉得自己是个局外人；是她帮我们照顾孩子、打理家务，让我工作上无后顾之忧。婆婆很会处事，我与老公产生口角，她总是站在我这边，数落儿子的不是。这让我感到幸福，心存感激。这么多年了，婆婆已经变成了和妈妈一样亲的人。

　　去年农历八月十六日，婆婆突发车祸，左手和左脚断了，一向能干、坚强、什么事都打不败的婆婆倒下了，成了一个事事用人的人。她的左边躯体不能动弹，开始的时候连翻身都不会，坐都坐不稳。现在，她恢复得不错，能走路了，能穿衣了，能自己吃饭了，还能择菜了。

　　一向不会做饭的我成了家里的顶梁柱，我也变成了那只不停运转的陀螺，做饭、洗衣、照顾婆婆、接送孩子，还要上班……跟婆婆一样，我心无怨言。终于明白，为什么婆婆那样辛苦地劳作却能整天乐呵呵，因为她爱我们。

　　面对我的悉心照料，婆婆却不能心安理得，她从来不认为，以前她照顾我们，现在我们照顾她是理所应当的。她变成了一个脆弱的人，动不动就掉眼泪。有时候，我给她洗澡，她就突然抽泣起来："我要是好好的，还用你帮我洗吗？我对你爸说呀，小琪可能都没给她妈端过洗脚水，洗过澡，却这样伺候我，工作又那么累，还要忙孩子……"

我就打断她:"好了,妈!我妈身体好好的,还用我伺候吗?你这不是不方便嘛!等你好了,不就不需要我了吗?"我总是在她脆弱的时候给她鼓劲儿:"妈,你不是说没有过不去的坎儿吗,我们还等你好了帮我们接送孩子呢!"婆婆明白伤筋动骨恢复起来很慢,何况对一个60多岁的老人呢。但她每每听了我的话,便仿佛有了很大的力量,"对!好好恢复!"

我跟婆婆也有"斗嘴"的时候,主要是在对佳宝的教育问题上,观点极不一致。

我让佳宝帮我干点活儿,她就心疼坏了。我让佳宝端饭,"别让她端,烫着她!"我让佳宝帮我拿拖鞋,"不让她拿!脏了小手!"佳宝兴致勃勃地帮我拖地,"哎呀!小琪!好了好了,别让她拖了,大热天儿的!"我知道她爱极了小孙女儿,大多时候便不作声。有时候与婆婆促膝长谈,她说:"我三个孩子呀,从小到大都没穿着脏衣服上学,我都及时给他们洗得干干净净的。"我就趁机拿老公现身说法:"妈,你一切都包办代替,他们倒是舒服了,可也没培养出劳动观念来呀。你看阿龙,眼里就没有活儿,洗衣、做饭、打扫卫生,他会干什么呀?人家是不会干,也不想干。"婆婆对我这些话是认可的,因为她了解她的儿子,用我的话说就是"除了懒点没别的毛病"。末了,我就说:"其实阿龙不干活儿不怪阿龙,是您教育不好。以后我让佳宝干点力所能及的活儿,您别管了啊!"婆婆果真就改变了许多,我心里也喜滋滋的。看来,对婆婆的"洗脑"管用呢!

我与婆婆经常聊家常,不像有些婆媳之间有太多隔阂,这么多年的"一个锅里摸勺子",早已由陌生人变成了亲人,虽无血缘,却有亲情。因为有爱,所以,即使有时有了矛盾,也会在短时间内化解。

技巧点拨

1.要有清晰的界限感。婆婆与媳妇要划清底线,在底线范围内可以讲情,但只要是超越底线的事情就只能讲理了。

2.要学会相互尊重,换位思考。

3.要客观对待婆婆的建议。

4.要开诚布公，任何时候都要积极主动地向对方问询，并表达自己的想法和爱。

江西省抚州市临川七中　尧琪波

晓之以理动以情，妇唱夫随子响应

2007 年 11 月 3 日，儿子来到我的身边，2008 年 3 月，我由母校调入盖州一中。2011 年 9 月，我再次回到班主任工作岗位。一路走来，又一个十年。家访产生冲突，捐款衍生分歧，录课萌生逆反……矛盾产生了，与其争吵不休冷战不止，不如设身处地将心比心，晓之以理动之以情，谈笑间不悦灰飞烟灭。

招生风波

2011 年的盖州教育，还没有阳光分班，知名的班主任会有学生主动投奔，而我初来乍到，除了自己招生，无计可施。（科普一下：当时大抵是班主任自己"招苗"，即自己利用暑假动员小升初的学生入自己班，招到多少你班就有多少个学生）的确，那是教育的混乱时期。那天夜里 10 点多钟，我骑着自行车行驶在回家的路上，心里别提多美了。这一晚上，我成功地招到三个学生，而且都是成绩不错的女孩。可一进家门我却傻了眼，三岁的儿子嘤嘤地哭闹着等我回来，入我怀中，只一会儿就睡着了。孩他爸铁青着脸，没个好气地说："你是不是又犯病了。""我怎么了？""刚结婚那几年你起早贪黑地带学生，对学生比对我都好，玩命地工作，还好有了儿子，你心放到家里了，这没怎么，又犯病了，我看你是好了伤疤忘了疼……你再这样下去，日子没法过了。"他的话越说越难听，我真想跟他大吵一架，我辛苦招生不就是为了在新单位有一席之地吗？但我没吵没闹，望着怀里睡熟的儿子，我流泪了。是啊，也难怪人家跟我急眼，早在 2003 年，我们的第一个孩子就因为我怀着孕带初三，晚辅导下楼时不慎摔倒，已经成形了的孩子没保住，我也大出血险些丧命。"好了伤疤忘了疼"，一点不假。可是，我愿意当这个班主任，而且当好班主任，和谐的家庭关系不可或缺。于是我心平气和地说："胖子，这个事不用急眼，我也没想到会这么晚，今晚走的三家都是邻居孩子的同学，而且有一个是她班级前五名，好几个老师都去家访招生了。我必须跟家长跟孩子聊透呀。这孩子语文挺好的，本想找数学班主任，可是通过交谈，家长和孩子都认可我了！孩子跟我聊了文学故事，我也给她讲了我的治班理念和设想。我是真喜欢这个女孩子，并且希望她会凭借自己的努力做班长。你不知道，今晚我的收获可大了，还以为你能替我高兴呢！"

听了我的这些话，他的语气缓和了，说："那你也不能这么晚回来呀，你不回来儿子睡不着，再说了这么晚不影响人家休息呀？"我更是放低了语调："我知道你今晚带孩子不容易，你辛苦了。可是那家的妈妈和孩子都一再挽留我多待一会，看得出孩子很喜欢我，家长也很认可我，这就是我最大的收获。只是苦了你和儿子。你是知道我的，工作起来会忘了时间忘了自己，你要学会关心我，而不是冲我吼。"最后我又加了一句，"以后我保证尽量白天家访，特殊家庭需要利用晚上家访的也保证9点之前回家，可以吗？"他听后，不再急眼了，也不再理我，只是默默地接过了我怀里的孩子。

捐款事件

那日，我又在轻松筹捐款了，他神情严肃地跟我谈："你给你班家庭困难的孩子买学习用品，你通过博爱团队给品学兼优的贫困学生捐款我从来没说过你，做善事我支持。可是轻松筹是无底洞，基本上你捐出的钱没用，得人财两空，赚钱的是轻松筹机构。另外，这时候四处求借，他们为什么不上份大病险？"是的，在人保公司上班的他很看不惯近几年时兴的水滴筹和轻松筹，他认为于患者来说那点钱杯水车薪，倒不如好好普及保险知识，只有保险能防患于未然。我再次苦口婆心地说："事情已经这样，普及保险知识不是一天两天的事，得了病啥都晚了，我在轻松筹上捐的不多，熟人的帖子才多捐些，放心吧，我不傻，不是爱心泛滥哪一个都捐。"其实这次是他把我说动了，以后在轻松筹捐款我有原则和底线。后来我们达成了共识，每年拿出固定数目的钱通过博爱公益团队捐出，再拿出一定的钱给本班贫困学生购买学习和生活用品。

录课冲突

2020 年突如其来的疫情让无数教师秒变主播，我也成为其中一员。接到教育局任务的时候，我愁坏了，录制网课、学会剪辑和上传。硬着头皮学，却发现自己家的笔记本下载不了录课软件，只好跟读大学的前学生借，自己又不会开车，这个事又得求孩他爸了，一周两周过去了，武汉丝毫没有"退疫"，全国都纷纷抗疫，我的网课也遥遥无期，这就意味着得一周去借一次笔记本。他又不耐烦了："你自己买一个行不行？这周周去借人家的，你怎么那么好意思？要再借你自己去借，或者干脆你告诉教育局你录不了，换人。"我真无语了，"秀才遇见兵，有理说不清"，录课夜以继日，已经累得天旋地转的，他还要罢工，真是气死我了。可是，这个时候我还得依赖人家呀，于是好言好语地说道："首先，录课这个事推不了，市教育局让我录课，说明你媳妇我还是有点水平的；再者你只管去借笔记本，其他的人情我来还。我打听了新买个笔记本得五六千，咱的还能正常用，不是非买不可。好不？再去取一次，下次我自己取。""告诉你，真的是最后一次，录完你自己送，没人管你。""行行行，没问题。"这次，我在看似绝对的示弱中又巧渡难关。虽然几个月后我还是添置了笔记本，但当时我还是很明智的。

录课时很是苦累，家务活全然不顾，外面的世界不闻不问。盛夏时节，屋子全封闭不开空调，时常一节课录制完毕我已大汗淋漓。而我们家因录课而分工明确，爱人包了所有家务，儿子负责剪辑任务，而我只要备课、录课即可。为了我的工作，全家总动员，做教师的家属也很不容易。

技巧点拨

1.让不了解你处境的他知道你的难处，动之以情，转入新学校初任班主任，必须首战告捷，那么有兵是要点，精兵是关键，所以必须克服一切困难做好招生工作。

2.不同的情况不同对待，如果家人跟你处世原则不同，不必强迫人家跟你形成统一战线，但要晓之以理，让他接受你的做法，如捐款事件。

3.当自己实在力所不能及时，需借力而行，有时适当示弱是有效果的，晓之以理、动之以情，亦可施以小恩小惠，如给爱人加车油，给儿子发个小红包。总之，能让他们为我所用很重要。

当然，家家有本难念的经，与家人相处不必三十六计，只要存真向善的大方向一致即可。此正是"晓之以理动以情，妇唱夫随子响应"。

辽宁省盖州市第一初级中学　迟金凤

反思理解包容，构建和谐家庭

我们总习惯把坏脾气留给最亲近的人，与同事、朋友沟通时，我们会格外注意措辞与态度。然而家是我们放松的港湾，在家人面前似乎不用心了，与家人沟通我们少了耐心，少了理解，少了彼此的包容，多了抱怨，多了要求，多了索求。因此，经常听到人们抱怨，说孩子不听话，爱人不理解，父母太唠叨。那如何与家人进行良好的沟通，构建和谐幸福的家庭呢？我根据自己的亲身经历讲述一二。

予父母多一点理解

父母总是为儿女操碎了心，他们关心我们的方式就是唠叨。而为人父母后，我们也会变得唠叨。公婆也是父母。婆媳关系自古以来是公认的难以处理的关系，予我也不例外。我的婆婆是大山深处的普通的大字不识的农家妇女，却深知知识改变命运，含辛茹苦地供丈夫上学，丈夫的上学之路也是坎坎坷坷。

丈夫参加了三次普通高考，第三次高考时，幸运女神还是没有垂青他。在十多年以前的贫困山区里，高考似乎是改变命运的唯一途径。因此，几次落榜的丈夫非常沮丧，而此时上天为他打开了一扇窗。他发现自己有一双巧手，擅长拆装各类机械，用时下的话说"一双大国工匠的手长在了他的身上"，后来他去了中等职业学校学习技术，有了高中文化课程的积累，他很轻松地考上了天津职业技术师范大学，毕业后，顺利成了一名职教高中的机床机械专业课教师。水滴石穿，我佩服丈夫的毅力与坚持，也敬佩婆婆的见识与付出。

在我有了孩子后，婆婆过来照顾我们的饮食起居，然而因为生活习惯和思想观念的不同，同在一个屋檐下会有很多矛盾。比如婆婆炒菜总是放很多盐，一次会炒两顿的菜，总是吃剩菜……丈夫和我与婆婆沟通了好几次后，婆婆依旧改不掉这些习惯。

在我不知道该如何去沟通调解的时候，我开始反思自身的做法：我对婆婆要求太高，自己过于自私，既想把照顾孩子的重担交给老人，以便自己有更多的精力投入工作，又希望老人能按照自己的观念育儿。我们既要中国式的宠爱，又要西方式的自由。婆婆替我做了许多事情，我却还是埋怨她。

在我不断反思后，我开始转变了心态：多独立，少依赖。婆婆来帮忙带孩子、做家务已经是我们占用了她的晚年时光，我们不能挑剔。我对婆婆做的好的地方加以赞赏，比如做饭，婆婆擅长蒸馒头、包水饺、做手擀面。就让她做这些擅长的，我和丈夫去做她不擅长的炒菜。婆婆对于这样的安排也非常满意。了解了婆婆的口味，每顿炒一个她爱吃的菜。自从我们转变了心态，在家庭里多靠自己，少依赖长辈，看问题的角度也会转变很多：对婆婆多了一些理解，少了一些要求。

有时和同事也会谈论起与长辈的相处之道，同事们也会热情地向我传授他们与老人相处的经验。我发现与长辈相处无外乎以下几点：对长辈多一些理解，理解生活习惯的不同，不要奢望老人去改变。对长辈多一些尊重，他们已经付出了大半辈子，养育子女是自己的责任，老人只不过是来帮忙。此外，长辈的生活也需要仪式感，在他们生日或是九九重阳节，我都会为双方父母准备礼物。有婆婆帮忙照看孩子，我和丈夫才能安心工作，感谢婆婆！

予爱人多一点包容

我的丈夫不吸烟、不酗酒，唯一的爱好就是打篮球。在外人看来，他爱好的是健康有益的体育运动，我应该全力支持。可是，当你忙完一天的工作，拖着疲惫的身体回到家，看到的是冷锅冷灶，一片狼藉，而他还在篮球场上，甚至当你做好饭，给他一遍遍打电话，那边却传来忙音。他打篮球忘了时间、忘了吃饭、忘了家人……

婚后的很长一段时间，因为丈夫打球的事情，我多次与他争吵，丈夫在职业高中工作，相比普通高中来说，下班早，工作轻松。我知道争吵无济于事，于是决定与丈夫好好沟通。

那是一个周末，我做好饭菜等打球的丈夫回来。他一进门看到丰盛的饭菜，脸上露出愧色，说："一打球就忘了时间，下次一定记得早回来做饭。"吃完饭，丈夫抢着去洗碗。"碗一会儿再洗，我们先聊聊。"这次我心平气和地对丈夫说："打篮球这一项运动很好，我支持，但是家庭事务需要我们两个人共同完成。"丈夫承认自己做得不够好，说篮球队的活动以后少参加。我拿出办好的家附近的体育馆的篮球会员卡给他，丈夫喜出望外，内心连连叫好。我提醒他："这家体育馆的篮球馆一般晚上8点人最多，可以组队打球。"……

经过了那一次长谈，丈夫像变了一个人，下班后先回家做饭，做家务，等我下班，一起吃晚饭，我去学校上自习，他再去打球。我一下班回家在楼道里就能闻到家里的饭菜香，觉得生活越来越美好。家，一个不大而温暖的港湾，与家人沟通好，构建和谐的家庭关系，我们才能有更多的精力投入到工作中。

技巧点拨

家是心灵的港湾，是我们能够放松的地方，是我们的加油站。学会与家人沟通是一种智慧，这种智慧以理解、包容、爱为前提，当然也需要一些技巧。

1. 有耐心。其实与家人沟通，只要能拿出与同事、朋友沟通时一半的耐心就好，可是在实际的家庭沟通中我们常常会忘记。

2. 学会反思。在家庭生活中，我们要反思自己的做法、反思自己的语气。

3. 换位思考。换位思考是理解他人的一种十分重要的方式，在与老人与爱人沟通的过程中，我们要学会换位思考，尊重他们的习惯，对他们多一些理解，少一点要求。

4.包容与爱。一家人能聚到一起是缘分，需要相互包容与关爱。家人之间相处也不应该"太讲理"，多少悲剧是理讲通了，家没了。

山东省垦利第一中学　王真真

与其找症结，不如找目标

现在很多家庭看似幸福，实则暗流涌动。

前不久，我就遇见这样一对夫妻，他们是我的亲戚，他们的家庭关系有些令人揪心。

事情是这样的：因为夫妻俩关系一直不好，去年尤甚，闹得不可开交，于是妻子一气之下，搬出去单住，有空就回去把孩子带去同住，这样维持了一年多。彼此不见倒也相安无事。不离也不合，孩子两边跑着住，一边是妈妈单独带着过，一边是爸爸单独带着过。曾经看过涂磊的一句话：离婚不离家是耍流氓！但是这种离家不离婚也不见得对孩子是好事。鉴于此，我们作为亲戚，多次劝说，大体都是劝他们多为娃娃考虑，可是谁也不愿让步，彼此都要将劲较到底。

可是天有不测风云，数天前得知男性亲戚生病，患癌症晚期，生命朝不保夕，只是他自己暂时不知情。家人们已乱作一团，唯一隐瞒的就是他已过耄耋之年的母亲。面对这种情况，家人们找到我，希望我劝劝他的妻子搬回来住。可是我知道，感情的事，既已伤过，再回头，早已换了模样。可是无论是出于感情，还是出于人道，我都不能袖手旁观，只能好好思量该如何去劝说我的好姐妹。

打通电话，还没等我说明缘由，电话那头已哭得泣不成声，她断断续续地说着，她知道丈夫患了癌症，显然命不久矣。从她的话语中，我大体梳理出三点：第一，当初他不那么狠心地赶她，她也不会义无反顾地搬走。第二，查出是癌症，为什么不马上医治，拖成这个样子，救都救不了。第三，他要是不在了，年幼的孩子怎么办？我一听她的话语，心里顿时有了底。从话里话外听得出，虽然相看两相厌，却始终彼此牵挂。

于是我试着约她面谈，我们约在一个安静的茶室，室内播放着古典音乐。随着和缓的音乐，我开始了劝说，记得木村久说过："家庭应该是爱、欢乐和笑的殿堂。"然而，当我们不能保持爱的纯粹时，不妨想想其他，比如亲情，比如责任。爱情是两个大人的事，而亲情和责任就是一个家的事，直接受益者就是孩子。虽然爱情的小船要靠夫妻同心协力才能划到对岸，可是如果因为中途有了什么变故，我们也要想想船上坐着的人是谁，那是孩子，是无辜而脆弱的孩子，当我们大人选择放手时，最先跌入万丈深渊的是孩子呀。而孩子又是整个家的希望，当希望破灭了，再谈其他都是浮云一片，虚无缥缈。劳伦斯就曾经这样描述他的家庭观："你将拥有的家庭比你出身的那个家庭重要。"这谈的不就是责任和希望吗？再说，你们维系一年多各自分离却又不彻底断裂的关系，也深深说明你们谁也不想伤害孩子。谈到这里，她的态度似乎有些转变，可以继续深入和她说说人性的事。

人性的归处应是幸福。还记得托尔斯泰有言："所有幸福的家庭都十分相似，而每个不幸的家庭各有各的不幸。"人的一生中，享受自己的快乐，品咂各自的苦楚，坚持所乐，放手所痛，这可能就是某种幸福。柏拉图说过："人生最遗憾的，莫过于，轻易地放弃了不该放弃的，固执地坚持了不该坚持的。"这句话无疑点醒了她。其实我们在爱情中的得失成败往往在于一念之间。而让我们犹豫不决的往往是对亲情的牵绊。比如父母的赡养问题，子女的抚养问题，家庭突遭变故等问题。当然有些问题谁都不愿意碰到，可是碰到了也只有调整心态面对现实，有时迎难而上，逆流成河不一定是悲伤，也许是战胜困难的勇气和决心。再说，目前家人有一个是癌症晚期，生命正面临"日薄西山""朝不虑夕"。外人有困难，我们都会伸出援助之手，何况他是孩子的父亲。当我说到这里，我的女性亲戚哭得更厉害了，她悲叹自己当初被孩子他爸驱赶时的无望，又担心着未来孩子的抚养问题，边哭边说："他好好活着，无病无灾的，至少带着孩子，让人放心。如果有一天不在了，孩子怎么办？我既要挣钱养孩子，还要保证孩子的安全，二者如何兼顾？"是呀，她的话倒出了多少人的心声。因为有了孩子，我们变得不再任性；因为有孩子，我们变得思前顾后，左右周全。

见她如此痛彻心扉，左右为难，此刻我能做的，就是静静地陪着，适时给点安慰，然后再劝劝她把孩子放在首位。罗曼·罗兰曾经说过："世上只有一种真正的英雄主义，那就是认清生活的真相后依然热爱生活。"很多时候，我们得和自己和解，和世界握手。每个人每天都不可能遇到风和日丽，但我们可以在内心创造晴天。虽然我希望她能立刻回去陪伴男性亲戚走完最后的旅程，但还得先宽慰她。她在两天后答应我，她每天下班后回去陪陪他，带着孩子好好过日子。

完成了亲人们交代的任务，心里悬着的石头终于落地。最近他们过得很融洽，其实我们对外人，对夫妻，对亲人，只要彼此让步，站在对方的角度思考问题，万事就有了迎刃而解的可能。

技巧点拨

对于这个案例，我用的是晓之以理，动之以情，以同理心获得认可。抓住主要目标，同时又不回避问题本身进行交流，最终赢得成功。世间有许多不如意，只要我们都能想到家庭的共同目标，不忘初心，不纠结，不纠缠，就能拥有和谐家庭，和谐社会。给孩子创造和谐的成长环境，真正保护好他们幼小的心灵。

云南省罗平县第三中学　项熊芬

修身修心，铸造优良家风

央视推出的"家风是什么"系列报道，再次印证了"天下之本在国，国之本在家"这一经典论断。古往今来，众多的"家训"也无不阐述了"家风清则国风正""好家风涵养好国风"的文化意蕴。作为一名教师，大多时候把更多的精力放到了与学生、家长的沟通上，很可能忽视了与家人的交流。如何与家人沟通，营造良好的家风？在前行的路上，我一直在不断学习、改进。修身修心，方能铸造优良家风。

修身修心，一诺千金

女儿上小学的时候，我正担任班主任工作。我们学校是六天半工作制，每天早 6:30 开始上课，直到晚上 10 点下晚课。只有周日的下午，班级由副班主任看护，班主任才可以安心休息，但晚上仍然要去学校值晚课。因此每个周日的下午，对我来说都是极其难得的补觉好时光。

女儿每天放学，基本上都是最后一个被接走的，为此我特别愧对孩子，也真心想着弥补。"妈妈，期中考试结束了，我达到了妈妈的要求。周日下午可不可以陪我去看电影？""好的，妈妈一定陪你去！""妈妈，下午你陪我写作业吧，然后再陪我看动画片《猫和老鼠》？""可以的！""妈妈，你这个周日可不可以陪我去阅览室？""没问题，妈妈陪你。""妈妈，下午剑桥英语班开家长会，你能去吗？""好的！"

女儿的要求极其合理，我的应答不假思索。

但是，我成为了失信人员："妈妈太困了，再睡一会儿。你先看会书，然后我们去看电影。"乖巧懂事的孩子就在五分钟看看我，十分钟看看表，想叫又不能叫的矛盾中受煎熬。当我醒了的时候，时针已指向接近吃饭去值班的时间了。"我下周一定陪你看场电影！""妈妈下周再陪你去阅览室吧！""让你爸去给你开家长会吧！"就这样，一推再推，答应孩子的事情，我做到的少之又少。我的理由看似合情合理——工作太忙太累。

那一天，女儿的老师找到了我，因为我出现在女儿的作文中了：妈妈是一名老师，她的学生很喜欢她。可妈妈说话不算话，不讲承诺。答应陪我做的事情，有时就黄了。哎，妈妈什么时候能忙完呢？

我的内心受到了震动：我是合格的家长吗？我在给孩子做一个什么样的表率？我的失信行为给孩子幼小的心灵带来什么样的影响？孩子还小，她的模仿力强，模仿我说话不守信？家风就这样铸造起来的吗？

行动是最好的信誉。于是，我先进行了自我反思。曾子曾说："婴儿非与戏也。婴儿非有知也，待父母而学者也，听父母之教。今子欺之，是教子欺也。母欺子，子而不信其母，非所以成教也。"是啊，我虽然忙，但这不是我失信的理由。尔后，我真诚地和孩子进行了交流，严肃地向孩子道歉，并保证改掉自己的缺点，"言必信，行必果"的我回来了，我要给女儿做个好榜样，在家风的养成方面，我要起到正面的作用。此后，女儿在成长的路上更优秀了！

李白言"三杯吐然诺，五岳倒为轻"，信守承诺是一个人最好的品质。"人无信而不立"，做人如此，家风亦如此。

修身修心，厚德载物

2014年的春节，一家人喜气洋洋地坐在电视机前，正在观看马丽和沈腾表演的小品《扶不扶》。众所周知，这是将社会上热议的话题"老人摔倒了应不应该扶"形象地展现在全国人民面前。

小品一结束，家里老人便语重心长对我们说："难啊，万一做好事最后被讹，这一辈子赚的养家钱都没有了，最好还是别扶了！"听了老人的话，我立刻想到几年前发生在南京的"彭宇案"，做了好事被讹。前不久在媒体上又看到几桩"冤案"：两个月前，四川达州，3个孩子扶起了摔倒的老人，但却被指肇事并遭索赔，更可恨的是老人的家人背着老人到其中一个孩子家住下，"不赔医药费就不走"。此后双方寻求司法调解，但苦于没有监控，调解未果，孩子家长最终被强行要走1100元。46岁的街坊吴大哥扶起了摔倒在路边的老人，反被老人家属讹诈，要求赔偿几十万元。吴大哥一气之下选择投塘自杀，以证清白。想到这些揪心的事件，我也说了一句："如果在场有多人，我们就救；否则，我们扶不起啊！"我的话音刚落，在外求学的几位晚辈，几位共产党员，立刻亮出了他们的观点："你们的想法我们理解，社会上因为这些人的存在，就会有更多的家长教育孩子，不去扶；这种现象会败坏我们风清气正的文明社会！""什么时候都应该扶，不能因为个别道德品质不好的人而影响我们的正义之行！""我们的国家，人心向善，'惟恕可以成德'！""老婶，你是一名人民教师，教育工作者，一定要帮助学生树立正确的人生观和价值观，他们是未来社会上的栋梁之才！""我们是科技强国，不久的一天，道路监控设备齐全，让坏人直接'现形'！"

听了孩子们的话，自以为聪明的我顿时羞愧不已。在身心修行方面，我这个长辈在知晓了社会上的一些阴暗面后，竟然有了"事不关己，高高挂起"的自私自利的狭隘想法。于是，我先表态要向他们学习，敢于向社会上的黑恶现象说"不"。从职业来说，我更明白"言教不如身教"的重要性，是孩子们助力我向着正义迈进了一大步。我和几位侄儿又一起做通了原本就很善良的老人的思想工作。

宋代的陆游在家训中告诫自己的后代"要做好人，让乡人们称赞的有道德的好人"。

"改过迁善""闻义贵能徙，见贤思与齐"。修身修心，方能铸造优良家风。

技巧点拨

与家人沟通看似简单，实则也是一门艺术。家人是我们最亲近的人，千万不能让最亲的人成为最近的陌生人。家是最小的国，家风亦国风。

1. 家人间是最真诚的，特别是父母为子女着想。他们凭借着自己的人生经验或是教训，知无不言，谆谆告诫子女，使子女避免在人生前行之路上遇到羁绊，让他们少走弯路。我们要感谢长辈的倾心之教。但是也不能因私利而影响社会道德体系。在个人利益和国家利益相矛盾时，本着国家的利益高于一切的原则，我们要晓之以理，动之以情，让家人达成共识，进而养成优良的家风。

2. 社会上有一种说法，在外人面前，很多人都能收敛自己的缺点；可在家人面前，却什么都不用顾虑，任性而说，导致家人关系疏远，更有甚者，关系处于"冰冻期"。这就要求家人在沟通时，要心平气和，注意措词，注意态度。

3. 学会反思自我，不要因为自己是家长，就高高在上，唯我独尊。"贾政"似的家长，是不受欢迎的家长。通过沟通，培养"平等"的新型家庭关系，达到铸造优良家风的目的。

黑龙江省伊春市友好三中　崔卫东

转换身份关爱处，烟火人间情绵长

泰戈尔说，世界上最遥远的距离，不是生与死，而是站在你面前，你却不知道我爱你。有时候家庭成员之间恰恰就会陷入这种既熟悉又陌生的情感误区。因为熟悉，所以口不择言；因为相亲，所以没有顾虑；因为为你好，所以必须听我的！殊不知，这种所谓的关爱、教育和告诫的背后，呈现的却是武断、冷漠和自私的决绝，究其实质是师心自用和唯我独尊的凌霸的"变形"，日久天长，由爱生恨，由合生隙，只会让家庭成员之间貌合神离，人心涣散，甚至让孩子逆反，毁掉的不仅是一个家庭的和睦，极有可能是一个孩子美好的未来。

身份转角处，涣然冰释时

作为高三的班主任，工作强度之大，可想而知，我每天都是披星戴月负重前行。而女儿今年也上高三，所以家里整天笼罩的是让人窒息的压抑。还有一个多小时，"小刺猬"就回来了，一想到这个桀骜不驯的小丫头，我就头疼！想想自己做班主任 20 年了，能驯服班级的学生们，而对这个小丫头毫无办法，想想就不甘心……

"咚咚咚，咚咚咚……"一阵猛烈的敲门声差点震掉了我的心脏，我疾驰而出，打开门一看，正是这个可恶的"小刺猬"，"干嘛呀！你要吓死我！能不能有点教养！没见过谁家的女孩能像你这样……谁惹你了？整天气哼哼的，班里哪个孩子也没像你这样！"

房间里传来了重重的摔书声……

又是一场不欢而散……

晚上，老公下班回来，我赶紧先发夺人，老公沉思了一会儿，说："你问过孩子为什么砸门吗？不问原因，直接就定性，是不是太武断了？"

"你是教过许多优秀的学生，可你不能总是拿他们和女儿相比，每个孩子都是不同的，你为什么不能从妈妈的角度发现孩子身上的闪光点，而总是放大她的缺点呢？"

"回到家，你不再是老师，也不能总是用说教来解决问题；你是妈妈，你要让孩子先感受到你对她的爱，而不是百般挑剔。你要让她知道你永远是她心灵的依靠……你知道逆反的根本原因是什么吗？是不信任！"

以往听了这番话，我一定不服气，但今天我有些底气不足，因为我真的预感到，凌厉的母女关系将会导致的可怕后果。

想想自己真的很惭愧，做班主任多年，总习惯用"别人家的孩子"来要求女儿，整天打着爱的名义，却一味地在伤害，很少听孩子辩解，殊不知，自己离真爱越来越远。

于是我轻轻地敲了敲女儿的门，尽管，很久很久，没有回音，但我的敲门声没有了往日的急促，没有了平时的凌厉，终于，她开门了，眼里是满满的委屈和不解……

换位思考处，水乳相融时

老公经常和朋友小聚，我有很大意见，为此我们也没少吵架，但他依然我行我素……

周末一朋友从外地回来，于是几个故友又出去小聚，美其名曰"接风"，老公说已经答应了，总不能出尔反尔吧！

女儿见我有些生气，便说："妈妈，你想没想过，爸爸为什么愿意出去和朋友小聚？"

"还不是没有责任心嘛，只顾自己潇洒！"我脱口而出。

"我觉得不尽然，爸爸也是个普通人，也有烦恼，但他从不抱怨，情绪总得有个突破口吧！我觉得爸爸出去有时候是为了释放一下自己，把阳光留给我们俩。"女儿的话让我惊呆了，没想到小丫头开始懂事了。

"再说了，妈妈，我觉得你有时候和爸爸说话，总是埋怨和训斥，你换位思考一下，也许你就能理解了！"

是啊，老公也很不容易，工作辛苦，压力大，但从没有在我和女儿面前表现出来，也许和朋友出去说说话，放松一下，是为了更好地面对一切！而我总是看到他的问题，怎么没替他着想过呢！因为太熟悉了，所以竟然忽略了客观的事实……

老公晚上回来，我和女儿马上迎上去，嘘寒问暖，女儿为爸爸打了洗脚水，我给他冲了最爱喝的黄山毛峰，老公竟然无所适从，他怯怯地问我："怎么了？我已经知道自己做错了！"

我和女儿哈哈大笑，我对老公说："你也不容易，为了让我和女儿过得滋润一些，你太辛苦了！偶尔出去小聚一下，也是放松嘛！"

老公有些小感动，说："以后我节制一下，也得多陪陪你俩，你俩才是我的大棉裤和小棉袄啊！"

有时候，夫妻之间真的不能总用挑剔的眼光去看彼此，换位思考，体谅对方的同时，其实复苏的是真正的爱和关心。

包容体谅处，人间烟火时

妈妈最爱逛超市，买菜买肉买鸡蛋，不亦乐乎。年前这几天，老太太又开始忙于制订长线运输计划，并逐步开始实施。看着家里堆得如小山一样的菜品，爸爸抱怨道："看你妈，就知道买买买，就四口人，能吃多少呀！再说现吃现买呗！"妈妈气不顺地说："大过年的，超市里的人越来越多，到时候肯定涨价，我的事儿你少管！"

看着老两口谁也不搭理谁，我哭笑不得，爸爸有高血压、心脏病，怕生气，妈妈也是70多岁的人，身体一天不如一天。

等妈妈又去超市了，我对爸爸说："您看看，您多有福气，这要不是妈妈照顾得好，您能这么有精气神吗？"

我见爸爸不吱声，就接着说："老伴老伴，老来是伴，这是福分！儿女再孝顺，也不及老伴照顾得好！我妈就一个爱好——逛超市，再说了，买的东西不都给咱们吃了吗？她整天出去也是锻炼，您看她精神头多足啊！"

"只要她身体好，精神好，其他的我们不计较了，好吗？再说我们家的经济实力雄厚着呢！不差这点小钱，这比上医院强多了！"

爸爸听到这里，噗嗤笑了。看来他还是赞同我的说法的。

妈妈兴高采烈地回来了，一进门就喊："老头子，你下午快帮我去排队买鸡蛋，一人一份，不让多买，便宜着呢！"

爸爸无奈地看了我一眼，说："好！我去就是了！一个人够不？不够，我把老王头也叫着！"我向爸爸偷偷地竖起了大拇指。

家庭有矛盾时，要善于化解，要用一颗包容之心去审视对方，你看到的就不是"针尖"了，有人说，家庭不是讲理的地方，是讲情的地方，我深以为然。

技巧点拨

家是国之小，国是家之大。家庭的和谐也关系着国家的繁荣和稳定。作为公民，我们有责任和义务去建构一个和谐、美好、幸福的家庭。只有这样的家庭走出来的成员才会父慈子孝，豁达仁爱，铁肩担道义，信步走天涯。

1.一个家庭的和谐需要家庭成员合理地定位自己的身份，家庭之间，没有领导，没有教师，有的是丈夫（爸爸）、妻子（妈妈）和孩子，多欣赏，少挑剔，多理解，少批评，多沟通，少猜测。

2.需要设身处地地换位思考，要有同理心。换位思考是一种胸怀，更是爱的最佳表达方式，站在对方的角度去看世界，你就会发现原来的戈壁滩原来是一幅风景画。

3.懂得包容和让步。包容是呵护，是爱的内核，让步是懂得，是爱的外衣，而在爱的土壤里盛放的花朵一定是永恒不败的。

黑龙江省牡丹江市第二高级中学　孙奇峰　陆晶

沉浸体验焕活力，同读齐攀重出发

孩子是家庭的希望，民族的未来。如何塑造孩子良好的性格，是每一个家长必须直面的课题。怎样和孩子沟通，保障和谐的亲子关系，解决孩子成长过程中的一些困惑，助推孩子健康成长？我一直思考着。

"陪伴是最长情的告白"，高质量的陪伴，就是对孩子高质量的爱，也是孩子成长的基石。

我家孩子自幼体弱多病，四岁前主要是爷爷奶奶帮忙带，我和她妈妈都是班主任，朝六晚十，且分居两地，根本无暇照顾孩子。节假日多半抱着孩子四处求医问诊，北上首都，南下省城，医路漫漫。苦心人天不负，女儿的身子像春天的小树渐次疏朗开来，慢慢挺拔起来，个子从幼儿园里永远的小不点窜到小学四年级时班里的中游。

孩子十岁时，身体的烦恼似乎解决了，但学习的麻烦接踵而至。一天，孩子回家愤愤地对我说，英语老师说她是教师子女里成绩最差的一个，她不想上英语课了。她那时的英语老师是一位男教师，不拘小节。我安抚孩子说："老师这样讲，主要是想鼓励你，希望你知耻而后勇，奋力赶超！我们前段的目标是把身体搞好，学习慢慢来！你看，我们上学期的时候，下午人都不在教室上课，都是爸爸妈妈在户外陪着你，锻炼身体、看书呀。现阶段我们的身体正在恢复中，现在开始加油努力，正好！"孩子的学习陷入一个缺乏自信的迷圈里，这也一定程度上折射出孩子性格上的不坚定。看势头这又将是一场持久战，比刚刚结束的"身体之战"可能来得凶猛。

那边先让妈妈立马和孩子班上的老师联系，把孩子的情况跟老师细细道来，希望继续给予关照，有情况反馈给我们家长，便于跟进督促。这厢周末依旧陪孩子去书店逛逛，现当代文学专柜上路遥的名字赫然在目，书架上有一本青少版的《平凡的世界》，我说："妮妮，这有一本书不错，你上次不是说陈老师让你们读的吗？"我边取下书，边对目光还逡巡在书丛里的孩子说。她接过书评头品足："封面挺漂亮的，淡绿色的背景，一个系着红围巾的女孩眺望着远方，《平凡的世界》？""看来你还是个颜值控呀！要不我们拿回去一起读一读？你放学后读，我白天看。""试试？"父女俩高高兴兴回到家，开启了同读一本《平凡的世界》的美好时光。"爸爸，少平他们家好穷啊，你们小时候也这样吗？"黄土高原为孩子打开了一扇辽远的异时空的窗子。"这个呀，你可以去问问奶奶！""少平真的能吃苦，在县城读高中克服了那么多的困难！""是呀，不仅如此，他的兴趣还很广泛呢！他关注地外文明，比如飞碟、百慕大等。""是吗，那我得好好看看！"围绕书中人物的种种命运，父女俩展开对话，少平一路坎坷，受尽磨难，肆意向上朝前，绝不屈从于生活的摆布；田晓霞对孙少平的质朴而率真的感情深深牵动着我们的心，读到晓霞因采访发生意外后，父女俩的眼眶里有晶莹的液体打转，为晓霞，为少平，为着平凡世界里坚强、勇敢、善良的人们。

雅斯贝尔斯曾说："教育是用一棵树去摇动另一棵树，用一朵云去推动另一朵云，用一个灵魂去唤醒另一个灵魂。教育是人的灵魂的教育，而非理智知识和认识的堆集。"教育与灵魂之间似乎没有直达车，必须经过中转，方可抵达。言说固然可以沟通，体验可能更有力量。那就来一场说走就走的登山吧！趁小长假，第一天写完作业，第二天便约上妮妮的好朋友明道，两个孩子，一辆车，两个爸爸，浩浩荡荡，横渡长江，向着狮子山进发。车上我向孩子们描绘着狮子山的独特美景，讲述着流传在当地的神秘故事，勾起他们爬山的欲望。走到山脚时，天空开始飘起丝雨，妮妮有些怯意："下雨还爬山吗？"我递过登山杖："不碍事，山里的雨倏忽而至，倏忽而逝！"一行人徐徐向山上挺进，男生似乎有种攀登的本能，明道很快就走到队伍的前头。"哎哟，我爬不动了，我的腰要断了！"妮妮佝偻着腰，气喘吁吁。"歇一下，喝口水！"殿后的明道爸爸说完，又朝前面的明道呼喊："明道，你慢点，等等我们！""妮妮，你回头看看山下，湖泊似一块块蓝宝石，田畴如梯子层层叠叠，山腰都能看到这样的风景，山顶的风景更值得期待！"我鼓励妮妮向上攀登。"是吗？我能爬上去吗？"妮妮似乎有些心动，又有些迟疑。我建议道："这样，你看每隔几步路就会有一条供行人休息的石凳，我们就地休息一会儿，补充点水分，吃点零食，蓄精养锐，再爬上山顶！""好！"妮妮从背包里拿出水，抿了一口，吃了一块巧克力，伸出右手和我击掌："好了，我们走吧！"我紧跟着她，到溜滑的坡道时就给她搭把手，山势陡峭，羊肠小道蜿蜒其间，又到了一处石凳旁，妮妮兴奋地指着北面那处峭壁说："爸爸，你看那座山峰真的好像一只狮子！""是的，狮子山由此得名，山顶还有一只更大的狮子呢！""好的，我歇会儿就上去！"辗转攀援，手脚并用，离山巅越来越近了。"会当凌绝顶，一览众山小。"杜甫的名句从气喘吁吁的妮妮嘴里吐出来，站在山巅，俯视山底，屋舍小巧，阡陌交通，一派青翠。远眺群山牵连，郁郁葱葱。五丈开外，有一块硕大的岩石向旁伸展出去，活脱脱就像一只试翼的鹰隼。明道说："我们去那边拍照留个影吧？"妮妮想了片刻，也趋步向前。两个好伙伴慢慢走近那只鹰，摆好造型，我咔嚓一声，将他们展臂的样子定格。

技巧点拨

1. 创设一个合适的场景，为亲子沟通提供一个沉浸期间的场域，为亲子深入、愉悦的沟通作好准备。

2. 亲子同读一本书（以小说类文本为宜），书中主人公起起伏伏的遭遇和跌宕起伏的命运为亲子沟通提供了非功利的资源，家长和孩子可以一起重新建构一个虚拟的情景，在共读中求同存异，和而不同，实现良性沟通。

3. 如果说阅读活动侧重审美的精神的体验，那么登山则是一种实证的实践行为，它将身体的耐受力固化为内心的认知意识，认知意识也会反向驱动身体以最优的状态迎接接下来的挑战，从而达到两者最和谐的互动。

黑龙江省牡丹江市第二高级中学　孙奇峰

湖北省监利市城关中学　丁克松

自由呼吸，诗意绽放

沟通是心与心的交融，更是心与心的碰撞，敞开心扉，自由表达，对自己的亲人说出心里话。说是一种智慧，也是通向幸福美好生活的金钥匙。

金言是我的学生，他是一个特别内向的小男孩，喜欢独来独往，不愿意和同学交流，上课时总是低着头，于是我就格外留心这个学生。我觉得金言可能在家庭生活中缺少关爱，要不就是父母离异或者家庭中出现变故。带着一连串的猜测，我开始了对金言同学的家访，看看这孩子到底遭受了什么，是什么限制了他的语言表达呢？

当我在周末走进金言的家时，完全出乎我的意料，金言父母健在，他的父母正在田间干农活，他们夫妻二人各干各的事，于是我就把金言的近期表现跟他的父母说了说，结果他的父亲却说："我们家金言一向就是这样，不喜欢说话。小孩子，长大些也许就好了。"我心中更加疑惑，按照常理，金言有疼爱他的父母亲，并不缺少父母的爱，是不是他受过什么心灵创伤呢？于是我把金言找来，和他进行了交流。

"你为什么不喜欢说话呢，你回家和你爸爸妈妈聊学校的生活吗？"面对我的问话，他沉默了半天，最后终于开口说了一句话："爸爸不喜欢我说话。""为什么呢？""爸爸说，大人说话小孩子不能插嘴。"和金言同学的一席谈话让我明白了金言性格内向的原因，原来是他在家庭生活中缺少发言权。后来我又走访了金言的邻居，答案终于得以揭晓，金言的父亲是典型的"一言堂"，家中大大小小的事他一人说了算，金言的父亲在家庭中具有绝对权威。金言在他爸爸面前从不敢大声说话，金言只是偶尔和她的母亲说话，而且说话时压低声音。

金言生活在一个缺少关爱的家庭中，家庭里缺少阳光和温情，家庭中没有民主，没有自由沟通的语言环境，而这一切压制了金言的语言发展能力，压制了他的表达欲望。金言的内心世界是孤独、阴冷的。一个家庭中，没有宽松自由的表达环境，没有和谐愉悦的表达氛围，没有民主和自由，那么最大的受害者就是孩子，孩子会走向自闭、自卑，不敢真实地表达自我。孩子的过度克制、压抑要么会让自己丧失自我表达的能力，要么让自己患上抑郁症。金言之所以自闭、自卑，就是因为他与父亲沟通交流的那扇门被父亲的粗暴和自以为是关闭，金言生活在自我世界中，他不能和自己的父亲正常有效地沟通。

我的班上还有一位特别阳光的名叫丽莎的小女孩，她自信大方，阳光开朗。当我走进丽莎的家庭，发现她所生活的家庭环境与金言的家庭环境大相径庭。丽莎的父亲和金言的父亲完全不同，丽莎的父亲对小丽莎特别关爱，在丽莎刚学会说话时，他就给丽莎讲故事，陪着丽莎读绘本。因此，丽莎的语言天分特别高，她不但有着良好的语言表达能力，而且情商也特别高。当老师想要去接水时，还没等老师拿起杯子，她就从老师的神态中捕捉到了老师的需求，已经拿起杯子接好水端到了老师的面前，老师甚是欣慰与感动。她与同学能够友好相处，每次学校举办各种联欢晚会时，她都是主持人，而且主持得特别好。她与金言截然不同，课堂上阳光自信，能够积极举手回答问题，语言表达能力特别强。丽莎为何这么优秀呢？我与丽莎的父亲进行了沟通交流，这才恍然大悟。有这样一位开明大度的父亲，女儿想不优秀都难。丽莎的父亲在家庭生活中倡导自由民主，让每个家庭成员在家庭生活中畅所欲言，自由地表达自己的观点，而且丽莎的父母从来都没有吵过架，他们遇到事情时总是商量着来，就算有不同的观点，他们都会心平气和地去沟通。他们每周都会有一个家庭会议，在家庭会议上大家可以表达自己的诉求和看法，就连小丽莎也会有自己的一席地位，她的诉求会得到回应，就算丽莎偶尔会提出不合理的诉求，丽莎的爸爸也会耐心地开导她，直到她满意为止。除了召开家庭会议外，他们家中还有一条不成文的约定，每个周末的晚上，无论多忙，全家人都要相聚在一起，分享自己这一周来的见闻，通过聊天的方式，增进家人间的相互了解与理解。他们的这一生活习惯让小丽莎特别受益。久而久之，小丽莎变得阳光开朗，自信大方。

让孩子生活在民主自由中，让孩子的精神自由地呼吸，给予孩子表达的权利，耐心地去倾听孩子的诉求，用温和与关爱代替粗暴、冷漠，用理性、自制代替感性、随意，这样，孩子在成长中就会获得安全感，就会保留他们表达的天性，他们也就学会了沟通与表达，就能够自主有效地与父母沟通，他们遇到问题时就会第一时间找父母商量，父母与孩子的代沟和隔阂也就消解了。让家庭的沟通没有边界，让家庭沟通有效，幸福就会伴随我们。

技巧点拨

与家人有效沟通是一种生活方法与艺术，积极而有效的沟通会消除亲人间的猜忌与隔阂，会让我们的生活充满欢声笑语。在日常的家庭生活中，与家人交流时要注意沟通的技巧。

1.说话是一门艺术。"话有三说，巧者为妙""良言一句三冬暖，恶语伤人六月寒"，这些古语都道出了一个真理：语言在生活中具有重要作用。现代管理学之父德鲁克曾经这样说："一个人必须知道该说什么，一个人必须知道什么时候说，一个人必须知道对谁说，一个人必须知道怎么说。"

2.作为父母，要学会为自己的孩子创设宽松、自由的表达环境，让孩子在日常的家庭生活中畅所欲言，自由表达，大胆发表自己的见解与看法。只有在家庭生活中让语言表达自由地呼吸，幸福才会诗意绽放。

3.作为父母，要给予孩子民主与自由，给予孩子平等的话语权，让孩子积极参与家庭事务的决策与表达，让美好而有效的沟通成为通向幸福彼岸的桥梁。

4.让爱的阳光照射彼此的心扉，让爱的语言凝铸幸福的言说。在满满的爱意中，家人间彼此自由表达，心灵不设防，将各种家庭矛盾消杀在萌芽中，让我们的家庭生活祥和愉快。

甘肃省环县樊家川镇九年制学校　杨苏洲